Apple Training Series:

Mac OS X Support Essentials v10.6

Das Buch zum Kurs für Administratoren, Help Desk und Support von Mac OS X v10.6 Snow Leopard

Student Workbook

Bibliografische Information der Deutschen Nationalbibliothek

Die Deutsche Nationalbibliothek verzeichnet diese Publikation in der Deutschen Nationalbibliographie; detaillierte bibliografische Daten sind im Internet über http://dnb.d-nb.de abrufbar.

Die Informationen in diesem Produkt werden ohne Rücksicht auf einen eventuellen Patentschutz veröffentlicht. Warennamen werden ohne Gewährleistung der freien Verwendbarkeit benutzt. Bei der Zusammenstellung von Texten und Abbildungen wurde mit größter Sorgfalt vorgegangen. Trotzdem können Fehler nicht vollständig ausgeschlossen werden. Verlag, Herausgeber und Autoren können für fehlerhafte Angaben und deren Folgen weder eine juristische Verantwortung noch irgendeine Haftung übernehmen. Für Verbesserungsvorschläge und Hinweise auf Fehler sind Verlag und Herausgeber dankbar.

Alle Rechte vorbehalten, auch die der fotomechanischen Wiedergabe und der Speicherung in elektronischen Medien. Die gewerbliche Nutzung der in diesem Produkt gezeigten Modelle und Arbeiten ist nicht zulässig.

Fast alle Hardware- und Softwarebezeichnungen und weitere Stichworte und sonstige Angaben, die in diesem Buch erwähnt werden, sind als eingetragene Marken geschützt. Da es nicht möglich ist, in allen Fällen zeitnah zu ermitteln, ob ein Markenschutz besteht, wird das ®-Symbol in diesem Buch nicht verwendet. Autorisierte Übersetzung der amerikanischen Originalausgabe „Mac OS X Support Essentials v10.6 Student Workbook".

Authorized translation from the English language edition, entitled „Mac OS X Support Essentials v10.6 Student Workbook" published by Pearson Education, Inc., publishing as Peachpit Press, Copyright Apple Inc. © 2010.

WICHTIG: Die in diesem Buch beschriebenen Übungen sollten ausschließlich auf speziell konfigurierten Computern in Schulungsräumen und unter fachlicher Anleitung durchgeführt werden. Das Durchführen der Übungen kann zu Datenbeschädigung oder -verlust und zur Beeinträchtigung von Netzwerkdiensten führen. Die Übungen sollten daher NICHT auf Geschäftscomputern oder privaten Geräten durchgeführt werden.

Umwelthinweis:
Dieses Buch wurde auf chlor- und säurefreiem PEFC-zertifiziertem Papier gedruckt. Um Rohstoffe zu sparen, haben wir auf Folienverpackung verzichtet

10 9 8 7 6 5 4 3 2 1

11 10

ISBN 978-3-8273-2858-8

© der deutschen Ausgabe 2010 Addison-Wesley Verlag,
ein Imprint der PEARSON EDUCATION DEUTSCHLAND GmbH,
Martin-Kollar-Str. 10-12, 81829 München/Germany
Alle Rechte vorbehalten

Übersetzung: Loctory GmbH, www.loctory.de
Lektorat: Boris Karnikowski, bkarnikowski@pearson.de
Korrektorat: Loctory GmbH, www.loctory.de
Fachlektorat: Oliver Jeckel, Allan Schmid, brainworks GmbH, brainworks-training.de
Fachliche Beratung: Matthias Fricke, Assense, http://training.assense.com
Übersetzung der Kursfolien: Matthias Fricke, Assense, http://training.assense.com
Herstellung: Elisabeth Prümm, epruemm@pearson.de
Satz: Isolde Kommer und Tilly Mersin, Großerlach
Einbandgestaltung: Mimi Heft, Kent Oberhen
Druck und Verarbeitung: Kösel, Krugzell (www.KoeselBuch.de)
Printed in Germany

Inhaltsverzeichnis

1 Installation und erste Konfiguration

1.1	Installieren von Mac OS X 2
Übung 1.1.1	Verwenden der Mac OS X-Installations-DVD 8

1.2	Konfigurieren und Aktualisieren von Mac OS X 17
Übung 1.2.1	Konfigurieren einer Neuinstallation von Mac OS X 21
Übung 1.2.2	Installieren von Apple-Updates 32

2 Benutzeraccounts

2.1	Verwalten von Benutzeraccounts 38
Übung 2.1.1	Erstellen von Benutzeraccounts 45
Übung 2.1.2	Wiederherstellen eines gelöschten Benutzeraccounts 50
Übung 2.1.3	Schneller Benutzerwechsel 58

2.2	Benutzeraccount-Sicherheit 60
Übung 2.2.1	Verwenden von FileVault 65
Übung 2.2.2	Kennwortverwaltung 69
Übung 2.2.3	Schlüsselbundverwaltung 80

3 Befehlszeileneingabe und Automatisierung

3.1 Grundlagen der Befehlszeileneingabe 90
- Übung 3.1.1 Navigieren mit der Befehlszeile 95
- Übung 3.1.2 Dateimanipulation mit der Befehlszeile 102

3.2 Systemautomatisierung 110
- Übung 3.2.1 Verwenden von Automator 115
- Übung 3.2.2 Grundlagen des Befehlszeilen-Scripting 121
- Übung 3.2.3 Kombinieren von Technologien für die Automatisierung (optional) 128

4 Dateisysteme

4.1 Dateisystemverwaltung 138
- Übung 4.1.1 Verwenden des Festplatten-Dienstprogramms 145
- Übung 4.1.2 Anzeigen von Festplatten und Volumes 157

4.2 Zugriffsrechte und Fehlerbeseitigung 167
- Übung 4.2.1 Beheben von Problemen bei Zugriffsrechten mit dem Festplatten-Dienstprogramm 172
- Übung 4.2.2 Verstehen von Zugriffsrechten 178
- Übung 4.2.3 Verwalten von Zugriffsrechten 183
- Übung 4.2.4 Fehlerbeseitigung bei Zugriffsrechten 191

5 Datenverwaltung und Backup

5.1 Mac OS X Volume-Hierarchie 196
- Übung 5.1.1 Konfigurieren von Time Machine (optional) 199
- Übung 5.1.2 Speicherort der Systemressourcen 203

5.2	Dateimetadaten und Spotlight	209
Übung 5.2.1	Anzeigen von Paketinhalten (optional oder im Überblick)	213
Übung 5.2.2	Kennenlernen der Launch Services	219
Übung 5.2.3	Verwenden von Spotlight	225
5.3	Archivieren und Sichern	229
Übung 5.3.1	Erstellen von Archiven	234
Übung 5.3.2	Erstellen von Image-Dateien (optional)	239
Übung 5.3.3	Wiederherstellen von Dateien mithilfe von Time Machine (optional)	244

6 Programme und Boot Camp

6.1	Programm-Umgebungen	252
Übung 6.1.1	Sofortiges Beenden eines Programms	263
Übung 6.1.2	Fehlerbeseitigung bei Einstellungen	271
Übung 6.1.3	Launch Services und Übersicht	276
6.2	Boot Camp	282

7 Konfiguration eines Netzwerks

7.1	Konfigurieren von Mac OS X-Netzwerken	288
Übung 7.1.1	Überwachen von Netzwerkverbindungen	297
Übung 7.1.2	Konfigurieren von Netzwerkschnittstellen	300
Übung 7.1.3	Verwenden mehrerer Schnittstellen	308
Übung 7.1.4	Konfigurieren mehrerer Schnittstellen: VPN (optional)	313
Übung 7.1.5	Konfigurieren mehrerer Schnittstellen: Ethernet und AirPort (optional)	317
7.2	Fehlerbeseitigung im Netzwerk	321
Übung 7.2.1	Beseitigen von Netzwerkproblemen	326

8 Netzwerkdienste

8.1 Dateifreigabedienste 340
- Übung 8.1.1 Zugriff auf freigegebene Dateien 347
- Übung 8.1.2 Konfigurieren der Dateifreigabe 354
- Übung 8.1.3 Konfigurieren der Webfreigabe (optional) 366

8.2 Hostfreigabedienste und Sicherheit 372
- Übung 8.2.1 Verbinden mit entfernten Hosts 379
- Übung 8.2.2 Konfigurieren der Personal Application Firewall (optional) 386

8.3 Verzeichnisdienste 394
- Übung 8.3.1 Verwenden der Netzwerkverzeichnisdienste 399

9 Peripheriegeräte und Drucken

9.1 Verwalten von Peripheriegeräten 410
- Übung 9.1.1 Verwalten von Peripheriegeräten 415
- Übung 9.1.2 Verwenden von Bluetooth (optional) 424
- Übung 9.1.3 Verwenden der Apple Remote-Fernbedienung (optional) 431

9.2	Verwalten von Druckern und Faxgeräten 437	
Übung 9.2.1	Verwalten von Druckern 445	
Übung 9.2.2	Fehlerbeseitigung beim Drucksystem 451	
Übung 9.2.3	Erstellen eines PDF-Drucker-Plug-Ins (optional) 458	

10 Systemstart

10.1	Systemstart und Fehlerbeseitigung 464	
Übung 10.1.1	Systemstartprozesse und Startobjekte 470	
Übung 10.1.2	Verwenden des Einzelbenutzermodus 476	
Übung 10.1.3	Entfernen eines beschädigten Startobjekts 483	

Musterantworten 489

1

Installation und erste Konfiguration

1.1 Installieren von Mac OS X

Übung 1.1.1 Verwenden der Mac OS X-Installations-DVD

1.2 Konfigurieren und Aktualisieren von Mac OS X

Übung 1.2.1 Konfigurieren einer Neuinstallation von Mac OS X
Übung 1.2.2 Installieren von Apple-Updates

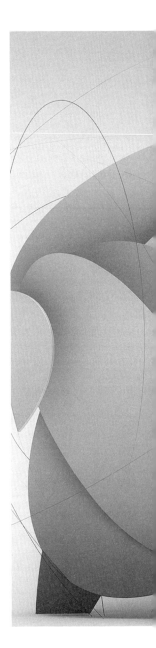

Kapitel 1 Installation und erste Konfiguration

1.1 Installieren von Mac OS X

Auf allen neuen Mac-Computern ist eine Version von Mac OS X vorinstalliert. Es gibt jedoch auch viele ältere Macs, auf denen nicht die aktuelle Version, Mac OS X 10.6, installiert ist. Daher sollten Sie mit dem Mac OS X-Installationsprozess vertraut sein. Unter Umständen müssen Sie auch auf einem neueren Mac einmal die Systemsoftware neu installieren. In dieser Lektion lernen Sie den Mac OS X-Installationsprozess kennen. Außerdem sind auf der Mac OS X-Installations-DVD mehrere äußerst hilfreiche Dienstprogramme zur Verwaltung und Fehlerbehebung verfügbar. In dieser Lektion lernen Sie auch, wie Sie auf diese Dienstprogramme zugreifen und sie verwenden können.

Installieren von Mac OS X

Mac-Computer mit Intel-Prozessor

1 GB Arbeitsspeicher

5 GB freier Speicherplatz auf der Festplatte

DVD-Laufwerk
(nur für Installation)

www.apple.com/macosx/specs.html

Ausführliche Anleitungen finden Sie unter „Vor der Installation von Mac OS X" in Lektion 1 von *Apple Training Series: Mac OS X Support Essentials v10.6*.

Lektion 1.1 Installieren von Mac OS X

Vorbereitung der Installation

Datensicherung

Lesen der Dokumentation im „Anleitungen"-Ordner der DVD

Erfassung kritischer Informationen

Überprüfen der Firmware und möglicherweise Aktualisierung

Auswählen der Installationsmethode

Ausführliche Anleitungen finden Sie unter „Vor der Installation von Mac OS X" in Lektion 1 von *Apple Training Series: Mac OS X Support Essentials v10.6*.

Mac OS X-Installation: Dienstprogramme

Dienstprogramme-Menü ist extrem hilfreich

Zurücksetzen des Passworts ist nur mit dieser DVD möglich

Verwenden Sie das Festplatten-Dienstprogramm, um das Systemvolume zu löschen oder zu partitionieren

Ausführliche Anleitungen finden Sie unter „Verwenden der Dienstprogramme auf der Installations-DVD" in Lektion 1 von *Apple Training Series: Mac OS X Support Essentials v10.6*.

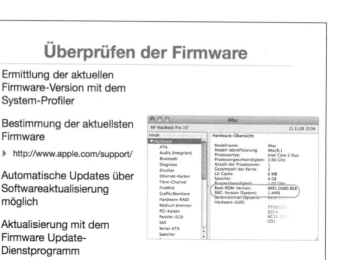

Ausführliche Anleitungen finden Sie unter „Vor der Installation von Mac OS X" in Lektion 1 von *Apple Training Series: Mac OS X Support Essentials v10.6*.

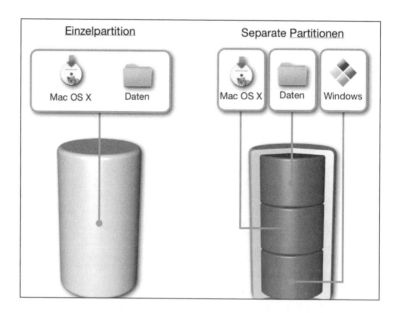

Ausführliche Anleitungen finden Sie unter „Vorbereiten des Systemlaufwerks" in Lektion 1 von *Apple Training Series: Mac OS X Support Essentials v10.6*.

Lektion 1.1 Installieren von Mac OS X

Systemvolume-Formate

Mac OS X-Systemvolume:
- Mac OS Extended (Journaled) – Standard für Mac-Clientsysteme
- Mac OS Extended (Journaled, Groß-/Kleinschreibung) – Mac Server

Boot Camp-Systemvolume:
- MS-DOS (FAT32) – Standard für Boot Camp-Setup
- NTFS – Mac-Support nur für Lesen, aber dieses Format wird benötigt für die Installation von Windows Vista und Windows 7.
- Wenn mehrere Partitionen verwendet werden, erkennt Boot Camp nur das letzte Windows-formatierte Volume auf der internen Festplatte.

Ausführliche Anleitungen finden Sie unter „Vorbereiten des Systemlaufwerks" in Lektion 1 von *Apple Training Series: Mac OS X Support Essentials v10.6*.

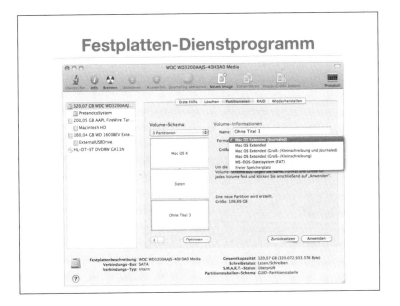

Ausführliche Anleitungen finden Sie unter „Vorbereiten des Systemlaufwerks" in Lektion 1 von *Apple Training Series: Mac OS X Support Essentials v10.6*.

Kapitel 1 Installation und erste Konfiguration

Ausführliche Anleitungen finden Sie unter „Installieren von Mac OS X" in Lektion 1 von *Apple Training Series: Mac OS X Support Essentials v10.6.*

Ausführliche Anleitungen finden Sie unter „Installieren von Mac OS X" in Lektion 1 von *Apple Training Series: Mac OS X Support Essentials v10.6.*

Anzeigen des Installationsprotokolls

Zugriff vom Menü „Fenster" > „Installationsprotokoll"
oder über ⌘-L auf der Tastatur

Bleibt offen während der gesamten Installation

Verhindert das automatische Neustarten nach der Installation

Ausführliche Anleitungen finden Sie unter „Fehlerbeseitigung bei der Installation" in Lektion 1 von *Apple Training Series: Mac OS X Support Essentials v10.6*.

Fehlerbeseitigung bei der Installation

Verständnis verschiedener Installationsfehlerpunkte

- Installationsmedium – Probleme beim Lesen durch verschmutzte DVD oder defektes optisches Laufwerk
- Verarbeitungsprobleme – CPU-bedingte Probleme beim Installieren, zu geringe oder fehlerhafte Speicherausstattung
- Festplattenprobleme – Probleme beim Schreiben während der Installation durch vorherige Installationen oder Festplattenfehler

Fehlerbeseitigung

- Hardware-Kompatibilität, einschließlich Firmware
- Installationsprotokoll
- Mögliche Problempunkte wie z.B. externe Peripherie entfernen

Weiterführende Tipps. Apple Knowledge Base Artikel #TS2951 „Mac OS X 10.6: Nach der Installation startet der Mac immer noch mit Mac OS X 10.4 oder 10.5"

Ausführliche Anleitungen finden Sie unter „Fehlerbeseitigung bei der Installation" in Lektion 1 von *Apple Training Series: Mac OS X Support Essentials v10.6*.

Kapitel 1 Installation und erste Konfiguration

Übung 1.1.1
Verwenden der Mac OS X-Installations-DVD

Übungsziele
- Starten von der Installations-DVD
- Verstehen der Funktionalität der verfügbaren Dienstprogramme
- Sicherstellen, dass der Computer die Systemvoraussetzungen für Mac OS X Version 10.6 erfüllt
- Verstehen der Installationsoptionen für Mac OS X

Zusammenfassung
In dieser Übung starten Sie Ihren Computer von einem Mac OS X-Installationsmedium. Dieses Installationsmedium kann in Form einer Mac OS X-Installations-DVD vorliegen oder es kann sich um ein NetBoot-Image handeln, das von der Installations-DVD erstellt wurde. Ihr Kursleiter informiert Sie hierzu. Sie lernen die enthaltenen Dienstprogramme sowie das Mac OS X-Installationsprogramm kennen. Mac OS X wurde bereits vor dem Seminarbeginn auf Ihrem Computer installiert, damit mehr Unterrichtszeit für andere Aufgaben zur Verfügung steht. Es ist jedoch wichtig, sich mit dem Installationsprogramm und den zahlreichen Werkzeugen auf der Installations-DVD vertraut zu machen.

> **Hinweis** Sie werden zwar keine Installation durchführen, können sich jedoch die Schritte bis zur Installation ansehen.

Ihr Kursleiter wird Sie über die zu verwendende Startmethode informieren: DVD oder NetBoot. Folgen Sie den entsprechenden Anleitungen weiter unten. Der Startvorgang von diesem NetBoot-Image entspricht dem Startvorgang von der Installations-DVD. Das heißt, nach dem Start sind die restlichen Übungsschritte exakt gleich.

Starten von der Mac OS X-Installations-DVD (DVD-Methode)

Um auf das Installationsprogramm und andere Dienstprogramme zuzugreifen, müssen Sie von der Installations-DVD starten. Führen Sie diese Schritte nur aus, wenn Ihr Kursleiter DVDs aushändigt.

1 Legen Sie die vom Kursleiter ausgehändigte Mac OS X-Installations-DVD ein.

   Wenn es sich bei Ihrem Computer um einen Mac Pro handelt und dieser ausgeschaltet ist, halten Sie beim Einschalten des Computers die Maustaste gedrückt, um die DVD auszuwerfen. Schalten Sie hierfür einfach den Computer ein und halten die Maustaste gedrückt, bis der Laufwerksschacht sich öffnet. Bei Laufwerken mit Einzug schalten Sie einfach den Computer ein und legen die DVD ein.

2 Starten Sie Ihren Computer neu.

3 Halten Sie die Taste „C" gedrückt, bis der graue Apfel auf dem Bildschirm angezeigt wird.

   Wenn beim Starten die Taste „C" gedrückt wird, startet der Computer von dem Medium, das sich im internen optischen Laufwerk befindet.

4 Nach dem Starten von der Installations-DVD wird das erste Installationsfenster angezeigt, in dem Sie die Sprache für die Benutzeroberfläche auswählen. Wenn die Willkommensmusik und das -video abgespielt werden, haben Sie die Taste „C" vermutlich zu spät gedrückt oder nicht lange genug gedrückt gehalten. Versuchen Sie es erneut und wiederholen Sie die Schritte 2 und 3.

Starten mit NetBoot von einem Installations-Image (NetBoot-Methode)

Um auf das Installationsprogramm und andere Dienstprogramme zuzugreifen, müssen Sie von der Installations-DVD starten. Führen Sie diese Schritte nur aus, wenn Ihr Kursleiter die NetBoot-Methode vorgibt.

1 Schalten Sie den Computer ein.

2   Halten Sie die Taste „N" gedrückt, bis der graue Apfel auf dem Bildschirm angezeigt wird.

Wenn beim Starten die Taste „N" gedrückt wird, startet der Computer von einer Image-Datei, die sich auf einem Server befindet. Ihr Kursleiter hat für diesen Fall eine Image-Datei von der Installations-DVD erstellt. Diese befindet sich auf dem Seminarraum-Server.

3   Nach dem Starten des Computers wird das erste Installationsfenster angezeigt, in dem Sie die Sprache für die Benutzeroberfläche auswählen. Wenn die Willkommensmusik und das -video abgespielt werden, haben Sie die Taste „N" vermutlich zu spät gedrückt oder nicht lange genug gedrückt gehalten. Versuchen Sie es erneut und wiederholen Sie die Schritte 1 und 2.

Auswählen der Standardsprache

Mac OS X unterstützt eine Vielzahl an Sprachen. Der erste Schritt beim Ausführen des Mac OS X-Installationsprogramms ist das Auswählen der Sprache für die Benutzeroberfläche.

1   Vergewissern Sie sich, dass im Fenster für die Sprachauswahl die Option „Deutsch als Standardsprache verwenden" ausgewählt ist.

2   Klicken Sie auf die Pfeiltaste, um das Installationsprogramm zu öffnen.

Kennenlernen der Dienstprogramme auf der Installations-DVD

Beim Starten von der Mac OS X-Installations-DVD haben Sie zusätzlich zum Installationsprogramm Zugriff auf einige Dienstprogramme. Mit diesen Dienstprogrammen können Sie die Systemkonfiguration überprüfen sowie Aufgaben zur Wartung und Fehlerbeseitigung durchführen. In diesem Teil der Übung erhalten Sie einen Einblick in einige dieser Dienstprogramme, um sich mit ihnen vertraut zu machen. Sie werden sie später im Seminarverlauf verwenden.

Lektion 1.1 Installieren von Mac OS X

Öffnen des System-Profilers

Mit dem System-Profiler können Sie sich Informationen zu Ihrem Computer anzeigen lassen.

1   Wählen Sie aus dem Menü „Dienstprogramme" die Option „System-Profiler".

Das Dienstprogramm „System-Profiler" wird geöffnet, scannt Ihren Computer und erstellt eine Übersicht mit der Hardware- und Softwarekonfiguration des Computers. Weiter unten sehen Sie ein Beispiel hierfür. Die auf dem Computerbildschirm angezeigten Informationen variieren.

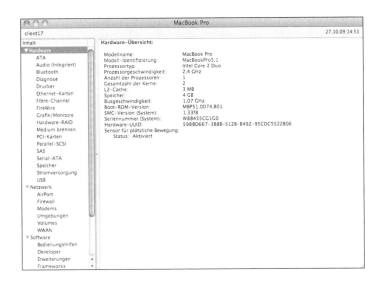

Frage 1   Wie lautet der Prozessortyp und welche RAM-Größe liegt im obigen Beispiel vor?

Frage 2   Erfüllt dieser Computer die Voraussetzungen für Mac OS X Version 10.6?

Kapitel 1 Installation und erste Konfiguration

Frage 3 Welche BootROM-Version ist auf diesem Computer installiert?

Frage 4 Welche SMC-Version ist auf diesem Computer installiert?

Frage 5 Wie viel Festplattenspeicher ist mindestens für die Installation von Mac OS X erforderlich?

Frage 6 Wie viel Arbeitsspeicher ist mindestens für Mac OS X erforderlich?

---

2 Je nach Hardware haben Sie eine ATA- oder Serial-ATA-Festplatte. Überprüfen Sie beides, um Ihre Festplatte zu bestimmen. Höchstwahrscheinlich ist es eine Serial-ATA-Festplatte.

Wählen Sie in der Liste „Inhalt" links im System-Profiler-Fenster entweder „ATA" oder „Serial-ATA" aus, um die Größe der im Computer installierten Festplatte anzuzeigen.

3 Beenden Sie den System-Profiler, um zum Installationsprogramm zurückzukehren.

Kennenlernen des Startvolumes

Mit dem Dienstprogramm „Startvolume" können Sie das Volume auswählen, von dem gestartet werden soll. Sollten beim Starten von einer Festplatte Probleme auftreten, können Sie eine zweite Festplatte anschließen, auf der Mac OS X installiert ist, und „Startvolume" verwenden, um den Computer so zu konfigurieren, dass er von der neuen Festplatte aus startet.

1 Wählen Sie aus dem Menü „Dienstprogramme" die Option „Startvolume". Das Dienstprogramm „Startvolume" zeigt

Ihnen alle startfähigen Volumes an. Als Optionen stehen Ihnen „Netzwerkstart" oder NetBoot-Images zur Verfügung, je nachdem, was in Ihrem Netzwerk gefunden wird.

2   Sie müssen das Startvolume jetzt nicht ändern. Beenden Sie das Dienstprogramm „Startvolume" einfach wieder.

Kennenlernen des Festplatten-Dienstprogramms

Mit dem Festplatten-Dienstprogramm auf der Mac OS X-Installations-DVD können Sie vor der Installation von Mac OS X Ihre Festplatte als Image-Datei sichern, sie neu formatieren oder partitionieren. Sie können auch einige Festplattenprobleme nach dem Starten von der Installations-DVD feststellen und beheben.

1   Wählen Sie aus dem Menü „Dienstprogramme" die Option „Festplatten-Dienstprogramm".

Links in der Geräteliste werden Ihre Festplatte und die Mac OS X-Installations-DVD bzw. das NetBoot-Image angezeigt. Es gibt für jedes physische Gerät einen Haupteintrag sowie eine eingerückte Liste mit den Volumes des Geräts.

2   Wählen Sie Ihre Festplatte aus (nicht Ihr Startvolume).

Für die Festplatte sind folgende Optionen verfügbar: „Erste Hilfe", „Löschen", „Partitionieren", „RAID" und „Wiederherstellen". Vor allem die Möglichkeit, vor der Installation von Mac OS X eine Festplatte zu partitionieren, ist einer der Hauptgründe, dass das Festplatten-Dienstprogramm auf der Installations-DVD enthalten ist.

3   Wählen Sie in der Geräteliste links das Startvolume auf Ihrer Festplatte aus. Üblicherweise heißt es „Macintosh HD".

Für Volumes sind folgende Optionen verfügbar: „Erste Hilfe", „Löschen", „RAID" und „Wiederherstellen".

4 Beenden Sie das Festplatten-Dienstprogramm, um zum Installationsprogramm zurückzukehren.

Dienstprogramm „Kennwörter zurücksetzen"

Mit dem Dienstprogramm „Kennwörter zurücksetzen" auf der Mac OS X-Installations-DVD können Sie nach dem Starten von der DVD Kennwörter zurücksetzen. Zu diesem Zeitpunkt haben Sie noch keine Benutzeraccounts angelegt, aber der Account „System Administrator (root)" ist bereits vorhanden. Sie lernen diese Funktion kennen, ohne tatsächlich ein Kennwort zu ändern.

1 Wählen Sie „Dienstprogramme" > „Kennwörter zurücksetzen".

2 Wählen Sie das Startvolume auf Ihrer Festplatte aus. Üblicherweise heißt es „Macintosh HD".

Unter „Wählen Sie den Benutzeraccount" ist im Einblendmenü die Option „System Administrator (root)" ausgewählt. Wenn Sie das Kennwort eines Benutzers zurücksetzen wollten, müssten Sie den Benutzer im Einblendmenü auswählen, das entsprechende Kennwort eingeben, das Kennwort bestätigen, wahlweise eine Kennwort-Merkhilfe eingeben und dann auf „Sichern" klicken.

Mit dem Dienstprogramm „Kennwörter zurücksetzen" können Sie auch die Zugriffsrechte für den Benutzerordner des ausgewählten Benutzers reparieren. Dies erfolgt durch Klicken auf die Taste „Zurücksetzen" unten im Fenster.

3 Kehren Sie zurück zum Installationsprogramm, indem Sie „Kennwörter zurücksetzen" beenden.

Fortfahren mit der ersten Installation

Nun werden Sie durch die verbleibenden Dialogfenster des Installationsprogramms geführt, Sie führen die tatsächliche Installation am Ende jedoch nicht durch. Das Betriebssystem soll nicht neu installiert werden. Mit den folgenden Schritten können Sie die Konfiguration der Installation ausprobieren, ohne das Kopieren der Mac OS X-Software auf Ihr System abwarten zu müssen.

1. Klicken Sie im Fenster „Mac OS X Installation" auf „Fortfahren".

   Nun werden Sie durch die ersten Schritte der Installation geführt, Sie führen die tatsächliche Installation des Betriebssystems am Ende jedoch nicht durch. Dieser Vorgang ist bereits erfolgt.

   Das Fenster für den Softwarelizenzvertrag wird angezeigt.

2. Klicken Sie auf „Akzeptieren".

3. Im nächsten Fenster werden Sie aufgefordert, das Volume auszuwählen, auf dem Mac OS X installiert werden soll. Wählen Sie das Symbol für Ihre Festplatte aus (üblicherweise heißt es „Macintosh HD").

4. Klicken Sie auf „Anpassen".

   Mit der Taste „Anpassen" können Sie festlegen, welche Pakete installiert werden sollen. Wenn das Zielvolume leer ist, führt das Installationsprogramm eine einfache Installation durch. Wenn Mac OS X bereits auf der Festplatte installiert ist, wird die vorhandene Version mit der Mac OS X-Version von der Installations-DVD überschrieben. Dies ähnelt der Funktion „Archivieren und installieren" in vorherigen Versionen von Mac OS X.

   Standardmäßig werden nur Teile der Druckerunterstützung installiert. Dazu gehören „Von diesem Mac verwendete Drucker" und „Nahe und häufig verwendete Drucker". Wenn Sie „Alle verfügbaren Drucker" installieren möchten, müssen Sie hier die entsprechende Auswahl treffen.

   Standardmäßig werden außerdem alle Sprachpakete installiert. Rosetta und QuickTime 7 werden hingegen nicht installiert. Wenn Sie später ein Programm öffnen möchten, für das Rosetta oder QuickTime 7 benötigt werden, versucht das System das erforderliche Programm über „Softwareaktualisierung" für Sie zu laden.

5. Klicken Sie auf „OK".

> **Hinweis** Klicken Sie nicht auf „Installieren", da ansonsten das Installationsprogramm das Betriebssystem Mac OS X installiert, was zu diesem Zeitpunkt nicht erfolgen soll.

Kapitel 1 Installation und erste Konfiguration

6 Beenden Sie das Installationsprogramm, indem Sie „Mac OS X Installation beenden" im Menü „Mac OS X Installation" auswählen.

7 Klicken Sie im angezeigten Dialogfenster auf „Neustart".

Der Computer wird neu gestartet.

8 Wenn Sie von einem optischen Laufwerk gestartet haben, werfen Sie die Mac OS X-Installations-DVD aus, nachdem der Computer neu gestartet wurde.

Konfigurieren und Aktualisieren von Mac OS X

1.2

Dank des Systemassistenten ist die erste Konfiguration von Mac OS X sehr einfach. In dieser Lektion erfahren Sie, wie sich einige dieser ersten Konfigurationsschritte grundlegend und umfassend auf das System auswirken. In dieser Lektion lernen Sie einige Werkzeuge kennen, die Sie während dieses Seminars zur Verwaltung und Fehlerbehebung verwenden: „Systemeinstellungen", „System-Profiler" und „Konsole". Außerdem lernen Sie Methoden zum Aktualisieren Ihres Macs auf die aktuelle Apple-Software kennen und wenden diese an.

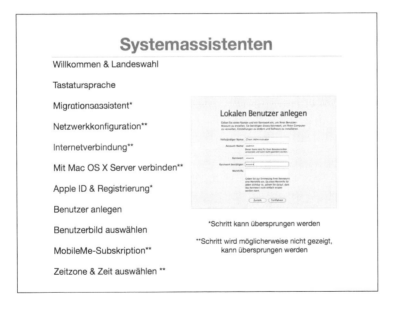

Ausführliche Anleitungen finden Sie unter „Erste Konfiguration von Mac OS X" in Lektion 1 von *Apple Training Series: Mac OS X Support Essentials v10.6*.

Kapitel 1 Installation und erste Konfiguration

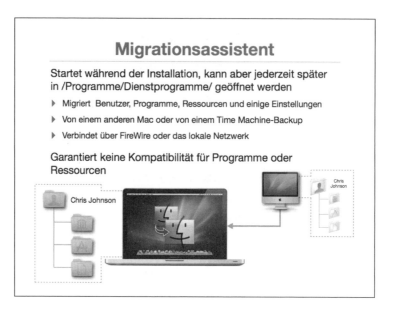

Ausführliche Anleitungen finden Sie unter „Erste Konfiguration von Mac OS X" in Lektion 1 von *Apple Training Series: Mac OS X Support Essentials v10.6*.

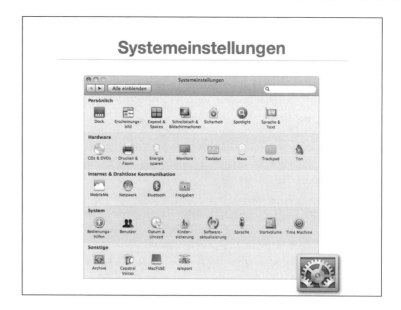

Ausführliche Anleitungen finden Sie unter „Konfigurieren von Mac OS X" in Lektion 1 von *Apple Training Series: Mac OS X Support Essentials v10.6*.

Lektion 1.2 Konfigurieren und Aktualisieren von Mac OS X

Ausführliche Anleitungen finden Sie unter „Konfigurieren von Mac OS X" in Lektion 1 von *Apple Training Series: Mac OS X Support Essentials v10.6*.

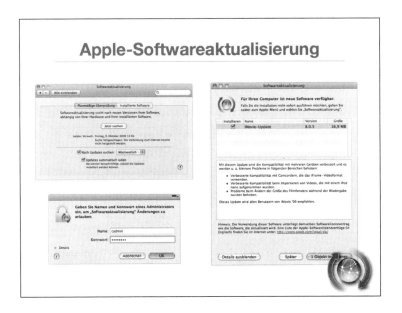

Ausführliche Anleitungen finden Sie unter „Installieren von Software und Updates" in Lektion 1 von *Apple Training Series: Mac OS X Support Essentials v10.6*.

Installationsprogramm

Installiert komplexe Programme oder Ressourcen von Apple oder Drittanbietern

Benötigt häufig die Autorisierung eines Administrators

Wird in /var/log/install.log protokolliert

- Nicht bei Drag & Drop-Installationen
- Nicht bei Installationssoftware von Drittanbietern

Ausführliche Anleitungen finden Sie unter „Installieren von Software und Updates" in Lektion 1 von *Apple Training Series: Mac OS X Support Essentials v10.6*.

Protokolldateien

Mac OS X gibt Meldungen über Protokolldateien aus

Das Konsolen-Programm zeigt diese Meldungen

Zur kontinuierlichen Überwachung die Konsole offen lassen

Ausführliche Anleitungen finden Sie unter „Installieren von Software und Updates" in Lektion 1 von *Apple Training Series: Mac OS X Support Essentials v10.6*.

Lektion 1.2 Konfigurieren und Aktualisieren von Mac OS X

Übung 1.2.1
Konfigurieren einer Neuinstallation von Mac OS X

Übungsziele

- Konfigurieren von Mac OS X mit dem Systemassistenten
- Konfigurieren von Freigaben und Netzwerkschnittstellen für den Seminargebrauch
- Verwenden der Softwareaktualisierung zum Abfragen von Updates für Mac OS X
- Laden von Unterrichtsmaterialien vom Seminarraum-Server

Zusammenfassung

In dieser Übung konfigurieren Sie eine komplett neu installierte Mac OS X-Version auf Ihrem Seminarcomputer. Das Konfigurieren von Mac OS X für dieses Seminar umfasst die Beantwortung einiger grundlegender Fragen, das Konfigurieren des ersten Administrator-Benutzeraccounts sowie verschiedener Einstellungen. Nach Abschluss dieser Aufgaben werden Sie vertraut sein mit dem Systemassistenten, den Systemeinstellungen „Freigaben", „Netzwerk" und „Benutzer", dem Finder-Befehl „Mit Server verbinden" und mit einem Apple-Installationsprogramm.

Konfigurieren von Mac OS X mit dem Systemassistenten

Die folgenden Schritte führen Sie durch die grundlegende Konfiguration von Mac OS X mit dem Systemassistenten:

1 Wählen Sie im Fenster „Willkommen" das entsprechende Land aus und klicken Sie auf „Fortfahren".

Kapitel 1 Installation und erste Konfiguration

2   Wählen Sie im Fenster „Wählen Sie Ihre Tastatur" die entsprechende Tastaturbelegung aus und klicken Sie auf „Fortfahren".

3   Wählen Sie im Fenster „Haben Sie bereits einen Mac?" die Option „Meine Daten jetzt nicht übertragen" aus und klicken Sie auf „Fortfahren".

Wenn Sie einen Computer ersetzen wollten, könnten Sie mit den anderen Optionen die Benutzerdaten und Systeminformationen von dem alten Computer auf den neuen übertragen.

Der Systemassistent überprüft Ihre Netzwerkumgebung und stellt fest, ob Sie mit dem Internet verbunden sind. Dies kann einige Zeit dauern.

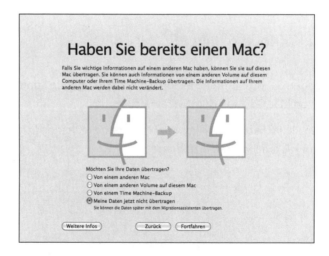

4 Wenn Sie nach Ihrer Internetverbindung gefragt werden, wählen Sie „DHCP" als TCP/IP-Verbindungstyp aus. Bei drahtlosen Netzwerken fragen Sie bitte Ihren Kursleiter, wie Sie Ihren Computer konfigurieren sollen.

5 Lassen Sie im Fenster „Geben Sie Ihre Apple-ID ein" die Felder frei und klicken Sie auf „Fortfahren".

6 Klicken Sie im Fenster „Registrierung" auf „Fortfahren".

Es wird ein Dialogfenster mit dem Hinweis geöffnet, dass Ihre Registrierungsdaten nicht vollständig sind.

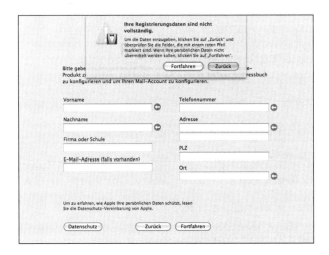

7 Klicken Sie auf „Fortfahren".

Ihr Computer erkennt den Seminarraum-Server (mainserver.pretendco.com), zu dem Sie eine Verbindung herstellen können.

8 Vergewissern Sie sich, dass im Fenster „Mit Mac OS X Server verbinden" die Option „Folgenden Mac OS X Server verwenden" nicht ausgewählt ist und klicken Sie auf „Fortfahren".

9 Geben Sie im Fenster „Lokalen Benutzer anlegen" die folgenden Informationen ein:

> **Hinweis** Es ist wichtig, dass Sie diesen Account wie angegeben erstellen. Ansonsten funktionieren bestimmte Übungen möglicherweise nicht wie hier beschrieben. Den hervorgehobenen Text in diesem Handbuch müssen Sie genau so eingeben wie dargestellt.

- Vollständiger Name: `Client Administrator`
- Account-Name: `cadmin`
- Kennwort: `cadmin`
- Kennwort bestätigen: `cadmin`
- Merkhilfe: Keine Eingabe

Lektion 1.2 Konfigurieren und Aktualisieren von Mac OS X

Lokalen Benutzer anlegen

Geben Sie einen Namen und ein Kennwort ein, um Ihren Benutzer-Account zu erstellen. Sie benötigen dieses Kennwort, um Ihren Computer zu verwalten, Einstellungen zu ändern und Software zu installieren.

Vollständiger Name: Client Administrator
Account-Name: cadmin
Dieser Name wird für Ihren Benutzerordner verwendet und kann nicht geändert werden.
Kennwort: ••••••
Kennwort bestätigen: ••••••
Merkhilfe:
Geben Sie zur Erinnerung Ihres Kennworts eine Merkhilfe ein. Da diese Merkhilfe für jeden sichtbar ist, achten Sie darauf, dass das Kennwort nicht einfach erraten werden kann.

(Zurück) (Fortfahren)

10 Klicken Sie auf „Fortfahren".

Der Systemassistent fährt nicht fort und fügt stattdessen ein Ausrufezeichen neben der Merkhilfe ein. Es wird Ihnen empfohlen, eine Merkhilfe einzugeben. Der Systemassistent macht Sie darauf aufmerksam, dass Merkhilfen für jeden sichtbar sind. Aus diesem Grund werden Benutzer in sicherheitskritischen Umgebungen höchstwahrscheinlich keine Merkhilfen eingeben.

11 Klicken Sie erneut auf „Fortfahren".

Der Systemassistent legt nun Ihren Account an.

Sie werden aufgefordert, ein Bild für diesen Account auszuwählen. Wenn Ihr Computer über eine Kamera verfügt, können Sie auch einen Schnappschuss erstellen.

12 Erstellen Sie entweder einen Schnappschuss oder wählen Sie ein Bild aus dem Bildarchiv aus. Klicken Sie dann auf „Fortfahren".

13 Wenn Ihnen eine kostenlose MobileMe-Testmitgliedschaft angeboten wird, wählen Sie „Ich möchte MobileMe jetzt nicht kostenlos testen" und klicken Sie auf „Fortfahren".

14 Wählen Sie im Fenster „Zeitzone auswählen" die korrekte Zeitzone aus. Wählen Sie dann im Einblendmenü den nächstgelegenen Ort aus.

Wenn Ihr Seminarraum über Internetzugang verfügt, können Sie auch die Option „Zeitzone automatisch anhand des

Aufenthaltsorts festlegen" auswählen. Daraufhin versucht das System, Ihre Zeitzone zu bestimmen.

15 Klicken Sie auf „Fortfahren".

16 Wenn das Fenster „Vielen Dank" angezeigt wird, klicken Sie auf „Los geht's!". Falls Sie an Ihre Registrierung erinnert werden, klicken Sie auf die Taste „Fertig", um fortzufahren.

Festlegen des Computernamens

Da jeder Seminarteilnehmer dieselben Accountnamen-Informationen eingegeben hat, haben alle Computer der Teilnehmer denselben Namen. Um Ihre Computer im Netzwerk unterscheiden zu können, müssen Sie jeweils einen eindeutigen Gerätenamen festlegen. Mac OS X erlaubt keine doppelten lokalen Hostnamen. Deshalb wird u. U. eine Fehlermeldung angezeigt mit der Information, dass Ihr lokaler Hostname geändert wurde von „Client-Administrators-*Computermodell*.local" in „Client-Administrators-*Computermodell-n*.local", wobei *n* eine eindeutige Zahl ist, die abhängig vom Konfigurationszeitpunkt Ihres Computers gegenüber den anderen Teilnehmern hochgezählt wird. Sie müssen auch einen lokalen Hostnamen mit Ihrer Teilnehmernummer festlegen.

1 Wenn Sie in Dialogfenstern gefragt werden, ob Sie ein [bestimmtes Volume] verwenden möchten, um mit Time Machine ein Backup zu erstellen, klicken Sie in diesen Dialogfenstern auf „Nicht verwenden".

2 Öffnen Sie die Systemeinstellungen, indem Sie auf das entsprechende Symbol im Dock klicken.

Lektion 1.2 Konfigurieren und Aktualisieren von Mac OS X

3   Klicken Sie in den Systemeinstellungen auf „Freigaben".

4   Ändern Sie den Gerätenamen in client*n* und ersetzen Sie *n* durch Ihre Teilnehmernummer. Ist Ihre Teilnehmernummer z. B. 17, sollte der Gerätename „client17" lauten (Kleinschreibung, ohne Leerzeichen, wie in der folgenden Abbildung dargestellt).

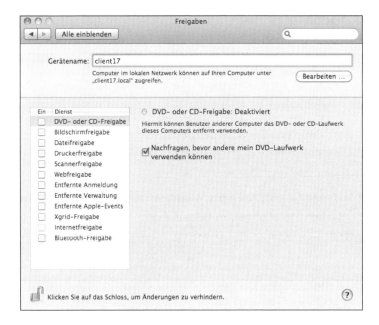

5   Drücken Sie den Zeilenschalter.

Ihr lokaler Hostname (.local-Name) unterhalb Ihres Gerätenamens wird nun so aktualisiert, dass er Ihrem Gerätenamen entspricht.

6 Aktivieren Sie das Markierungsfeld „Entfernte Verwaltung".

In einem weiteren Dialogfenster werden Sie gefragt, welche Aktionen andere Benutzer mithilfe von „Entfernte Verwaltung" vornehmen dürfen.

7 Halten Sie die Wahltaste gedrückt, während Sie auf das Markierungsfeld neben „Beobachten" klicken. Dadurch werden alle Optionen im Dialogfenster ausgewählt.

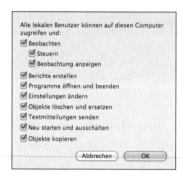

8 Klicken Sie auf „OK".

> **Hinweis** Wenn Sie „Entfernte Verwaltung" und alle nachfolgenden Markierungsfelder aktivieren, kann der Kursleiter während des Seminars Ihre Tastatur und Maus steuern, Informationen sammeln und Ihren Mac aktualisieren und Sie so bei bestimmten Schritten und Übungen unterstützen.

9 Klicken Sie auf „Alle einblenden", um zur Hauptdarstellung der Systemeinstellungen zurückzukehren.

Ausschalten aller Schnittstellen außer Ethernet

Ihr Gerät verfügt u. U. über zusätzliche Netzwerkschnittstellen, z. B. einen zusätzliche Ethernetanschluss oder eine AirPort-Karte. Sie sollten diese Schnittstellen für dieses Seminar deaktivieren. Dadurch entsteht keine Verwirrung beim Erklären des Netzwerks und weiterer Funktionen des Betriebssystems.

Lektion 1.2 Konfigurieren und Aktualisieren von Mac OS X

1 Klicken Sie in den Systemeinstellungen auf das Symbol „Netzwerk".

2 Werfen Sie einen Blick links auf die Liste von Netzwerkdiensten. Überprüfen Sie, ob vor „Ethernet" ein grüner Statuspunkt leuchtet und „Verbunden" angezeigt ist.

Kapitel 1 Installation und erste Konfiguration

3 Für alle Dienste in der Liste unterhalb von „Ethernet" (ausschließlich „Ethernet" selbst):

a. Wählen Sie den Dienst in der Liste aus.

b. Wählen Sie im Aktionsmenü (Zahnradsymbol) unterhalb der Dienstliste „Dienst deaktivieren" aus.

4 Wenn Sie Änderungen vorgenommen haben, sichern Sie sie, indem Sie auf „Anwenden" klicken.

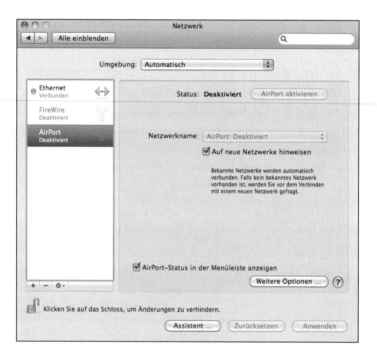

5 Wählen Sie den Dienst „Ethernet" aus.

Lektion 1.2 Konfigurieren und Aktualisieren von Mac OS X

6 Überprüfen Sie, ob Ihr Ethernetnetzwerk so konfiguriert ist, dass eine IP-Adresse über DHCP zugewiesen wird.

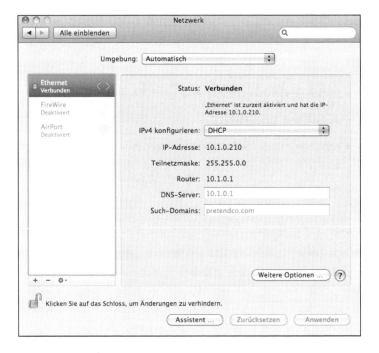

7 Beenden Sie die Systemeinstellungen.

Übung 1.2.2
Installieren von Apple-Updates

Übungsziele
- Laden des Unterrichtsmaterials vom Seminarraum-Server
- Installieren eines Pakets
- Arbeiten mit der Softwareaktualisierung

Zusammenfassung
In dieser Übung laden Sie das Unterrichtsmaterial, das für die weiteren Übungen in diesem Seminar benötigt wird. Sie installieren außerdem ein Paket sowie Software-Updates, die Sie mithilfe der Softwareaktualisierung laden. Ihr Kursleiter wird Sie über die Verfügbarkeit von Updates informieren. Je nach Seminarraum-Umgebung erhalten Sie von Ihrem Kursleiter u. U. abweichende Anweisungen zum Installieren von Updates.

Laden des Unterrichtsmaterials vom Seminarraum-Dateiserver

Stellen Sie die Verbindung zum Seminarraum-Dateiserver (genannt „mainserver") her, um das Unterrichtsmaterial zu laden. Weitere Informationen zu Netzwerken, Verbinden mit und Bereitstellen von Netzwerkdiensten erhalten Sie in den Lektionen weiter hinten im Buch.

1 Öffnen Sie ggf. ein neues Finder-Fenster. Wählen Sie hierzu „Ablage" > „Neues Fenster" oder drücken Sie „Befehl-N".

   „mainserver" wird im Bereich „Freigaben" in der Seitenleiste angezeigt (unterhalb von „FREIGABEN"). Wenn „mainserver" nicht angezeigt wird, klicken Sie auf „Alle", um alle gemeinsam genutzten Objekte anzuzeigen.

Lektion 1.2 Konfigurieren und Aktualisieren von Mac OS X

2   Wählen Sie „mainserver" aus. Wenn Sie zuvor auf „Alle" klicken mussten, wählen Sie nun das Symbol „mainserver" durch Doppelklicken aus.

3   Öffnen Sie den Ordner „Public" durch Doppelklicken.

4   Öffnen Sie ein zweites Finder-Fenster (Befehl-N).

5   Klicken Sie in diesem Finder-Fenster links in der Seitenleiste auf „Macintosh HD".

6   Öffnen Sie den Ordner „Benutzer".

7   Öffnen Sie den Ordner „Für alle Benutzer".

8   Bewegen Sie den Ordner „StudentMaterials" aus dem Netzwerkordner „Public" (im ersten Finder-Fenster) in den Ordner „/Benutzer/Für alle Benutzer" (im zweiten Finder-Fenster).

Dadurch wird eine Kopie des Unterrichtsmaterials auf Ihrem Computer erstellt. Falls im Unterrichtsmaterial Software-Updates vorgesehen sind, kann das Laden dieser Aktualisierungen einige Minuten dauern.

9   Deaktivieren Sie „mainserver" nach dem Kopiervorgang, indem Sie in der Seitenleiste darauf klicken und dann „Ablage" > „Auswerfen" auswählen (Befehl-E).

Am besten bewegen Sie den Ordner „StudentMaterials" im Finder in die Seitenleiste in den Bereich „Orte", denn Sie werden häufig darauf zugreifen müssen. So ist der Ordner „StudentMaterials" stets griffbereit.

Installieren von Software-Updates (Paketinstallation)

Falls Ihr Kursleiter die Installation verfügbarer Software-Updates über das Unterrichtsmaterial vorgesehen hat, müssen Sie wie folgt vorgehen, um sie zu installieren. Ihr Kursleiter wird Ihnen mitteilen, ob dies erforderlich ist.

1. Öffnen Sie im Finder den Ordner „Mac OS X Updates" im Ordner „StudentMaterials".

2. Für jedes zu installierende Software-Update (Ihr Kursleiter gibt Ihnen u. U. auch eine bestimmte Reihenfolge vor):

    a. Öffnen Sie die Image-Datei durch Doppelklicken.

      Kurz darauf wird ein neues Volume auf dem Schreibtisch aktiviert. Darin enthalten ist das Update-Paket.

    b. Öffnen Sie das neue Volume durch Doppelklicken. Installieren Sie dann das Update-Paket durch Doppelklicken.

    c. Melden Sie sich erneut als „Client Administrator" an. Für die Installation von Software-Updates sind Administratorrechte erforderlich.

    d. Klicken Sie nach der Installation eines Updates auf „Fertig" bzw. „Neustart".

3. Wiederholen Sie diese Schritte, bis alle Updates installiert sind.

Installieren von Software-Updates (Serverinstallation)

Falls Ihr Kursleiter die Installation verfügbarer Software-Updates über den Softwareaktualisierungsserver des Seminarraums vorgesehen hat, müssen Sie wie folgt vorgehen, um sie zu laden. Ihr Kursleiter wird Ihnen mitteilen, ob dies erforderlich ist.

1. Wählen Sie im Ordner „Chapter1" des Unterrichtsmaterials die Datei „ConfigureSUS.command".

2. Drücken Sie die Leertaste.

    Die Datei wird im Vorschaumodus „Übersicht" geöffnet. Bei der Datei handelt es sich um ein kleines Shell-Skript (integrierte Lösung zum Automatisieren von Aufgaben). Es führt einige

Befehle aus, um Ihren Computer für die Verwendung des Softwareaktualisierungsservers im Seminarraum zu konfigurieren. Diese Befehle werden jedoch nicht bei der Vorschau der Datei in der Übersicht ausgeführt.

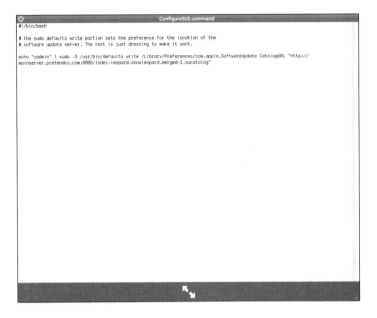

3   Drücken Sie die Leertaste erneut, um die Übersicht zu beenden.

4   Öffnen Sie die Datei „ConfigureSUS.command" per Doppelklick.

Das Programm „Terminal" wird geöffnet und das Skript wird ausgeführt.

5   Beenden Sie Terminal, wenn der Befehl abgeschlossen ist.

6   Wählen Sie im Menü „Apple" die Option „Softwareaktualisierung".

7   Ihr Kursleiter gibt die zu installierenden Updates vor. Wählen Sie die entsprechenden Updates aus bzw. deaktivieren Sie alle nicht zu installierenden Aktualisierungen.

8   Klicken Sie auf „Installieren".

9   Unter Umständen ist ein Neustart erforderlich.

Sie müssen diesen Vorgang möglicherweise mehrmals wiederholen. Ihr Kursleiter wird Ihnen mitteilen, ob dies erforderlich ist, bzw. welche Updates Sie installieren sollen.

2

Benutzer-accounts

2.1 Verwalten von Benutzeraccounts

Übung 2.1.1 Erstellen von Benutzeraccounts
Übung 2.1.2 Wiederherstellen eines gelöschten Benutzeraccounts
Übung 2.1.3 Schneller Benutzerwechsel

2.2 Benutzeraccount-Sicherheit

Übung 2.2.1 Verwenden von FileVault
Übung 2.2.2 Kennwortverwaltung
Übung 2.2.3 Schlüsselbundverwaltung

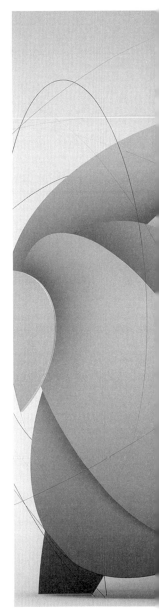

2.1 Verwalten von Benutzeraccounts

Mac OS X Version 10.6 bietet eine solide, sichere und professionelle Arbeitsumgebung für mehrere Benutzer. Diese fortschrittliche Mehrbenutzer-Arbeitsumgebung wird hauptsächlich ermöglicht durch das UNIX-basierte Fundament von Mac OS X. In dieser Lektion werden die grundlegenden Techniken zur Benutzeranmeldung und Verwendung des Macs vermittelt. Sie lernen, verschiedene Benutzeraccount-Typen und Benutzerattribute zu erkennen. Sie lernen außerdem, wie Sie Benutzeraccounts erstellen und diese in Mac OS X verwalten.

Administrative Benutzertypen

Administrator
- Standard für den ersten Benutzeraccount
- Aktivieren über Benutzereinstellungen
- Mitglied der „admin"-Gruppe
- Kann nahezu alles im System ändern

Systemadministrator (root)
- Standardmäßig ist die Anmeldung gesperrt
- Kann in „Verzeichnisdienste" aktiviert werden
- Mitglied der „wheel"-Gruppe
- Umgeht jegliche Autorisierung

Ausführliche Anleitungen finden Sie unter „Kennenlernen der Benutzeraccounts" in Lektion 2 von *Apple Training Series: Mac OS X Support Essentials v10.6*.

Lektion 2.1 Verwalten von Benutzeraccounts

Restriktive Benutzertypen

Standard
- Sicherste Option für normalen Gebrauch
- Kann die meisten Programme öffnen
- Kann keine Systemänderungen durchführen

Gast (guest, everyone)
- Standardmässig eingeschaltet für Freigaben
- Optional zum Anmelden freischaltbar
- Benutzerordner wird automatisch gelöscht

Nur Freigabe
- Benutzer nur für Freigaben
- Kein Benutzerordner, kein direktes Anmelden

Ausführliche Anleitungen finden Sie unter „Kennenlernen der Benutzeraccounts" in Lektion 2 von *Apple Training Series: Mac OS X Support Essentials v10.6*.

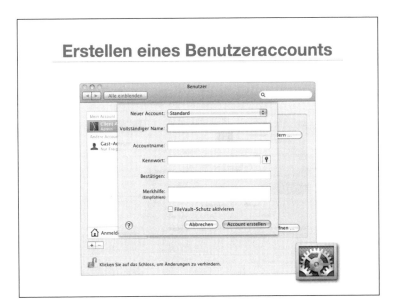

Ausführliche Anleitungen finden Sie unter „Verwalten von Benutzeraccounts" in Lektion 2 von *Apple Training Series: Mac OS X Support Essentials v10.6*.

Ausführliche Anleitungen finden Sie unter „Verwalten von Benutzeraccounts" in Lektion 2 von *Apple Training Series: Mac OS X Support Essentials v10.6*.

Ausführliche Anleitungen finden Sie unter „Verwalten von Benutzeraccounts" in Lektion 2 von *Apple Training Series: Mac OS X Support Essentials v10.6*.

Lektion 2.1 Verwalten von Benutzeraccounts

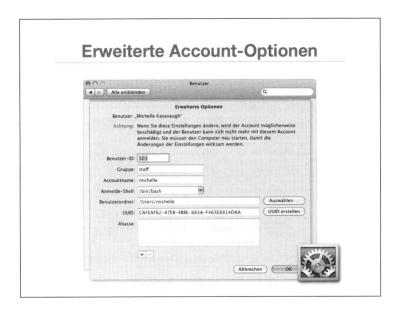

Ausführliche Anleitungen finden Sie unter „Verwalten von Benutzeraccounts" in Lektion 2 von *Apple Training Series: Mac OS X Support Essentials v10.6*.

Ausführliche Anleitungen finden Sie unter „Verwalten von Benutzeraccounts" in Lektion 2 von *Apple Training Series: Mac OS X Support Essentials v10.6*.

Ausführliche Anleitungen finden Sie unter „Verwalten von Benutzerordnern" in Lektion 2 von *Apple Training Series: Mac OS X Support Essentials v10.6*.

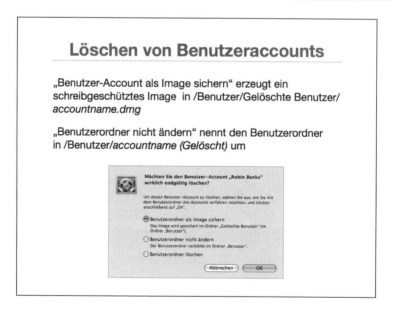

Ausführliche Anleitungen finden Sie unter „Verwalten von Benutzerordnern" in Lektion 2 von *Apple Training Series: Mac OS X Support Essentials v10.6*.

Lektion 2.1 Verwalten von Benutzeraccounts

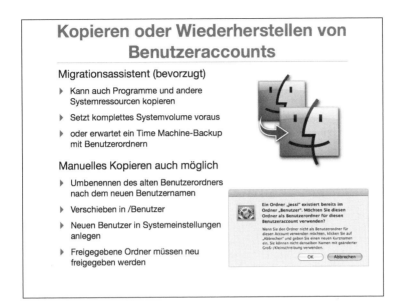

Ausführliche Anleitungen finden Sie unter „Verwalten von Benutzerordnern" in Lektion 2 von *Apple Training Series: Mac OS X Support Essentials v10.6*.

Ausführliche Anleitungen finden Sie unter „Anmeldeoptionen und schneller Benutzerwechsel" in Lektion 2 von *Apple Training Series: Mac OS X Support Essentials v10.6*.

Schneller Benutzerwechsel

Von einem Benutzer zum anderen Benutzer schnell wechseln

Nicht unterstützt für Netzwerkbenutzer

Eventuelle Probleme mit Dateien, Programmen und Peripheriegeräten, die in Benutzung sind

Mögliches Sicherheitsproblem für Nicht-Systemvolumes

Ausführliche Anleitungen finden Sie unter „Anmeldeoptionen und schneller Benutzerwechsel" in Lektion 2 von *Apple Training Series: Mac OS X Support Essentials v10.6*.

Lektion 2.1 Verwalten von Benutzeraccounts

Übung 2.1.1
Erstellen von Benutzeraccounts

Übungsziel
- Erstellen und Testen eines Standardbenutzeraccounts

Zusammenfassung
Sie haben bereits einen Administratoraccount bei der Erstkonfiguration Ihres Computers erstellt. Sie erstellen nun zusätzliche Accounts, um ein besseres Verständnis der Vorgehensweise zu entwickeln. Der erste neue Benutzeraccount ist für einen Standardbenutzer. Verwenden Sie diesen Standardaccount für die tägliche Arbeit. Der Account „Client Administrator" sollte nur für Systemverwaltungsaufgaben wie Software-Installation und Systemkonfiguration verwendet werden.

Erstellen eines Standardbenutzeraccounts
Diese Schritte führen Sie durch das Erstellen eines Accounts.

1 Öffnen Sie die Systemeinstellungen und klicken Sie auf „Benutzer". Sie müssen u. U. zunächst den Schutz der Systemeinstellung „Benutzer" aufheben, indem Sie auf das Schlosssymbol klicken und sich als Administrator authentifizieren.

2 Klicken Sie auf die Taste „Neuer Benutzer" (+) unterhalb der Accountliste und geben Sie die folgenden Informationen ein:

   a. Neuer Account: Standard

   b. Vollständiger Name: Chris Johnson

   c. Accountname: chris

   d. Kennwort: chris

   e. Bestätigen: chris

Wählen Sie nicht die Option „FileVault-Schutz aktivieren" aus. Geben Sie keine Merkhilfe ein. Klicken Sie auf die Taste „Account erstellen".

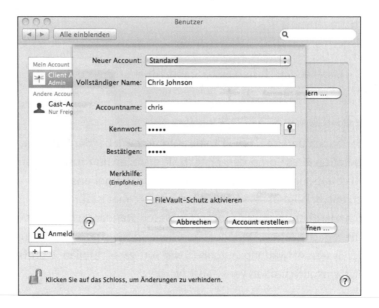

3   Wenn Sie darauf hingewiesen werden, dass die automatische Anmeldung aktiviert ist, klicken Sie auf „Automatische Anmeldung ausschalten".

4   Vergewissern Sie sich, dass Chris' Account in der Accountliste ausgewählt ist.

5   Klicken Sie auf die Taste für das Bild (neben der Taste „Kennwort zurücksetzen") und wählen Sie ein Bild im angezeigten Menü aus.

Lektion 2.1 Verwalten von Benutzeraccounts

Testen des neuen Benutzeraccounts

Nun melden Sie sich mit Chris' Benutzeraccount an, um zu überprüfen, ob der Account korrekt angelegt wurde.

1 Wählen Sie im Menü „Apple" die Option „Client Administrator abmelden".

2 Im angezeigten Dialogfenster bestätigen Sie das Abmelden, indem Sie auf „Abmelden" klicken.

3 Im Anmeldefenster wählen Sie dann „Chris Johnson" aus und geben das zuvor festgelegte Kennwort (chris) ein.

4 Klicken Sie auf die Taste „Anmelden".

Sie sind jetzt als „Chris Johnson" angemeldet.

5 Öffnen Sie die Systemeinstellungen und klicken Sie dann auf „Schreibtisch & Bildschirmschoner", um diesen Bereich zu öffnen.

6   Wählen Sie aus der Sammlung „Pflanzen" ein Bild für den Schreibtisch.

7   Klicken Sie auf die Taste „Alle einblenden" und öffnen Sie die Systemeinstellung „Benutzer".

   Mac OS X ist standardmäßig für eine Eintastenmaus konfiguriert. Um auf Kontextmenüs und Ähnliches zuzugreifen, halten Sie die ctrl-Taste gedrückt und klicken Sie mit der Eintastenmaus oder drücken Sie die Trackpad-Taste. Wenn Ihr Computer über ein Trackpad verfügt, können Sie möglicherweise einige sekundäre Mausklick-Optionen mithilfe der Systemeinstellung „Trackpad" aktivieren. Wenn Sie eine neuere Apple-Maus verwenden, können Sie in der Systemeinstellung „Maus" die Taste für den Rechtsklick aktivieren. Wenn Sie eine Mehrtastenmaus eines Drittanbieters verwenden, funktioniert die rechte Maustaste wahrscheinlich bereits für Rechtsklicks.

8   Klicken Sie auf das Schlosssymbol in der Ecke links unten und authentifizieren Sie sich als „Client Administrator" (Sie können entweder den vollständigen Namen oder den Accountnamen „cadmin" verwenden), um die Systemeinstellung „Benutzer" freizugeben. Dadurch können Sie Änderungen an den Accounts vornehmen, während Sie als „Chris Johnson" angemeldet sind.

9   Klicken Sie bei gedrückter Taste „ctrl" auf Chris' Account und wählen Sie „Erweiterte Optionen" im Einblendmenü aus.

   Notieren Sie sich die folgenden Informationen:

   a. Benutzer: _____

   b. Benutzer-ID: _____

   c. Gruppe: _____

   d. Accountname: _____

   e. Anmelde-Shell: _____

   f. Benutzerordner: _____

   g. UUID: _____

10 Wenn Sie damit fertig sind, klicken Sie auf „Abbrechen". Es empfiehlt sich immer, in einem Fenster mit Einstellungen auf „Abbrechen" zu klicken, wenn Sie keine Änderungen vorgenommen haben.

11 Melden Sie sich ab.

Übung 2.1.2
Wiederherstellen eines gelöschten Benutzeraccounts

Übungsziel
- Wiederherstellen von Dateien aus gelöschten Benutzerordnern, die als Image-Dateien gesichert wurden

Zusammenfassung
Sie erstellen einen Benutzeraccount und kopieren Dateien in den Benutzerordner. Anschließend löschen Sie den Account, wobei Sie den Inhalt des Benutzerordners sichern. Außerdem erstellen Sie einen neuen Account und stellen sicher, dass der neue Benutzer auf den Inhalt des alten Benutzerordners zugreifen kann. Die Personalabteilung hatte Sie gebeten, einen Account für Marta Mishtuk zu erstellen. Da jedoch ihr richtiger Name Mayta Mishtuk lautet, müssen Sie diesen Fehler beheben. Mit dieser Methode können Sie nicht nur einen gelöschten Benutzeraccount wiederherstellen, sondern auch den Kurznamen eines Benutzers ändern.

Erstellen des Benutzerordners von Marta Mishtuk
Sie erstellen nun einen Account und einen Benutzerordner für Marta Mishtuk.

1 Melden Sie sich als „Client Administrator" (cadmin) an.

2 Öffnen Sie die Systemeinstellung „Benutzer".

3 Klicken Sie auf das Schlosssymbol und authentifizieren Sie sich als „Client Administrator".

4 Erstellen Sie einen neuen Benutzeraccount für Marta Mishtuk:

   a. Neuer Account: Standard

   b. Vollständiger Name: `Marta Mishtuk`

c. Accountname: `marta`

d. Kennwort: `marta`

e. Bestätigen: `marta`

Geben Sie keine Merkhilfe ein. Wählen Sie nicht die Option „FileVault-Schutz aktivieren" aus. Klicken Sie auf die Taste „Account erstellen".

5   Klicken Sie bei gedrückter ctrl-Taste auf Martas Account und wählen Sie „Erweiterte Optionen" im Einblendmenü aus.

Notieren Sie sich die folgenden Informationen:

a. Benutzer: _____

b. Benutzer-ID: _____

c. Gruppe: _____

d. Accountname: _____

e. Anmelde-Shell: _____

f. Benutzerordner: _____

g. UUID: _____

6   Klicken Sie auf „Abbrechen", um das Fenster „Erweiterte Optionen" zu verlassen.

7   Melden Sie „Client Administrator" ab.

8   Melden Sie sich als „Marta Mishtuk" (marta) an.

9   Öffnen Sie „TextEdit" im Ordner „Programme".

10 Geben Sie im Dokument „Ohne Titel" den Text „This is Mayta's project document" ein. („Mayta" ist kein Tippfehler.)

11 Sichern Sie die Datei auf Martas Schreibtisch unter dem Dateinamen „Project".

12 Melden Sie sich ab.

Löschen von Martas Account

Sie löschen nun Martas Account und sichern ihren Benutzerordner in einer Image-Datei. Bei einer Image-Datei handelt es sich um eine Art virtuelles Speichermedium. Dies ist eine Datei, die ein Dateisystem enthält.

1 Melden Sie sich als „Client Administrator" an.

2 Öffnen Sie die Systemeinstellung „Benutzer". Sie müssen u. U. zunächst den Schutz der Systemeinstellung „Benutzer" aufheben, indem Sie auf das Schlosssymbol klicken.

3 Löschen Sie Martas Account, indem Sie auf ihren Namen klicken und anschließend auf die Taste „–".

4 Wählen Sie im Dialogfenster „Möchten Sie den Benutzeraccount „Marta Mishtuk" wirklich endgültig löschen?" die Option „Benutzerordner als Image sichern" und klicken Sie auf „OK".

Es dauert einen Moment, bis Martas Benutzerordner in einer Image-Datei gesichert ist.

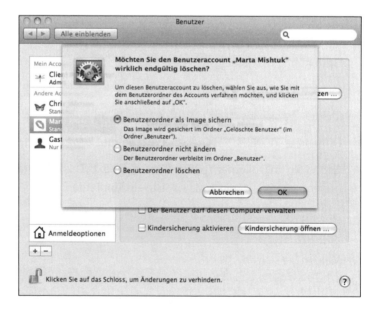

Wiederherstellen von Martas Account für Mayta

Martas Dateien (eigentlich Maytas Dateien) wurden in einer Image-Datei gesichert. Nun kopieren Sie die Dateien in Maytas neuen Benutzerordner, sodass Mayta beim Erstellen des neuen Accounts auf ihre alten Dateien (also die von Martas Account) zugreifen kann.

1 Erstellen Sie auf dem Schreibtisch einen Ordner mit dem Namen „mayta".

Klicken Sie bei gedrückter Taste „ctrl" auf den Schreibtisch und Sie wählen Sie „Neuer Ordner" aus dem Kontextmenü aus. Sie können alternativ auch auf den Schreibtisch klicken und im Finder-Menü „Ablage" die Option „Neuer Ordner" auswählen. Geben Sie dann den Namen des Ordners ein und drücken Sie den Zeilenschalter.

2 Bewegen Sie den Ordner „mayta" in den Ordner „Benutzer". Zum Ordner „Benutzer" gelangen Sie, indem Sie in einem Finder-Fenster in der Seitenleiste auf „Macintosh HD" klicken und anschließend „Benutzer" durch Doppelklicken öffnen.

3 Ein Dialogfenster zeigt an, dass der Ordner nicht bewegt werden kann. Klicken Sie auf „Identifizieren" und authentifizieren Sie sich als „Client Administrator".

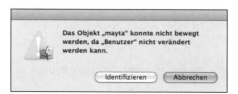

4 Überprüfen Sie, ob sich im Ordner „Benutzer" jetzt ein Ordner mit dem Namen „mayta" befindet.

5 Wählen Sie nun im Finder-Menü „Ablage" die Option „Neues Fenster". Klicken Sie im neuen Fenster in der Seitenleiste auf „Macintosh HD". Navigieren Sie zu „/Benutzer/Gelöschte Benutzer". Im Ordner „Gelöschte Benutzer" befindet sich die Image-Datei „marta.dmg".

6 Öffnen Sie die Image-Datei „marta.dmg" im Ordner „Gelöschte Benutzer".

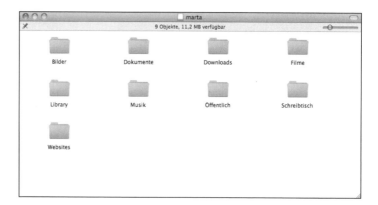

7 Bewegen Sie die Inhalte des aktivierten Images „marta" in den Ordner „mayta", den Sie zuvor im Ordner „Benutzer" erstellt haben.

Lektion 2.1 Verwalten von Benutzeraccounts

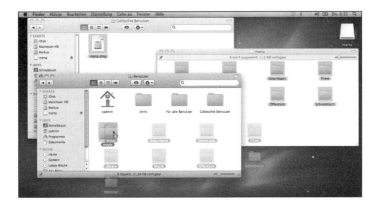

8   Öffnen Sie den Ordner „Schreibtisch" in dem neuen Ordner „mayta", sodass Sie Maytas Dokument „Project" sehen können (bzw. „Project.rtf", falls das Dateisuffix sichtbar ist).

9   Nachdem Sie überprüft haben, dass alle Dokumente vorhanden sind, deaktivieren Sie das Volume „marta" auf dem Schreibtisch, indem Sie auf das Symbol zum Auswerfen neben dem Volume-Symbol in der Seitenleiste klicken oder das Volume auf dem Schreibtisch auswerfen.

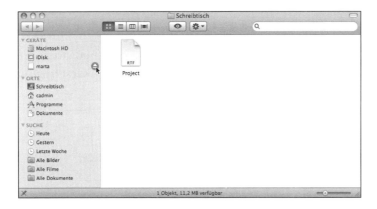

Erstellen und Überprüfen des Accounts von Mayta Mishtuk

Sie erstellen nun den Benutzeraccount von Mayta Mishtuk, indem Sie den wiederhergestellten Benutzerordner als Benutzerordner des neuen Accounts verwenden.

1 Öffnen Sie, falls erforderlich, die Systemeinstellungen und klicken Sie auf „Benutzer". Authentifizieren Sie sich, falls erforderlich.

2 Klicken Sie auf die Taste „Neuer Benutzer" (+), um einen weiteren Account zu erstellen:

   a. Neuer Account: Standard

   b. Vollständiger Name: `Mayta Mishtuk`

   c. Accountname: `mayta`

   d. Kennwort: `mayta`

   e. Bestätigen: `mayta`

   Wählen Sie nicht die Option „FileVault-Schutz aktivieren" aus. Geben Sie keine Merkhilfe ein. Klicken Sie auf die Taste „Account erstellen".

3 Sie werden nun gefragt, ob Sie „mayta" als Benutzerordner für diesen Benutzeraccount verwenden möchten. Klicken Sie auf „OK".

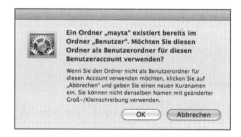

4 Klicken Sie bei gedrückter ctrl-Taste auf Maytas Account und wählen Sie „Erweiterte Optionen" im Kontextmenü aus. Maytas UUID unterscheidet sich von Martas UUID-Eintrag, den Sie unter „Erstellen des Benutzerordners von Marta Mishtuk" notiert haben. Die Benutzer-ID hat sich möglicherweise nicht geändert.

5 Versuchen Sie jetzt, den Ordner „Desktop" in Maytas Benutzerordner zu öffnen. Wenn in Ihrem Finder-Fenster noch der Ordner „Schreibtisch" angezeigt wird, klicken Sie auf „Documents" und dann auf „Desktop" (Schreibtisch). Sie haben nicht mehr die erforderlichen Zugriffsrechte, da die Dateien nun zu Maytas neuem Account gehören.

6 Melden Sie den „Client Administrator" ab und melden Sie sich als „mayta" an.

7 Klicken Sie im Fenster „Das System konnte Ihren Anmeldeschlüsselbund nicht freigeben" auf „Anmelden fortsetzen". Diese Funktion schauen wir uns in Kürze an.

8 Überprüfen Sie, ob sich die Datei „Project" auf dem Schreibtisch befindet.

9 Melden Sie den Benutzeraccount „Mayta Mishtuk" ab.

Übung 2.1.3
Schneller Benutzerwechsel

Übungsziele
- Aktivieren des schnellen Benutzerwechsels
- Verstehen der Auswirkungen, wenn zwei Benutzer gleichzeitig angemeldet sind

Zusammenfassung
In dieser Übung aktivieren Sie den schnellen Benutzerwechsel und wechseln zwischen zwei Benutzern hin und her. Sie werden feststellen, dass es zu Problemen beim Verwenden von Ressourcen und Inhalten zwischen Benutzern kommen kann.

1 Melden Sie sich als „Client Administrator" an. Öffnen Sie dann die Systemeinstellungen und klicken Sie auf „Benutzer". Authentifizieren Sie sich, falls erforderlich.

2 Klicken Sie auf „Anmeldeoptionen".

3 Aktivieren Sie das Markierungsfeld „Menü für schnellen Benutzerwechsel zeigen als" und stellen Sie sicher, dass die Option „Name" im Einblendmenü ausgewählt ist.

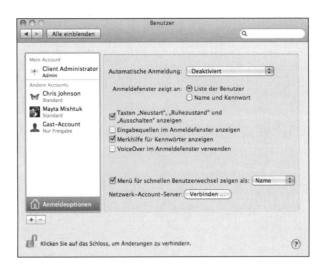

4 Beenden Sie die Systemeinstellungen.

5 Starten Sie im Ordner „Programme" den QuickTime Player.

6 Wählen Sie im Menü „Ablage" von QuickTime Player die Option „Neue Bildschirmaufnahme".

Sie starten nun eine Bildschirmaufnahme und wechseln dann zu Chris' Account, um zu sehen, was passiert.

7 Klicken Sie im Fenster „Bildschirmaufnahme" auf die Aufnahmetaste (weißer Kreis mit rundem Punkt in der Mitte). Klicken Sie im angezeigten Dialogfenster auf „Aufnahme starten".

8 Wechseln Sie mithilfe des schnellen Benutzerwechsels zu Chris' Account.

9 Wechseln Sie mithilfe des schnellen Benutzerwechsels zurück zum Account „Client Administrator" (cadmin).

QuickTime Player öffnet nun eine Filmdatei mit der Bildschirmaufnahme.

10 Klicken Sie im Fenster „Bildschirmaufnahme.mov" auf die Start-Taste im Feld unten.

Die Bildschirmaufnahme von QuickTime Player reicht bis zu dem Punkt, an dem Sie sich als Chris authentifiziert haben. Da QuickTime Player unter dem Account von „Client Administrator" lief, konnte keine Aufnahme davon erstellt werden, was nach Übernahme der Bildschirmsteuerung durch Chris Johnson passierte.

11 Wechseln Sie zu „Chris Johnson" und melden Sie den Account ab.

12 Wechseln Sie zu „Client Administrator" und melden Sie den Account ab.

2.2 Benutzeraccount-Sicherheit

Wie bereits erwähnt, wird die sichere Mehrbenutzer-Arbeitsumgebung hauptsächlich durch das UNIX-basierte Fundament von Mac OS X ermöglicht. Es gibt jedoch auch einige einzigartige Sicherheitsmechanismen auf dem Mac, die den Benutzern ein sicheres Arbeiten ermöglichen. In dieser Lektion lernen Sie die unterschiedlichen in Mac OS X verwendeten Kennworttypen kennen sowie mehrere Methoden zum Zurücksetzen dieser Kennwörter. Außerdem erfahren Sie, wie Sie einen Benutzerordner mithilfe von FileVault schützen. Sie lernen zudem das Schlüsselbundsystem zum Sichern von wichtigen und persönlichen Benutzerdaten, wie gesicherte Ressourcenkennwörter, kennen und verwalten.

Kennwort-Aspekte

Benutzung von sicheren Kennwörtern
- Keine Wörter aus Wörterbüchern oder ihre Ableitungen
- Verwenden von Zahlen und Sonderzeichen
- Ersetzen der Buchstaben durch andere Zeichen
- Verwenden des Kennwortassistenten

Haftnotizen sind nicht sicher ... besonders nicht unter der Tastatur!

Kennwörter sind einfach zurücksetzbar mit dem Dienstprogramm „Kennwörter zurücksetzen" der Installations-DVD

Ausführliche Anleitungen finden Sie unter „Verwenden des Kennwortassistenten" in Lektion 2 von *Apple Training Series: Mac OS X Support Essentials v10.6*.

Lektion 2.2 Benutzeraccount-Sicherheit

Kennwort-Arten

Account
- Benutzeranmeldung und primäre Authentifizierung

Hauptkennwort
- Lokale Benutzeraccount-Kennwörter zurücksetzen

Schlüsselbund
- Sichert den Zugriff zu gespeicherten Geheimnissen

Ressourcenkennwort
- Generelle Benutzung, kann im Schlüsselbund gespeichert werden

Firmware
- Sichert das System während des Systemstarts

Ausführliche Anleitungen finden Sie unter „Grundlagen der Accountsicherheit" in Lektion 2 von *Apple Training Series: Mac OS X Support Essentials v10.6*.

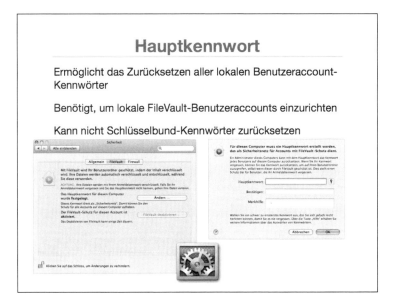

Ausführliche Anleitungen finden Sie unter „Kennenlernen der Kennworttypen" in Lektion 2 von *Apple Training Series: Mac OS X Support Essentials v10.6*.

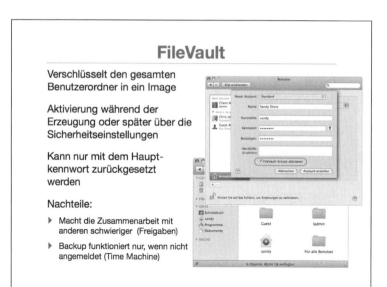

Ausführliche Anleitungen finden Sie unter „Verwenden von FileVault-Accounts" in Lektion 2 von *Apple Training Series: Mac OS X Support Essentials v10.6*.

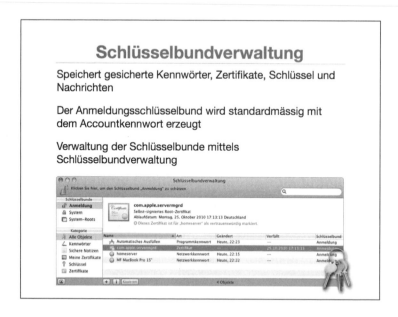

Ausführliche Anleitungen finden Sie unter „Schlüsselbundverwaltung" in Lektion 2 von *Apple Training Series: Mac OS X Support Essentials v10.6*.

Lektion 2.2 Benutzeraccount-Sicherheit

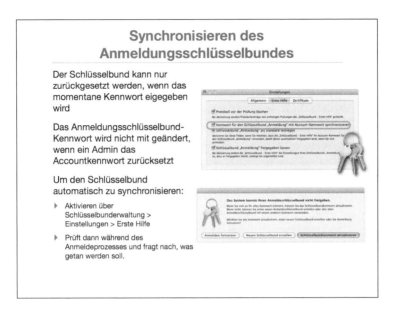

Ausführliche Anleitungen finden Sie unter „Zurücksetzen von Accountkennwörtern" in Lektion 2 von *Apple Training Series: Mac OS X Support Essentials v10.6*.

Ausführliche Anleitungen finden Sie unter „Kennenlernen der Kennworttypen" in Lektion 2 von *Apple Training Series: Mac OS X Support Essentials v10.6*.

> ### Fehlerbehebung bei Benutzeraccounts
>
> Ich kann mich nicht anmelden ...
> - Überprüfen, ob das richtige Kennwort bekannt ist
>
> Ich habe mein Kennwort geändert, aber mein Schlüsselbund ...
> - Anmeldeschlüsselbund-Kennwort zurücksetzen
>
> Ich habe ein Problem, wenn ich versuche ...
> - Einen anderen Benutzeraccount ausprobieren
>
> Ich kann nicht auf bestimmte Ressourcen zugreifen, wenn ich „Schneller Benutzerwechsel" verwende
> - Schnellen Benutzerwechsel ausschalten
>
> Ich kann einige Systemeinstellungen nicht ändern ...
> - Kein Administrator-Benutzeraccount

Ausführliche Anleitungen finden Sie unter „Zurücksetzen von Accountkennwörtern" in Lektion 2 von *Apple Training Series: Mac OS X Support Essentials v10.6*.

Lektion 2.2 Benutzeraccount-Sicherheit

Übung 2.2.1
Verwenden von FileVault

Übungsziele
- Aktivieren von FileVault und Festlegen des Hauptkennworts
- Erstellen eines Benutzeraccounts mit verschlüsseltem Benutzerordner

Zusammenfassung
Das Verschlüsseln eines Ordners erhöht die Sicherheit für die Benutzerdateien. Wird ein Computer z. B. gestohlen, bleiben die Daten in diesem Ordner geschützt, oder der Zugriff auf einen Account wird verhindert, auch wenn das Kennwort mithilfe der Installations-DVD geändert wird.

In dieser Übung legen Sie das Hauptkennwort für den Computer fest und aktivieren FileVault für den neuen Benutzer „Robin Banks". FileVault verschlüsselt und entschlüsselt die Inhalte Ihres Benutzerordners sicher, während Sie damit arbeiten.

Festlegen des Hauptkennworts
Das Hauptkennwort ist hilfreich, wenn Kennwörter vergessen werden. Zum Aktivieren von FileVault ist ein Hauptkennwort erforderlich. Wenn ein Benutzer das Anmeldekennwort vergisst, kann mithilfe des Hauptkennworts ganz einfach das Kennwort des Benutzers zurückgesetzt und gleichzeitig der Zugriff auf den verschlüsselten Benutzerordner erlaubt werden. Wenn Sie einen Account mit FileVault verwenden, kann der Benutzer mit der Eingabe des Hauptkennworts auf Informationen zugreifen, auch wenn das Anmeldekennwort nicht bekannt ist. Andernfalls wären die Daten im mit FileVault verschlüsselten Account unwiederbringlich verloren. Im Folgenden melden Sie sich als „Chris Johnson" an (ein normaler Benutzer), um zu verdeutlichen, dass normale Benutzer Administratorfunktionen ausführen können, solange sie die Anmeldedaten eines Administrators kennen.

1. Melden Sie sich als „Chris Johnson" an, öffnen Sie die Systemeinstellungen und klicken Sie auf „Sicherheit".

2. Klicken Sie auf die Taste „FileVault".

3. Klicken Sie auf „Hauptkennwort festlegen".

4. Authentifizieren Sie sich bei Aufforderung als „Client Administrator".

5. Geben Sie als Kennwort ein: `apple#main`

6. Im Feld „Bestätigen" geben Sie Folgendes ein: `apple#main`

7. Geben Sie keine Merkhilfe ein. Klicken Sie auf „OK".

Sie haben nun das Hauptkennwort für den Computer festgelegt.

> **Hinweis** Das Hauptkennwort wird für den Computer festgelegt. Sie können es später ändern, indem Sie in der Systemeinstellung „Sicherheit" auf „Ändern" klicken.

Erstellen und Verschlüsseln eines Benutzerordners

Um einen Benutzerordner mit FileVault zu verschlüsseln, erstellen Sie nun einen neuen Benutzer mit einem verschlüsselten Benutzerordner.

1. Klicken Sie in den Systemeinstellungen auf „Alle einblenden" und dann auf „Benutzer".

2. Heben Sie, falls erforderlich, den Schutz für den Bereich „Benutzer" auf und authentifizieren Sie sich als „Client Administrator".

3. Erstellen Sie den neuen Benutzer „Robin Banks" (Kurzname: robin; Kennwort: robin).

4. Aktivieren Sie das Markierungsfeld „FileVault-Schutz aktivieren".

Wenn Sie einen Desktopcomputer verwenden (Mac mini, iMac oder Mac Pro), ist zusätzlich die Option „Sicheren virtuellen

Speicher verwenden" verfügbar. Aktivieren Sie dieses Markierungsfeld ebenfalls.

Die Funktion „Sicheren virtuellen Speicher verwenden" ist auf Notebooks standardmäßig aktiviert und auf Desktop-Computern deaktiviert.

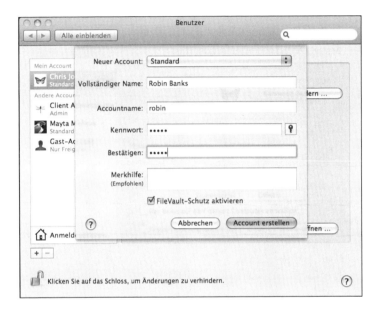

5   Klicken Sie auf „Account erstellen".

Eine Fortschrittsanzeige (ein rotierendes Zahnrad) zeigt an, dass Robins Benutzerordner gerade angelegt und verschlüsselt wird.

Überprüfen der Benutzerordner-Verschlüsselung

Sobald ein Benutzerordner verschlüsselt ist, kann auf dessen Inhalte nur dann zugegriffen werden, wenn der Besitzer des Ordners angemeldet ist. Gehen Sie wie folgt vor, um zu überprüfen, ob das System Robins Benutzerordner verschlüsselt hat:

1   Melden Sie „Chris Johnson" ab und melden Sie sich als „Client Administrator" an.

2   Navigieren Sie zum Ordner „Benutzer".

3   Durch ein Symbol wird angezeigt, dass Sie keine Zugriffsrechte für Robins Benutzerordner haben.

Kapitel 2 Benutzeraccounts

4 Melden Sie „Client Administrator" ab und melden Sie sich als „Robin Banks" an.

5 Navigieren Sie erneut zu Robins Benutzerordner.

Die Inhalte des Benutzerordners werden jetzt normal angezeigt. Die FileVault-Verschlüsselung ist für diesen Benutzer nicht sichtbar. Das Benutzerordnersymbol in der Seitenleiste enthält ein Sicherheitssymbol und zeigt so an, dass Robins Benutzerordner verschlüsselt ist.

6 Melden Sie sich mithilfe des schnellen Benutzerwechsels als „Client Administrator" an.

7 Navigieren Sie zum Ordner „Benutzer".

8 Robins Benutzerordner wird jetzt als Alias des Ordners angezeigt. Öffnen Sie den Ordner durch Doppelklicken. Sie haben immer noch keinen Zugriff auf Robins Benutzerordner.

9 Wechseln Sie zum Benutzer „Robin Banks" und melden Sie den Account ab.

Beim Abmeldevorgang des Benutzers wird der für Robins Account verwendete Speicherplatz wieder für das System freigegeben.

10 Wechseln Sie zu „Client Administrator" und melden Sie den Account ab.

Lektion 2.2 Benutzeraccount-Sicherheit

Übung 2.2.2
Kennwortverwaltung

Übungsziele
- Zurücksetzen eines Benutzerkennworts
- Verstehen der Auswirkungen des Zurücksetzens von Kennwörtern auf Benutzer-Schlüsselbunde
- Verwenden des Kennwortassistenten

Zusammenfassung

In dieser Übung setzen Sie ein Benutzerkennwort zunächst mit dem Administratoraccount zurück. Anschließend setzen Sie das Kennwort eines Benutzeraccounts zurück und sehen dann die Auswirkungen auf den Benutzer-Schlüsselbund. Sie verwenden das Dienstprogramm „Schlüsselbundverwaltung", um Probleme zu lösen, die entstehen, wenn das Benutzerkennwort zurückgesetzt wird, das Kennwort im Schlüsselbund jedoch unverändert bleibt. Nachdem Sie diese Aufgaben absolviert haben, kennen Sie die Unterschiede zwischen dem Benutzerkennwort und dem Schlüsselbundkennwort und die Gründe für nicht synchrones Verhalten dieser beiden Kennwörter. Außerdem erfahren Sie einige Möglichkeiten, wie Sie diese Sync-Probleme beheben können. Schließlich setzen Sie das Kennwort eines Benutzers mithilfe des Hauptkennworts zurück, ändern das Hauptkennwort und sehen, wie sich diese Änderung auf die FileVault-Benutzer auswirkt.

Zurücksetzen von Benutzerkennwörtern als Administrator

Mit einem Administratoraccount können Sie zwar das Kennwort eines anderen Benutzeraccounts ändern, dabei wird jedoch nicht das Original-Schlüsselbundkennwort dieses Benutzers mitgeändert. Um das Ändern des Kennworts eines Standardbenutzeraccounts mithilfe eines Administratoraccounts zu üben, ändern Sie nun Chris' Kennwort mit dem Account „Client Administrator".

1 Melden Sie sich als „Chris Johnson" an.

2 Wählen Sie im Finder im Menü „Gehe zu" die Option „Mit Server verbinden".

3 Geben Sie Folgendes ein: `mainserver.pretendco.com`. Klicken Sie dann auf „Verbinden".

4 Vergewissern Sie sich, dass unter „Verbinden als" die Option „Registrierter Benutzer" ausgewählt ist und geben Sie die folgenden Informationen ein:

   a. Name: `student`n *(n ist hier die Nummer des Seminarteilnehmers)*

   b. Kennwort: `student`

   c. Wählen Sie „Kennwort im Schlüsselbund sichern".

> **Hinweis** Vergewissern Sie sich, dass „Kennwort im Schlüsselbund sichern" ausgewählt ist.

5 Klicken Sie nun auf „Verbinden".

6 Wählen Sie das Volume „Public".

Lektion 2.2 Benutzeraccount-Sicherheit

7 Trennen Sie die Verbindung zum Server, indem Sie „mainserver" im Bereich „Freigaben" in der Seitenleiste im Finder auswerfen.

8 Melden Sie den Benutzeraccount „Chris Johnson" ab.

9 Melden Sie sich mit dem Account „Client Administrator" an.

10 Öffnen Sie die Systemeinstellung „Benutzer".

11 Klicken Sie auf das Schlosssymbol und authentifizieren Sie sich mit dem Administratoraccount „Client Administrator".

12 Wählen Sie den Account „Chris Johnson" aus und klicken Sie auf „Kennwort zurücksetzen".

Das Dialogfenster zur Kennwortänderung wird angezeigt.

Der Hinweis oben im Dialogfenster informiert Sie darüber, dass das Schlüsselbundkennwort dabei nicht mitgeändert wird. Sie müssen sich wieder als „Chris Johnson" anmelden, um das Benutzerkennwort und das Schlüsselbundkennwort zu synchronisieren.

> **Hinweis** Sie können alle Benutzerkennwörter auch zurücksetzen, wenn Sie von der Mac OS X Installations-DVD starten und das Dienstprogramm „Kennwörter zurücksetzen" verwenden.

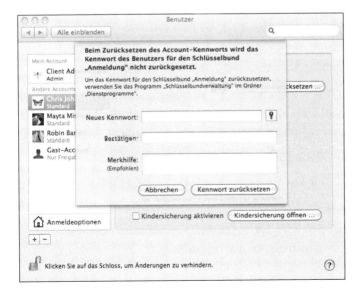

13 Geben Sie in die Felder „Neues Kennwort" und „Bestätigen" Folgendes ein: p4$$w0rd

Verwenden Sie dabei eine Null, nicht den Buchstaben „O".

14 Klicken Sie auf „Kennwort zurücksetzen".

Ändern eines Benutzerkennworts mit einem Benutzeraccount

Chris hat entschieden, dass das vom Benutzer „Client Administrator" festgelegte Kennwort nicht die gewünschte Sicherheit bietet. Es ist Standard, dass ein Benutzer die Möglichkeit haben muss, ein zugewiesenes Kennwort bei Bedarf zu ändern. Am Beispiel des Accounts von Chris nehmen Sie diese Änderung vor und erfahren, wie Benutzer ihre eigenen Kennwörter verwalten können.

1 Melden Sie den Benutzeraccount „Client Administrator" ab.

2 Melden Sie sich als „Chris Johnson" an (neues Kennwort: p4$$w0rd).

Es wird ein Dialogfenster angezeigt mit der Meldung „Das System konnte Ihren Anmeldeschlüsselbund nicht freigeben". Dieses Dialogfenster schauen wir uns in Kürze an.

3 Klicken Sie vorerst auf „Anmelden fortsetzen".

Bei diesem Dialogfenster handelt es sich um eine neue Funktion von Mac OS X Version 10.6, die daraus resultiert, dass ein Administrator Chris Johnsons Kennwort ändern wollte. Da der Administrator Chris' altes Schlüsselbundkennwort nicht kannte, konnte es nicht geändert werden.

4 Ändern Sie in der Systemeinstellung „Benutzer" das Kennwort von Chris Johnson, indem Sie den Account „Chris Johnson" auswählen und dann auf „Kennwort ändern" klicken.

   a. Geben Sie das alte Kennwort ein: p4$$w0rd

   b. Klicken Sie auf die Taste „Kennwortassistent" (Schlüsselsymbol).

   c. Bewegen Sie im Fenster „Kennwortassistent" den Schieberegler „Länge" auf 9.

d. Geben Sie das neue Kennwort ein: macOS:101

Die Qualität dieses Kennworts wird als „Mittel" eingestuft und es bezieht sich praktischerweise gleichzeitig auch auf den Namen dieses Kurses. Beachten Sie hier die Verwendung der Großbuchstaben „O" und „S" sowie des Doppelpunkts und der Ziffern. Der Kennwortassistent gibt keine Tipps zu diesem Kennwort.

e. Geben Sie zum Bestätigen ein: macOS:101

5   Klicken Sie auf die Taste „Kennwort ändern".

6   Wenn der Hinweis angezeigt wird, dass das Schlüsselbundkennwort geändert wird, klicken Sie auf „OK".

> **Hinweis** Da das vorherige Kennwort (p4$$w0rd) nicht dem bestehenden Schlüsselbundkennwort (chris) entsprach, wird das Schlüsselbundkennwort nicht aktualisiert. Chris läuft daher Gefahr, seine Schlüsselbunddaten zu verlieren. Falls ein Benutzer sein Schlüsselbundkennwort vergisst und Account- und Schlüsselbundkennwort nicht synchron sind, kann der Anmeldeschlüsselbund nicht freigegeben werden. Der Benutzer kann auf die darin enthaltenen Objekte erst zugreifen, wenn er sich wieder an das Schlüsselbundkennwort erinnert. Es gibt keinen Kennwort-Wiederherstellungsmechanismus für Schlüsselbunde.

7   Beenden Sie die Systemeinstellungen.

Freigeben des Anmeldeschlüsselbunds

In der Übung zur Kennwortverwaltung wurde ein Eintrag zum Schlüsselbund hinzugefügt. Wir sehen uns nun ein Schlüsselbundkennwort an.

1. Sie sind immer noch als „Chris Johnson" angemeldet. Öffnen Sie das Programm „Schlüsselbundverwaltung". Es befindet sich im Ordner „Dienstprogramme" im Ordner „Programme".

   Links oben im Fenster „Schlüsselbundverwaltung" sehen Sie eine Liste mit Schlüsselbunden. Der Schlüsselbund „Anmeldung" ist geschützt, da Ihr Accountkennwort bei der Anmeldung nicht identisch mit dem Schlüsselbundkennwort war. Dies liegt daran, dass Sie das Kennwort für den Account „Chris Johnson" mit dem Account „Client Administrator" geändert haben. Dadurch sind das Anmeldekennwort und das Schlüsselbundkennwort nicht mehr synchron. Das System konnte den Schlüsselbund bei der Anmeldung nicht freigeben, da das Accountkennwort und das Schlüsselbundkennwort nicht identisch waren. Das Schlüsselbundkennwort wurde ebenfalls nicht beim Aktualisieren des Kennworts unter Chris' Account geändert, da Account- und Schlüsselbundkennwort nicht übereingestimmt haben.

   Der Schlüsselbund ist zwar geschützt, Sie können die Schlüsselbundobjekte aber trotzdem sehen. Dort sollte sich ein Eintrag für „mainserver" befinden, der beim vorherigen Verbinden mit dem Server hinzugefügt wurde. Um das Kennwort wiederherzustellen, müssen Sie den Schlüsselbund freigeben.

2. Ihr Anmeldeschlüsselbund ist geschützt. Klicken Sie auf das Schlosssymbol oben links im Fenster, um den Schutz aufzuheben. Sie werden nun aufgefordert, Ihr Kennwort für den Schlüsselbund „Anmeldung" einzugeben.

3. Geben Sie Ihr ursprüngliches Kennwort `chris` ein, um den Schutz aufzuheben. Das Schlosssymbol in der Symbolleiste sowie das Schlosssymbol des Anmeldeschlüsselbunds öffnen sich.

> **Hinweis** Zum jetzigen Zeitpunkt sind Sie möglicherweise nicht sicher über den Kennwortstatus von Chris. Hier ist eine Zusammenfassung der bisherigen Schritte.
>
> chris war das Originalkennwort für den Account „Chris Johnson". Es ist immer noch das aktuelle Schlüsselbundkennwort.
>
> p4$$w0rd war das mithilfe des Accounts „Client Administrator" geänderte Kennwort.
>
> macOS:101 war das mithilfe des Accounts „Chris Johnson" zurückgesetzte Kennwort (vorher p4$$w0rd). Es ist auch das aktuelle Kennwort.

Zurücksetzen des Schlüsselbundkennworts

In einigen Fällen sind das Schlüsselbundkennwort und das Anmeldekennwort möglicherweise nicht identisch. Das kommt vor allem dann vor, wenn ein Benutzer mehrere Schlüsselbunddateien hat oder ein Administrator ein Benutzerkennwort ändert. Wenn ein Benutzerkennwort geändert werden muss, weil der Benutzer das Kennwort vergessen hat, kann nicht auf die Schlüsselbunddaten zugegriffen werden. Erinnert sich der Benutzer später wieder an das Kennwort, kann er den Schlüsselbund freigeben und das Kennwort zurücksetzen, sodass es wieder dem Anmeldekennwort entspricht. Es gibt drei Möglichkeiten, das Kennwort zurückzusetzen: Bei den ersten beiden funktioniert dies über das Programm „Schlüsselbundverwaltung". Bei der dritten Möglichkeit geschieht dies über das Dialogfenster, das nach der ersten Anmeldung als „Chris Johnson" nach dem Zurücksetzen des Kennworts als „Client Administrator" angezeigt wurde. Alle drei Techniken laufen im Grunde darauf hinaus, a) das alte Kennwort einzugeben und b) das neue Kennwort festzulegen. Für die Wiederherstellung eines Schlüsselbunds ist das aktuelle Kennwort erforderlich.

1 Sie sind immer noch als „Chris Johnson" angemeldet. Vergewissern Sie sich in der Schlüsselbundverwaltung, dass der Schlüsselbund „Anmeldung" nicht geschützt ist.

2 Wählen Sie „Bearbeiten" > „Kennwort für Schlüsselbund „Anmeldung" ändern".

3 Geben Sie im Dialogfenster die folgenden Informationen ein:

   a. Aktuelles Kennwort: `chris`

   b. Neues Kennwort: `macOS:101`

   c. Bestätigen: `macOS:101`

   Der Kennwortassistent bewertet die Qualität des Kennworts automatisch.

4 Klicken Sie auf „OK", um das neue Kennwort zu sichern.

   Ihr Schlüsselbundkennwort ist jetzt mit Ihrem Anmeldekennwort synchronisiert.

   Würde Chris nun das Anmeldekennwort erneut ändern, würde das Schlüsselbundkennwort automatisch mitgeändert, da Anmeldekennwort und Schlüsselbundkennwort jetzt identisch sind.

5 Beenden Sie die Schlüsselbundverwaltung.

Überprüfen der Synchronisierung

Verwenden Sie die Schlüsselbundverwaltung, um zu überprüfen, ob Anmelde- und Schlüsselbundkennwort nun synchron sind.

1 Melden Sie den Account „Chris Johnson" ab.

2 Melden Sie sich wieder als „Chris Johnson" an.

   Auf diese Weise überprüfen Sie den Schlüsselbundstatus nach einer erfolgreichen Anmeldung von Chris.

Lektion 2.2 Benutzeraccount-Sicherheit

3   Öffnen Sie die Schlüsselbundverwaltung unter „/Programme/ Dienstprogramme".

Dieses Mal ist der Schlüsselbund nicht geschützt, obwohl Sie ihn nicht selbst über das Schlosssymbol freigegeben haben. Das beweist, dass die Kennwörter beim Anmelden von Chris synchron sind.

4   Beenden Sie die Schlüsselbundverwaltung.

5   Öffnen Sie die Systemeinstellung „Benutzer".

6   Klicken Sie auf „Kennwort ändern" und ändern Sie Chris' Kennwort wieder von macOS:101 in chris.

7   Beenden Sie die Systemeinstellungen.

8   Öffnen Sie die Schlüsselbundverwaltung erneut.

Der Schlüsselbund „Anmeldung" ist immer noch freigegeben.

9   Schützen Sie den Schlüsselbund „Anmeldung", indem Sie ihn auswählen und dann auf das geöffnete Schloss in der Symbolleiste klicken.

10 Klicken Sie erneut auf das Schloss in der Symbolleiste, um den Anmeldeschlüsselbund freizugeben.

Frage 1 Mit welchem Kennwort lässt sich der Schlüsselbund nun freigeben? Begründung?

11 Melden Sie „Chris Johnson" ab.

Zurücksetzen des Kennworts eines FileVault-Benutzers mit dem Hauptkennwort

Wenn ein FileVault-Benutzer das Kennwort vergisst, kann es mithilfe des Hauptkennworts zurückgesetzt werden. Dies ermöglicht dem Benutzer erneuten Zugriff auf seine Dateien.

1 Wählen Sie im Anmeldefenster „Robin Banks" aus. Geben Sie drei Mal ein falsches Accountkennwort ein (d. h. nicht „robin").

Sie werden nun nach dem Hauptkennwort gefragt.

2 Geben Sie das Hauptkennwort ein (apple#main).

Sie werden in einem Dialogfenster darauf hingewiesen, dass ein neuer Anmeldeschlüsselbund für den Benutzer erstellt wird, wenn Sie das Hauptkennwort zum Zurücksetzen des Benutzerkennworts verwenden.

3 Klicken Sie auf „OK". Sie werden nun in einem weiteren Dialogfenster nach Robins neuem Kennwort gefragt.

4 Geben Sie banks in die Felder „Neues Kennwort" und „Wiederholen" ein. Geben Sie keine Merkhilfe ein.

5 Klicken Sie auf die Taste „Anmelden".

6 Wenn das Dialogfenster „Das System konnte Ihren Anmeldeschlüsselbund nicht freigeben" angezeigt wird, klicken Sie auf „Neuen Schlüsselbund erstellen".

Wie zuvor wird dieses Fenster angezeigt, da Accountkennwort (banks) und Schlüsselbundkennwort (robin) nicht identisch sind.

7 Öffnen Sie die Schlüsselbundverwaltung im Ordner „Dienstprogramme".

Links oben im Fenster „Schlüsselbundverwaltung" sehen Sie, dass der Schlüsselbund „Anmeldung" nicht geschützt ist. Hierbei handelt es sich um einen neuen Anmeldeschlüsselbund, der keine Objekte enthält.

8 Melden Sie „Robin Banks" ab.

Lektion 2.2 Benutzeraccount-Sicherheit

Zurücksetzen des Hauptkennworts

Mit dem Hauptkennwort können Sie das Kennwort eines FileVault-Benutzers zurücksetzen und gleichzeitig den Zugriff auf den Benutzerordner erlauben. Es kann geändert werden ohne Auswirkung auf die FileVault-Benutzer im System.

1. Melden Sie sich als „Client Administrator" an.

2. Öffnen Sie den Bereich „Sicherheit" in den Systemeinstellungen.

3. Klicken Sie auf den Titel „FileVault" und anschließend auf „Ändern", um das Hauptkennwort zu ändern. Authentifizieren Sie sich, falls erforderlich.

   Geben Sie das aktuelle Hauptkennwort (apple#main) sowie das neue Hauptkennwort main#apple ein.

4. Klicken Sie auf „OK".

   Das Hauptkennwort wurde zurückgesetzt. Diese Änderung ist für FileVault-Benutzer nicht erkennbar.

5. Melden Sie „Client Administrator" ab.

6. Melden Sie sich als „Robin Banks" an, um zu überprüfen, dass sich nichts für diesen Benutzer geändert hat.

7. Wenn Sie damit fertig sind, melden Sie den Account ab.

Übung 2.2.3
Schlüsselbundverwaltung

Übungsziele
- Ändern des Schlüsselbundkennworts, sodass es nicht mehr mit dem Anmeldekennwort übereinstimmt
- Suchen von Kennwörtern in einem Schlüsselbund
- Synchronisieren von Schlüsselbund- und Anmeldekennwort
- Erstellen zusätzlicher Schlüsselbunde
- Verwenden eines Schlüsselbunds zum sicheren Speichern von Notizen
- Anzeigen und Bearbeiten von Schlüsselbundeinträgen

Zusammenfassung

Sie haben bereits erfahren, dass Schlüsselbundkennwort und Anmeldekennwort eines Benutzers normalerweise identisch sind. Wenn Sie einen Benutzeraccount erstellen, wird die Datei „login.keychain" erstellt – in dieser Datei ist das Benutzeraccountkennwort gesichert und die Datei wird mit dem Accountkennwort geschützt. Wenn jedoch mehr Sicherheit gewünscht wird, kann der Benutzer das Schlüsselbundkennwort vom Anmeldekennwort abkoppeln und im Dienstprogramm „Schlüsselbundverwaltung" das Kennwort für den Anmeldeschlüsselbund ändern. In diesem Fall muss der Benutzer das Kennwort für den Anmeldeschlüsselbund eingeben, damit Programme wie „Mail" und „Safari" auf gesicherte Kennwörter zugreifen können. Das System bietet dem Benutzer mehrere Funktionen zum Synchronisieren von Account- und Schlüsselbundkennwort. Benutzer haben außerdem die Möglichkeit, zusätzliche Schlüsselbunde zu erstellen. Der Standardspeicherort für Schlüsselbunde ist „~/Library/Keychains" (der Ordner „Keychains" im Ordner „Library" des jeweiligen Benutzerordners (~)). Sie können Schlüsselbunde natürlich auch an einem anderen Speicherort sichern.

In dieser Übung lernen Sie unterschiedliche Methoden zur Schlüsselbundverwaltung kennen.

Lektion 2.2 Benutzeraccount-Sicherheit

Anzeigen des Schlüsselbundstatus in der Menüleiste

Sie bereiten nun die Schlüsselbundumgebung für fortgeschrittenere Benutzer der Schlüsselbundverwaltung vor.

1. Melden Sie sich als „Chris Johnson" (chris) an.

2. Öffnen Sie die Schlüsselbundverwaltung im Ordner „Dienstprogramme".

3. Öffnen Sie die Einstellungen der Schlüsselbundverwaltung durch Klicken auf „Einstellungen" im Menü „Schlüsselbundverwaltung" und wählen Sie dann „Status in der Menüleiste anzeigen".

   In der Menüleiste sehen Sie nun ein Schlosssymbol, über das Sie verschiedene sicherheitsrelevante Funktionen bequem ausführen können.

   „Befehl-," (Befehl-Komma) ist ein Kurzbefehl für Einstellungen, der in den meisten Programmen funktioniert.

4. Wählen Sie „Bearbeiten" > „Kennwort für Schlüsselbund „Anmeldung" ändern".

5. Geben Sie das aktuelle Kennwort ein (chris), dann ein neues Kennwort (keychain) und bestätigen Sie das neue Kennwort.

   > **Hinweis** Normalerweise würden Sie auf jeden Fall immer die Qualität Ihrer Kennwörter testen, indem Sie auf das Schlüsselsymbol klicken und den Kennwortassistenten verwenden. Aus lehrtechnischen Gründen werden in diesem Kurs nur einfache Kennwörter verwendet.

6. Klicken Sie auf „OK", melden Sie sich ab und dann wieder an.

   Das Dialogfenster „Das System konnte Ihren Anmeldeschlüsselbund nicht freigeben" wurde diesmal nicht angezeigt. Letztes Mal haben Sie auf „Anmelden fortsetzen" geklickt. Das System hat sich dies gemerkt und zeigt dieses Dialogfenster nicht erneut an, wenn es feststellt, dass Account- und Schlüsselbundkennwort nicht identisch sind.

Achten Sie auf das Schlüsselbund-Menü in der Menüleiste. Das Schlosssymbol ist jetzt geschlossen, nicht offen. Das heißt, dass Sie sich zwar erfolgreich mit Ihrem Account angemeldet haben, Ihr Schlüsselbund jedoch nicht automatisch freigegeben wurde.

Bei identischem Schlüsselbund- und Anmeldekennwort wird der Schlüsselbund „Anmeldung" freigegeben, damit Programme auf die dort gesicherten Kennwörter zugreifen können. Da in diesem Fall Account- und Anmeldekennwort nicht übereinstimmen, muss Chris das Kennwort für den Anmeldeschlüsselbund eingeben, damit Programme auf gesicherte Kennwörter zugreifen können.

Anzeigen eines Kennworts mit dem Schlüsselbundkennwort

Auch wenn Kennwörter gesichert werden, damit Programme direkt auf sie zugreifen können, gibt es Situationen, in denen ein Benutzer gezielt ein gesichertes Kennwort herausfinden möchte. Wenn ein Benutzer z. B. Webmail auf einem anderen Computer verwenden möchte, benötigt er hierzu möglicherweise das E-Mail-Kennwort. Sie verwenden nun den Schlüsselbund, um ein vergessenes Kennwort herauszufinden.

1 Vergewissern Sie sich, dass Sie als „Chris Johnson" angemeldet sind.

2 Öffnen Sie die Schlüsselbundverwaltung unter „/Programme/Dienstprogramme".

3 Wählen Sie den Kennworteintrag für „mainserver" durch Doppelklicken aus. Dieser Eintrag wurde zu Beginn von Übung 2.2.2 erstellt, als Sie die Verbindung zu „mainserver" hergestellt und das Markierungsfeld „Kennwort im Schlüsselbund sichern" aktiviert haben.

Das Fenster für „mainserver" wird angezeigt.

4 Wählen Sie im Bereich „Einstellungen" das Markierungsfeld „Kennwort einblenden" aus.

Ein Dialogfenster weist Sie darauf hin, dass die Schlüsselbundverwaltung Ihren Schlüsselbund „Anmeldung" verwenden möchte. Dies liegt daran, dass der Schlüsselbund immer noch geschützt ist.

5 Geben Sie das Kennwort für den Anmeldeschlüsselbund ein (keychain) und klicken Sie auf „OK".

Ein weiteres Dialogfenster weist Sie darauf hin, dass die Schlüsselbundverwaltung Ihre in „mainserver.pretendco.com" gesicherten vertraulichen Informationen verwenden möchte. Ihr Schlüsselbund ist zwar freigegeben, Sie müssen jedoch das Schlüsselbundkennwort trotzdem eingeben, um auf dieses Objekt zugreifen zu können.

Jedes Objekt hat eine zugehörige Zugriffsliste, die bestimmt, welche Programme auf das Objekt zugreifen dürfen.

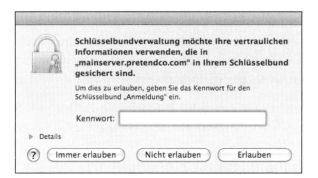

6 Geben Sie Ihr Schlüsselbundkennwort ein (keychain) und klicken Sie auf „Erlauben".

Ihr „mainserver"-Kennwort ist jetzt sichtbar. Sie sehen also: Selbst wenn ein Administrator oder ein anderer Benutzer Ihr Anmeldekennwort zurücksetzen, können diese nicht ohne Ihr Original-Schlüsselbundkennwort auf Ihre anderen Kennwörter zugreifen, da diese sicher in Ihrem Schlüsselbund aufbewahrt sind.

Kapitel 2 Benutzeraccounts

7 Schließen Sie das Fenster für „mainserver".

Synchronisieren von Schlüsselbundkennwort und Anmeldekennwort

Wenn Sie das Kennwort für „login.keychain" erneut mit dem Anmeldekennwort synchronisieren möchten, verwenden Sie dazu die Option „Schlüsselbund – Erste Hilfe". Zusätzlich zur Synchronisierungsfunktion können Sie mit „Schlüsselbund – Erste Hilfe" bestimmte Programmprobleme mit gesicherten Kennwörtern beheben, z. B. wenn Microsoft Entourage nach einem Kennwort fragt, obwohl dieses bereits gesichert wurde.

1 Sie sind immer noch als „Chris Johnson" angemeldet. Klicken Sie auf „Schlüsselbundverwaltung" > „Einstellungen" > „Erste Hilfe".

2 Wählen Sie die Option „Kennwort für den Schlüsselbund „Anmeldung" mit Account-Kennwort synchronisieren".

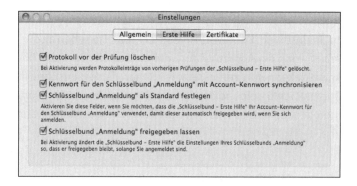

Lektion 2.2 Benutzeraccount-Sicherheit

3   Schließen Sie das Fenster „Einstellungen".

4   Wählen Sie im Menü „Schlüsselbundverwaltung" den Eintrag „Schlüsselbund – Erste Hilfe".

5   Geben Sie das Kennwort für den Account „Chris Johnson" ein (chris), wählen Sie „Reparieren" und klicken Sie auf „Start".

6   Geben Sie bei Aufforderung das Schlüsselbundkennwort für den Anmeldeschlüsselbund ein (keychain) und klicken Sie auf „OK".

7   Sobald das Reparieren erfolgreich abgeschlossen ist, melden Sie den Benutzer ab.

8   Melden Sie sich als „Chris Johnson" an und überprüfen Sie das Schlüsselbundobjekt in der Menüleiste. Jetzt ist das Objekt nicht mehr geschützt.

Erstellen eines weiteren Schlüsselbunds

Da der Schlüsselbund „Anmeldung" normalerweise automatisch freigegeben wird, wenn ein Benutzer sich anmeldet, sind damit auch alle gesicherten Kennwörter automatisch verfügbar. Es kann jedoch sein, dass ein Benutzer eine höhere Sicherheit für bestimmte gesicherte Kennwörter wünscht. Um die Sicherheit für gesicherte Objekte zu erhöhen, erstellen Sie zusätzliche Schlüsselbunde für Objekte wie Webformular-Kennwörter, sichere Notizen, AirPort-Netzwerkkennwörter, Client-Site-Kennwörter usw., die mehr Sicherheit erfordern. Das Sichern von Kennwörtern in separaten Schlüsselbunden erfordert die zusätzliche Eingabe für das Kennwort dieses Schlüsselbunds.

1 Sie sind immer noch als „Chris Johnson" angemeldet. Öffnen Sie die Schlüsselbundverwaltung und wählen Sie „Ablage" > „Neuer Schlüsselbund".

2 Sichern Sie den Schlüsselbund als „Secure Notes" und klicken Sie auf „Erstellen".

3 Legen Sie folgendes Kennwort fest: `keychain`. Normalerweise würden Sie an dieser Stelle mithilfe des Kennwortassistenten ein sicheres und eindeutiges Kennwort für Ihren neuen Schlüsselbund auswählen.

Der neue Schlüsselbund wird nun zur Liste „Schlüsselbunde" hinzugefügt. Er ist nicht geschützt.

Sie haben die Möglichkeit, Objekte per Drag&Drop aus einem Schlüsselbund in einen anderen zu bewegen oder Objekte für Ihren neuen Schlüsselbund zu erstellen. Wenn das System versucht, diese Schlüsselbundobjekte zu verwenden, müssen Sie das Kennwort für den Schlüsselbund eingeben, der das Objekt enthält.

Erstellen einer sicheren Notiz in einem Schlüsselbund

Da Sie jetzt einen separaten Schlüsselbund für sichere Notizen haben, erstellen Sie einige sichere Notizen. Sichere Notizen sind wie geschützte Notizen für Kennwörter, Benutzernamen oder eine beliebige Information, die Sie als Notiz sichern möchten, nur eben mit der zusätzlichen Sicherheit eines Schlüsselbunds. Sie könnten z. B. eine sichere Notiz erstellen, um sich einen Überblick über zusätzliche Schlüsselbundkennwörter zu verschaffen.

1. Vergewissern Sie sich, dass Sie als „Chris Johnson" angemeldet sind, öffnen Sie die Schlüsselbundverwaltung und wählen Sie den Schlüsselbund „Secure Notes".

2. Geben Sie ggf. den Schlüsselbund „Secure Notes" frei.

3. Wählen Sie „Ablage" > „Neue sichere Notiz".

4. Geben Sie den Namen für den Schlüsselbund-Eintrag sowie die Notiz wie folgt ein:

   Name für Schlüsselbund-Eintrag: `Bank PINs`

   Notiz: `First Bank of Nowhere: 387466`

   Wenn Sie damit fertig sind, klicken Sie auf „Hinzufügen".

5. Schützen Sie den Schlüsselbund „Secure Notes", indem Sie auf das Schlosssymbol in der Symbolleiste klicken.

6. Um nach der Notiz zu suchen, wählen Sie den Schlüsselbund „Secure Notes" aus, heben Sie den Schutz auf und wählen in der Liste die zu öffnende Notiz durch Doppelklicken aus.

7. Aktivieren Sie das Markierungsfeld „Text einblenden" und geben Sie bei Aufforderung das Kennwort ein.

8. Wenn Sie damit fertig sind, können Sie den Schlüsselbund wieder schützen, indem Sie auf das geöffnete Schloss in der Symbolleiste klicken.

9. Melden Sie sich ab.

Erneuter Zugriff auf einen Schlüsselbund

Ein paar Übungen zuvor haben Sie einen neuen Schlüsselbund für Robin Banks erstellt, nachdem ihr Kennwort zurückgesetzt wurde. Ihr alter Schlüsselbund wurde vom System nicht gelöscht. Er wurde nur umbenannt. Robin hat sich nun an ihr altes Kennwort erinnert und möchte auf den Inhalt ihres alten Schlüsselbunds zugreifen.

1. Melden Sie sich als „Robin Banks" (banks) an.

2. Navigieren Sie im Finder zu „<Robins Benutzerordner>/Library/Keychains" (~/Library/Keychains).

Kapitel 2 Benutzeraccounts

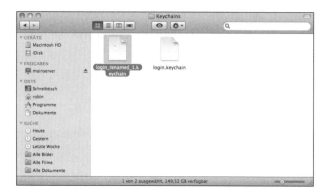

3   Wählen Sie die Datei „login_renamed_1.keychain" durch Doppelklicken aus. Das Programm „Schlüsselbundverwaltung" wird geöffnet und „login_renamed_1.keychain" ist in der Liste „Schlüsselbunde" verfügbar.

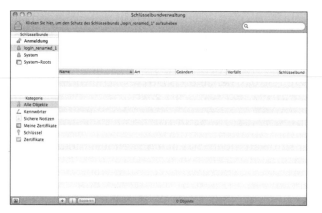

4   Wählen Sie in der Schlüsselbundliste „login_renamed_1" aus und klicken Sie auf das Schloss in der Symbolleiste.

5   Geben Sie das alte Kennwort für Robins Account sowie den Anmeldeschlüsselbund ein (robin). Robins alter Schlüsselbund ist somit freigegeben und Sie könnten alle Schlüsselbundobjekte sehen. In diesem Fall wurden allerdings zuvor keine Schlüsselbundobjekte hinzugefügt. Sie können auch mit den bereits angewendeten Methoden das Kennwort für diesen Schlüsselbund ändern.

6   Ändern Sie mithilfe der Systemeinstellungen Robins Kennwort wieder in `robin`.

7   Melden Sie sich ab.

3

Befehlszeileneingabe und Automatisierung

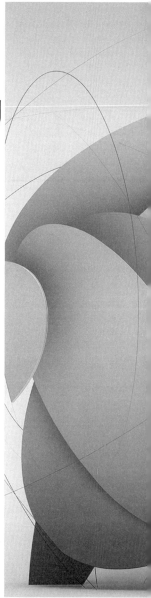

3.1	Grundlagen der Befehlszeileneingabe
Übung 3.1.1	Navigieren mit der Befehlszeile
Übung 3.1.2	Dateimanipulation mit der Befehlszeile

3.2	Systemautomatisierung
Übung 3.2.1	Verwenden von Automator
Übung 3.2.2	Grundlagen des Befehlszeilen-Scripting
Übung 3.2.3	Kombinieren von Technologien für die Automatisierung (optional)

Kapitel 3 Befehlszeileneingabe und Automatisierung

3.1 Grundlagen der Befehlszeileneingabe

Um das UNIX-basierte Fundament von Mac OS X im Ganzen verstehen zu können, ist es nötig, selbst damit zu experimentieren. In dieser Lektion erhalten Sie eine Einführung in die Befehlszeileneingabe. Sie beschäftigen sich mit der Navigation mit der Befehlszeile, der Dateimanipulation und der grundlegenden Textbearbeitung. Sie werden hier zwar nur einige Grundfunktionen der Befehlszeileneingabe kennenlernen, diese Lektion ist jedoch ein guter Ausgangspunkt für all diejenigen, die noch nicht mit der Befehlszeile vertraut sind.

Gründe für die Verwendung der Befehlszeileneingabe

Beschränkungen umgehen
- Viele Optionen sind nicht über das grafische Interface erreichbar
- Finder-Restriktionen zum Dateisystem umgehen

Zusätzlicher administrativer Zugang
- Administratoren können als root agieren
- Entfernter Zugang über SSH (verdeckt vor Benutzer)

Leistungsstarke administrative Automation
- Eingebaute Automatisierung über einfache Text-Skripte
- Verwendbar mit Apple Remote Desktop, um simultan Unix-Kommandos zu verschiedenen entfernten Rechnern zu senden

Ausführliche Anleitungen finden Sie unter „Grundlagen der Befehlszeileneingabe" in Lektion 3 von *Apple Training Series: Mac OS X Support Essentials v10.6*.

Lektion 3.1 Grundlagen der Befehlszeileneingabe

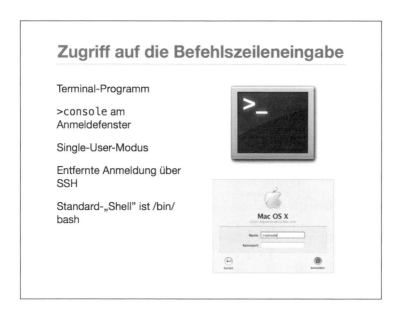

Ausführliche Anleitungen finden Sie unter „Grundlagen der Befehlszeileneingabe" in Lektion 3 von *Apple Training Series: Mac OS X Support Essentials v10.6*.

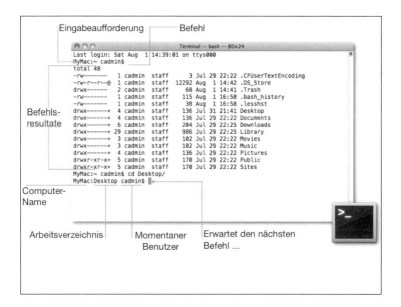

Ausführliche Anleitungen finden Sie unter „Grundlagen der Befehlszeileneingabe" in Lektion 3 von *Apple Training Series: Mac OS X Support Essentials v10.6*.

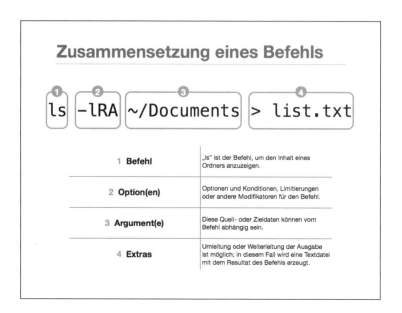

Ausführliche Anleitungen finden Sie unter „Grundlagen der Befehlszeileneingabe" in Lektion 3 von *Apple Training Series: Mac OS X Support Essentials v10.6*.

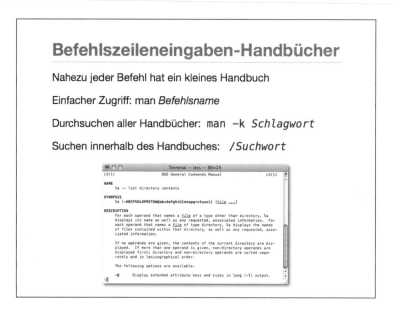

Ausführliche Anleitungen finden Sie unter „Grundlagen der Befehlszeileneingabe" in Lektion 3 von *Apple Training Series: Mac OS X Support Essentials v10.6*.

Lektion 3.1 Grundlagen der Befehlszeileneingabe

Häufig benutzte Befehle

`ls pfad`
- Inhalt eines Ordners auflisten

`cd pfad`
- Änderung der momentanen Position im Dateisystem

`pwd`
- Ausgabe des aktuellen Arbeitsverzeichnisses

`cp src dest`
- Kopieren von Dateien

`cp -R src dest`
- Kopieren von Ordnern

`mv src dest`
- Verschieben oder Umbenennen von Dateien

`rm -R pfad`
- Löschen von Dateien/Ordnern

`touch pfad`
- Änderungsdatum ändern oder eine leere Datei erzeugen

`sudo befehl`
- Führt einen Befehl als Benutzer root aus (superuser)
- Nur für administrative Benutzer, geben ihr eigenes Kennwort an

---

Ausführliche Anleitungen finden Sie unter „Grundlagen der Befehlszeileneingabe" in Lektion 3 von *Apple Training Series: Mac OS X Support Essentials v10.6*.

Pfade in der Befehlszeileneingabe

Ein *Pfad* ist eine Wegbeschreibung zu einem Objekt im Dateisystem

Unix verwendet /, um Ordner im Pfad zu trennen
- Das Wurzelverzeichnis (root) des Systemvolumens: /
- Logans Schreibtisch-Ordner: /Users/logan/Desktop

Die Tilde ~ ist eine Abkürzung zum Benutzerordner
- Schreibtisch-Ordner des momentanen Benutzers: ~/Desktop

Leerzeichen in Pfaden müssen mit einem „\" geschützt werden
- Beispiel: cd /Library/Screen\ Savers

Aktivierungsort für Nicht-Systemvolumes is /Volumes
- Aktivierte Freigabe des Ordners „Public" vom Mainserver: /Volumes/Public

---

Ausführliche Anleitungen finden Sie unter „Navigieren mit der Befehlszeile" in Lektion 3 von *Apple Training Series: Mac OS X Support Essentials v10.6*.

Befehlszeileneingabe im Terminal

Kurzbefehl	Aktion
Tabulator	Vervollständigt Befehle oder Pfade
Ordner ins Terminal ziehen	Fügt den Pfad im Terminal ein
open .	Momentanen Ordner im Finder öffnen
ctrl-c	Beendet den momentanen Befehl
Hoch- und Runter-Pfeiltasten	Zugreifen auf vorherige Befehle
ctrl-l oder clear	Löscht den Bildschirm
⌥-Klick	Cursor zur Maus-Position
ctrl-a	Zum Anfang der Zeile
ctrl-e	Zum Ende der Zeile
esc-f	Ein Wort vor
esc-b	Ein Wort zurück

Ausführliche Anleitungen finden Sie unter „Tipps und Tricks für die Befehlszeileneingabe" in Lektion 3 von *Apple Training Series: Mac OS X Support Essentials v10.6*.

Probleme der Befehlszeileneingabe

Sehr leicht, ernsthafte Fehler zu begehen:

Kein Papierkorb und kein Widerrufen

Exakte Schreibweise notwendig,
einige Zeichen sind sehr leicht zu verwechseln:
- O und 0 (grosser Buchstabe O und die Zahl 0)
- l and 1 (kleiner Buchstabe l und die Zahl 1)
- Groß-/Kleinschreibung wird unterschieden

Exakte Pfadnamen sind wichtig, Leerzeichen in Pfaden können Probleme bereiten

Löse es mit der TAB Taste!

Ausführliche Anleitungen finden Sie unter „Tipps und Tricks für die Befehlszeileneingabe" in Lektion 3 von *Apple Training Series: Mac OS X Support Essentials v10.6*.

Lektion 3.1 Grundlagen der Befehlszeileneingabe

Übung 3.1.1
Navigieren mit der Befehlszeile

Übungsziele
- Navigieren in der Befehlszeilenumgebung mithilfe von absoluten und relativen Pfaden
- Vergleichen der Sichtbarkeit von Dateien im Finder und in der Befehlszeile
- Hilfe in der Befehlszeilenumgebung

Zusammenfassung
In dieser Übung lernen Sie die grundlegenden UNIX-Befehlszeilenwerkzeuge für die Navigation kennen. Mit diesen Werkzeugen zeigen Sie einige der im Finder nicht sichtbaren Dateisystemobjekte an. Sie erfahren außerdem, wie Sie auf das integrierte Handbuch zugreifen können, um weitere Informationen zu einem Befehl zu erhalten.

Anzeigen eines Benutzerordners mithilfe der Befehlszeilenwerkzeuge

Sie öffnen nun das Programm „Terminal" (im Ordner „Dienstprogramme"), sehen sich dort die Inhalte Ihres Benutzerordners an und vergleichen diese Inhalte mit den im Finder angezeigten.

1 Melden Sie sich als „Client Administrator" (cadmin) an.

2 Öffnen Sie im Finder den Ordner „Dienstprogramme" im Ordner „Programme". Hierfür gibt es im Finder auch einen Tastaturkurzbefehl: Befehl-Umschalt-U.

3 Öffnen Sie das Programm „Terminal". Sie können z. B. die ersten Buchstaben des Programmnamens eingeben, um schneller in der Liste der Programme dorthin zu springen, und dann mit dem Befehl „Öffnen" im Finder-Menü „Ablage" (Befehl-O) das Programm öffnen.

Kapitel 3 Befehlszeileneingabe und Automatisierung

Die zweite Ausgabezeile enthält Ihre Eingabeaufforderung, also z. B.:

client17:~ cadmin$

Im vorliegenden Beispiel ist „client17" der Name des Computers, an dem Sie angemeldet sind. Der Doppelpunkt trennt den Computernamen vom Pfad zu Ihrem aktuellen Arbeitsverzeichnis, d. h. zu dem Ort, wo Sie sich im Dateisystem befinden. Beim ersten Öffnen eines Terminal-Fensters ist dies Ihr Benutzerordner. „~" ist die UNIX-Abkürzung für Ihren Benutzerordner. Nach dem Leerzeichen kommt der Kurzname des angemeldeten Benutzers. Das Zeichen „$" ist die eigentliche Eingabeaufforderung, was soviel heißt wie „Geben Sie hier Ihre Befehle ein".

4 Geben Sie ls nach der Eingabeaufforderung ein und drücken Sie den Zeilenschalter.

Sie sehen in etwa folgende Informationen, gefolgt von einer weiteren Eingabeaufforderung:

Desktop	Library	Pictures
Documents	Movies	Public
Downloads	Music	Sites

Wenn Ihr Computer nicht mit dem Internet verbunden ist, wird u. U. auch die Datei „Send Registration" angezeigt.

5 Wechseln Sie in den Finder. Falls kein Finder-Fenster geöffnet ist, öffnen Sie ein Fenster durch Klicken auf „Ablage" > „Neues Fenster".

6 Wählen Sie in der Seitenleiste des Finder-Fensters den Benutzerordner von Client Administrator (cadmin) aus und vergleichen Sie die Inhalte des Benutzerordners im Finder mit denen im Terminal-Fenster.

Im Finder wird dasselbe angezeigt wie in der Befehlszeile, allerdings übersetzt.

7 Wechseln Sie zurück zum Terminal-Fenster und geben Sie ls -A nach der Eingabeaufforderung ein. Im Allgemeinen wird bei der Befehlszeileneingabe zwischen Groß- und Kleinschreibung unterschieden. Die Option A bewirkt nicht dasselbe wie die Option a.

In der Liste sehen Sie noch ein paar andere Dateien, die alle mit einem Punkt beginnen. Unter UNIX sind diese „Punktdateien" in den Verzeichnislisten standardmäßig verborgen. Sie blenden sie, wie eben gezeigt, durch Hinzufügen von A zu ls ein. Der Finder folgt dieser Konvention und zeigt Punktdateien ebenfalls nicht an.

Kennenlernen und Ändern Ihres aktuellen Arbeitsverzeichnisses

Ihr aktuelles Arbeitsverzeichnis ist der Ort, wo Sie sich gerade im Dateisystem befinden. Wenn Sie ein neues Terminal-Fenster öffnen, ist Ihr aktuelles Arbeitsverzeichnis Ihr Benutzerordner. Durch Eingabe des Befehls cd können Sie Ihr aktuelles Arbeitsverzeichnis ändern.

1 Geben Sie Folgendes nach der Eingabeaufforderung ein: pwd. Der Punkt (.) ist hier das Satzzeichen und nicht Teil des Befehls. Geben Sie ihn also nicht ein. Im Buch wird explizit darauf hingewiesen, wenn ein nachgestellter Punkt Teil des Befehls ist. Allerdings wird in der Regel nicht ausdrücklich auf das Drücken des Zeilenschalters hingewiesen, sondern es wird Ihnen mitgeteilt, wenn Sie den Zeilenschalter nicht drücken sollen. Das heißt, in der Regel können Sie dies tun.

Viele grundlegenden UNIX-Befehle leiten sich von den ersten Buchstaben des vollständigen Namens ab. Zum Beispiel ist pwd die Abkürzung für „print working directory", ls steht für „list" und cd für „change directory".

Es wird Folgendes angezeigt:

`/Users/cadmin`

Dort im Dateisystem befindet sich der Benutzerordner von „Client Administrator" und es ist auch der Ordner, in dem Sie sich mit diesem Terminal-Fenster befinden.

2 Geben Sie `cd Library` nach der Eingabeaufforderung ein. Dadurch ändert sich Ihr aktuelles Arbeitsverzeichnis in den Ordner „Library" innerhalb Ihres Benutzerordners.

Dieser Befehl verwendet einen relativen Pfad. Ein relativer Pfad bedeutet: „In meinem aktuellen Arbeitsverzeichnis beginnen".

Ihre Eingabeaufforderung sieht jetzt wie folgt aus:

`client17:Library cadmin$`

Die Pfadkomponente der Eingabeaufforderung zeigt lediglich den Ordner an, in dem Sie sich gerade befinden, nicht den gesamten Pfad.

Wie Sie sehen, wurde der Befehl `cd` erfolgreich ausgeführt (Ihr Arbeitsverzeichnis wurde geändert), ohne dass Sie eine Rückmeldung erhalten haben. Die Eingabeaufforderung hat sich zwar geändert, aber `cd` hat keine Meldung wie „Arbeitsverzeichnis erfolgreich geändert" ausgegeben. Nach UNIX-Standard wird ein Befehl, der erfolgreich abgeschlossen wurde und keine Informationen ausgeben muss (im Fall von `ls` sind dies Informationen zu den Inhalten eines Verzeichnisses), im Hintergrund ausgeführt. Das heißt, es werden keine unnötigen Meldungen bei fehlerfreien Vorgängen angezeigt. Allerdings sollten Sie bei unerwarteter Ausgabe von Fehlermeldungen diesen auf den Grund gehen, bevor Sie fortfahren.

3 Geben Sie `pwd` nach der Eingabeaufforderung ein. Terminal zeigt nun Folgendes an:

`/Users/cadmin/Library`

Sie haben sich in den Ordner „Library" „bewegt", der sich in Ihrem vorherigen Arbeitsverzeichnis befand.

4 Geben Sie `ls` ein, um die Dateien und Ordner im Ordner „Library" anzuzeigen.

Lektion 3.1 Grundlagen der Befehlszeileneingabe

5 Geben Sie `cd /Library` nach der Eingabeaufforderung ein. Beachten Sie den Schrägstrich vor dem Wort „Library".

6 Geben Sie `pwd` nach der Eingabeaufforderung ein. Sie sehen nun Folgendes:

   /Library

   Hierbei handelt es sich um einen ganz anderen Ordner.

   Ein Pfad, dem ein Schrägstrich (/) vorangeht, wird als absoluter Pfad bezeichnet. Das bedeutet: „Im Stammverzeichnis beginnen und von dort weitergehen". Ein Pfad, dem kein Schrägstrich vorangeht, ist ein relativer Pfad. Dies bedeutet „Im aktuellen Arbeitsverzeichnis beginnen und von dort weitergehen".

7 Geben Sie `ls` ein, um die Dateien und Ordner anzuzeigen, die sich in diesem Library-Ordner befinden.

   Die Namen der Objekte im Ordner „Library" und derer im Benutzerordner von „Client Administrator" (cadmin) ähneln sich stark, sind aber nicht exakt gleich.

8 Geben Sie `cd` gefolgt von einem Leerzeichen ein. Drücken Sie nicht den Zeilenschalter.

   Terminal erlaubt Interaktion zwischen der grafischen Umgebung und der Befehlszeilenumgebung. Dazu gehört u. a. die Möglichkeit per Drag&Drop Objekte aus dem Finder in das Terminal-Fenster zu bewegen sowie die Anzeige des zugehörigen Pfads in der Befehlszeile. Im vorliegenden Fall suchen Sie mithilfe des Finders einen Ordner, der als Arbeitsverzeichnis des Terminal-Fensters verwendet werden soll.

9 Wechseln Sie in den Finder.

   Wenn Sie nicht genau wissen, wonach Sie suchen, ist es manchmal einfacher, eine Datei oder einen Ordner in der grafischen Umgebung zu suchen.

10 Öffnen Sie, falls erforderlich, ein neues Finder-Fenster und klicken Sie in der Seitenleiste auf „Macintosh HD".

11 Öffnen Sie den Ordner „Benutzer".

12 Wählen Sie den Ordner „Für alle Benutzer" aus und bewegen Sie ihn in das Terminal-Fenster. Falls Ihr Terminal-Fenster nicht sichtbar ist, können Sie mithilfe von Exposé zwischen Fenstern wechseln.

13 Lassen Sie die Maustaste los, wenn Sie den Ordner „Für alle Benutzer" in das Terminal-Fenster bewegt haben.

Wie Sie sehen, hat Terminal den Pfad (/Users/Shared) für Sie eingefügt, „Macintosh HD" wurde jedoch nicht hinzugefügt. Im Finder werden Volume-Namen zum vereinfachten Suchen nach Volumes und aus historischen Gründen angezeigt. Das zu Grunde liegende UNIX-System verwendet Volume-Namen nicht auf die gleiche Art und Weise.

14 Wechseln Sie zu Terminal und drücken Sie den Zeilenschalter.

15 Geben Sie pwd nach der Eingabeaufforderung ein.

Sie befinden sich nun im Ordner „Für alle Benutzer" (Shared).

Suchen im Handbuch nach ls

Ein vorteilhaftes Merkmal der UNIX-Umgebung ist das integrierte Handbuch. ls ist ein sehr flexibler Befehl mit vielen Funktionen. Sie erfahren mehr darüber, indem Sie nun mithilfe des Befehls man auf das integrierte Handbuch (manual) zugreifen.

1 Geben Sie man ls nach der Eingabeaufforderung ein. Dadurch wird die man-Seite („man page"; kurz für „manual page"), also die Handbuchseite, für den Befehl ls geöffnet.

Jede man-Seite ist in mehrere Abschnitte unterteilt. Die Zahl in Klammern in der obersten Zeile zeigt an, in welchem Abschnitt des Handbuchs dieser Befehl dokumentiert ist. Im vorliegenden Fall befindet sich ls in Abschnitt 1, in dem es um allgemeine Befehle geht. In der nächsten Zeile sehen Sie den Namen des Befehls und eine kurze englische Funktionsbeschreibung: „list directory contents". Diese folgende Übersicht stellt die formale Anleitung zur Verwendung des Befehls dar. Alles, was in eckigen Klammern steht, ist optional. Die Übersicht ist jedoch nicht immer ganz akkurat. Einige Optionen für ls schließen sich z. B. gegenseitig aus. Dies wird aber in der Übersicht nicht angezeigt. Im Allgemeinen folgen Optionen oder Parameter (sie ändern das Verhalten eines Befehls) auf den Befehl, während Argumente (sie sagen dem Befehl, was genau wo ausgeführt werden soll) auf die Optionen oder Parameter folgen. Nach der Übersicht folgt die Beschreibung (Description) mit den unterschiedlichen Anwendungsmöglichkeiten des Befehls.

man verwendet ein Werkzeug namens „Pager" zum Anzeigen mehrerer Textseiten und Navigieren auf der man-Seite. Das von man verwendete Werkzeug heißt less. Schauen wir uns nun an, wie der Pager funktioniert.

2. Drücken Sie die Taste „Q", um die man-Seite für ls zu schließen.

3. Geben Sie man less nach der Eingabeaufforderung ein.

4. Mit der Leertaste blättern Sie seitenweise durch die man-Seite für less. Probieren Sie die beim Anzeigen einer Datei anderen möglichen Befehle mit less aus, während Sie darüber lesen.

5. Wenn Sie mit less vertraut sind, sehen Sie sich erneut die man-Seite für ls an.

6. Da Sie über den man-Befehl auf das Handbuch zugreifen können, hat man erwartungsgemäß auch eine eigene man-Seite. Schauen Sie sich die Seite an, indem Sie den man-Befehl verwenden (man man).

Übung 3.1.2
Dateimanipulation mit der Befehlszeile

Übungsziel
- Kennenlernen unterschiedlicher Befehle zur Dateimanipulation

Zusammenfassung
In dieser Übung lernen Sie mehrere Befehle zur Dateimanipulation kennen, einschließlich Kopieren, Bewegen, Umbenennen und Löschen von Dateien und Ordnern.

Erstellen von Dateien für die Manipulation
Mit TextEdit erstellen Sie nun einige Dateien, die Sie später in Übungen verwenden. Stellen Sie sicher, dass Sie als „Client Administrator" angemeldet sind.

1 Öffnen Sie TextEdit. Sie finden das Programm im Ordner „/Programme".

2 Wählen Sie im TextEdit-Menü „Format" die Option „In reinen Text umwandeln".

3 Geben Sie den folgenden Text in das Dokument „Ohne Titel" ein.

```
MacBook Pro
Xserve
Mac Pro
iPhone
MacBook
iMac
Mac mini
```

Lektion 3.1 Grundlagen der Befehlszeileneingabe

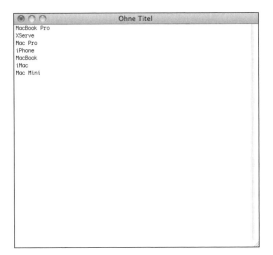

4 Sichern Sie das Dokument unter dem Namen „Comps" im Ordner „Dokumente" in Ihrem Benutzerordner.

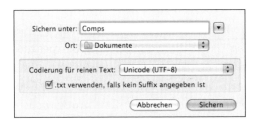

5 Öffnen Sie ein neues Dokument in TextEdit.

6 Wählen Sie im TextEdit-Menü „Format" die Option „In reinen Text umwandeln".

7 Sichern Sie das neue Dokument unter dem Namen „Empty" im Ordner „Dokumente".

Kopieren und Bewegen von Dateien und Erstellen eines Ordners

Mit verschiedenen Befehlen manipulieren Sie nun Dateien und Ordner durch Befehlszeileneingabe.

1 Wechseln Sie zu Terminal, falls das Programm noch geöffnet ist, oder öffnen Sie es im Ordner „Dienstprogramme". Wenn kein Terminal-Fenster geöffnet ist, öffnen Sie ein neues Fenster.

2   Wechseln Sie mit dem Befehl `cd` in den Ordner „Dokumente" in Ihrem Benutzerordner.

3   Zeigen Sie mit `ls` die im Ordner „Dokumente" enthaltenen Dateien an. Darin liegt bereits die Datei „Stapel Dokumente.pdf". Sie können die Datei mit der Befehlszeile mithilfe des Befehls `open` öffnen. Weitere Informationen erhalten Sie auf der man-Seite für `open`.

TextEdit hat automatisch das Dateinamensuffix „txt" an die gesicherten Dateien gehängt.

4   Erstellen Sie eine Kopie von „Comps.txt" und benennen Sie das Dokument „MacModels.txt" (geben Sie den vorderen Teil bis zum Dollarzeichen nicht mit ein):

```
client17:Documents cadmin$ cp Comps.txt MacModels.txt
```

Viele Befehle, die eine Quelle und ein Ziel benötigen, erfordern zuerst die Eingabe der Quelle.

Dateinamen u. Ä. müssen korrekt in die Befehlszeile eingegeben werden. Glücklicherweise verfügen die meisten Shells über integrierte Funktionen, die Sie bei der korrekten Eingabe unterstützen. Wenn Sie z. B. im Befehl oben das `C` von „Comps.txt" eingeben und die Tabulator-Taste drücken, sucht die Shell in Ihrem aktuellen Arbeitsverzeichnis nach Dateien, deren Name mit „C" beginnt. Da es in diesem Fall nur eine Datei „Comps.txt" gibt, wird der komplette Name vervollständigt. Wenn Ihrer Eingabe mehrere Dateinamen entsprechen, gibt Terminal alle Buchstaben bis zu der Stelle ein, wo sie übereinstimmen. Es ertönt ein Signal, wenn mehrere Optionen zum Vervollständigen des Dateinamens verfügbar sind. Wenn Sie dabei erneut die Tabulator-Taste drücken, werden alle Treffer angezeigt. Diese „Tab Completion", also die Vervollständigung über die Tabulator-Taste, erspart Ihnen die unnötige Eingabe von Zeichen und die Korrektur über die Rückschritttaste. Viele der mit UNIX sehr gut vertrauten Benutzer verwenden diese Funktion, um schnell und präzise in der Umgebung zu arbeiten. Probieren Sie sie im Laufe der Übungen einfach aus.

5   Geben Sie `less` ein, um beide Dateien anzuzeigen. „MacModels.txt" ist eine exakte Kopie von „Comps.txt".

Erstellen eines Ordners und Kopieren einer Datei in den Ordner

Mit cp können Sie auch Dateien in einen Ordner oder ein Verzeichnis kopieren und dabei den Original-Dateinamen beibehalten oder die Kopie im Laufe des Vorgangs umbenennen.

6   Erstellen Sie im Ordner „Dokumente" in Ihrem Benutzerordner einen neuen Unterordner:

    `client17:Documents cadmin$ mkdir AppleInfo`

    Da es sich bei „AppleInfo" um einen relativen Pfad handelt, wird der Ordner im Ordner „Dokumente" erstellt.

> **Hinweis** Weitere Informationen zu diesen Befehlen erhalten Sie auf den entsprechenden man-Seiten.

7   Mit cp kopieren Sie „MacModels.txt" in „AppleInfo" (an dieser Stelle bietet sich „Tab Completion" an):

    `client17:Documents cadmin$ cp MacModels.txt AppleInfo`

8   Zeigen Sie mit ls den Inhalt von „AppleInfo" an:

    `client17:Documents cadmin$ ls AppleInfo`

Beheben eines Benennungsfehlers

Bei einigen Objekten im Dokument „MacModels.txt" handelt es sich genau genommen nicht um Macs. Benennen Sie nun die Datei um und korrigieren Sie die Kopien.

9   Entfernen (löschen) Sie die Dateien „Comps.txt" und „MacModels.txt" im Ordner „AppleInfo":

    `client17:Documents cadmin$ rm Comps.txt AppleInfo/MacModels.txt`

    Beide Dateien werden in einem Löschvorgang entfernt.

10 Bewegen Sie die Datei „MacModels.txt" mithilfe des Befehls mv in den Ordner „AppleInfo":

    `client17:Documents cadmin$ mv MacModels.txt AppleInfo`

11 Ändern Sie Ihr Arbeitsverzeichnis mithilfe des Befehls cd in „AppleInfo".

12 Benennen Sie die Datei „MacModels.txt" mithilfe des Befehls mv in „AppleHardware.txt" um.

```
client17:AppleInfo cadmin$ mv MacModels.txt
AppleHardware.txt
```

Wie Sie sehen, sind Löschen und Umbenennen einer Datei gewissermaßen identisch hinsichtlich des Vorgangs im Dateisystem. Bei beiden Vorgängen wird ein Verzeichniseintrag erstellt und ein Verzeichniseintrag gelöscht, wobei beim Bewegen einer Datei zwischen Volumes optional eine Art Kopie der Dateiinhalte angefertigt wird. Deshalb wird derselbe Befehl sowohl zum Bewegen als auch zum Umbenennen verwendet.

> **Hinweis** Sie hätten Schritt 10 und 12 auch mit nur einem Befehl ausführen können: $ mv MacModels.txt AppleInfo/AppleHardware.txt.

Entfernen eines Ordners

Da wir keine einzelne Datei in einem Ordner benötigen, bewegen Sie die Datei „AppleHardware.txt" zurück in den Ordner „Dokumente" und entfernen den Ordner „AppleInfo".

1 Ändern Sie Ihr Arbeitsverzeichnis zurück in „Dokumente".

Hierfür gibt es mehrere Methoden:

- Verwenden Sie den absoluten Pfad „/Users/cadmin/Documents".

- Verwenden Sie den Benutzerordner-Kurzbefehl „~/Documents".

- Verwenden Sie den relativen Pfad (..).

„.." bezieht sich immer auf das übergeordnete Verzeichnis des aktuellen Verzeichnisses. Da Ihr aktuelles Arbeitsverzeichnis „/Users/cadmin/Documents/AppleInfo" lautet, bezieht sich „.." auf „/Users/cadmin/Documents".

Manchmal wird „.." auch in der Pfadmitte anstatt am Anfang angezeigt, z. B. „/Users/cadmin/Documents/../Desktop". Die

Lektion 3.1 Grundlagen der Befehlszeileneingabe

Bedeutung ist dieselbe, d. h. im vorliegenden Beispiel ist damit der Ordner „Schreibtisch" von Client Administrator gemeint.

Analog dazu bezieht sich „." (ein Punkt) auf das aktuelle Verzeichnis oder den Ort im Pfad.

Jedes Verzeichnis enthält eine Referenz zu sich selbst und zu seinem übergeordneten Ordner. Diese Referenzen sind sichtbar, wenn Sie ls -a verwenden (also ein kleines a anstatt des zuvor verwendeten großen A).

2 Bewegen Sie die Datei „AppleHardware.txt" in „Dokumente" und benennen Sie sie in „AppleHardwareInfo.txt" um:

```
client17:Documents cadmin$ mv AppleInfo/AppleHardware.txt AppleHardwareInfo.txt
```

Drücken Sie den Zeilenschalter erst, wenn Sie „AppleHardwareInfo.txt" vollständig eingegeben haben.

Beachten Sie, dass der Pfad „AppleHardwareInfo.txt" relativ zu Ihrem aktuellen Arbeitsverzeichnis ist, d. h. „AppleInfo/AppleHardware.txt" wird in das aktuelle Arbeitsverzeichnis (Dokumente) bewegt und in „AppleHardwareInfo.txt" umbenannt.

3 Geben Sie rmdir ein, um das Verzeichnis „AppleInfo" zu entfernen.

```
client17:Documents cadmin$ rmdir AppleInfo
```

rmdir funktioniert, da „AppleInfo" leer ist. Auf der man-Seite für rmdir steht, dass nur leere Ordner entfernt werden können. Wenn Sie ein Verzeichnis entfernen wollten, in dem sich noch Dateien befinden, müssten Sie den Befehl rm mit der Option r eingeben:

```
client17:Documents cadmin$ rm -r AppleInfo
```

Erstellen und Bearbeiten einer Textdatei

Angenommen, Sie möchten eine Textdatei durch Befehlszeileneingabe erstellen oder bearbeiten. Mac OS X stellt mehrere unterschiedliche Texteditoren für die Befehlszeileneingabe zur Verfügung. Hinsichtlich des besten Editors scheiden sich die Geister. Am besten probieren Sie unterschiedliche Editoren aus und entscheiden sich für Ihren persönlichen CLEOC (Command-Line Editor Of Choice), d. h. den Editor Ihrer Wahl. In dieser Übung lernen Sie nano kennen, einen der integrierten Editoren, und erstellen damit eine Datei im Ordner „Dokumente" in Ihrem Benutzerordner.

1   Erstellen Sie mit nano die neue Datei „fruit.txt":

client17:Documents cadmin$ `nano fruit.txt`

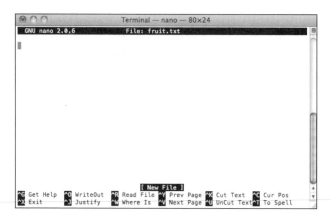

nano ist ein bildschirmfüllender Editor. Er nimmt Ihr komplettes Terminal-Fenster ein, in dem Sie dann Text bearbeiten können.

2   Geben Sie die folgenden Wörter untereinander ein, d. h. ein Wort pro Zeile. Bestätigen Sie jede Eingabe mit dem Zeilenschalter.

`apple`

`pineapple`

`grapefruit`

`pear`

`banana`

`blueberry`

`strawberry`

Lektion 3.1 Grundlagen der Befehlszeileneingabe

Texteditoren waren die Vorgänger der Textverarbeitungsprogramme (einige Texteditoren kamen auch erst nach der Erfindung von Textverarbeitungsprogrammen auf). Die Konzepte ähneln sich sehr. Editoren für die Befehlszeileneingabe haben allerdings in der Regel keine Menüs oder Steuerelemente, auf die Sie klicken können. Das heißt, die Befehle müssen auf eine andere Art und Weise eingegeben werden. Im Fall von nano geschieht dies über Steuerzeichen.

3. Sagen Sie nano, dass Sie das Programm verlassen (beenden) möchten, indem Sie „ctrl-X" drücken (halten Sie die ctrl-Taste gedrückt, drücken Sie „X" und lassen Sie „X" wieder los).

4. Wenn nano Sie fragt „Save modified buffer (ANSWERING 'No' WILL DESTROY CHANGES)?", drücken Sie Y.

5. Bei der Frage „File Name to Write: fruit.txt" drücken Sie den Zeilenschalter.

   nano sichert Ihre Datei und Sie kehren zurück zur Eingabeaufforderung.

6. Melden Sie sich ab.

> **Hinweis** Einige der in dieser Übung erstellten Dateien verwenden Sie später im Kursverlauf.

3.2 Systemautomatisierung

Wie Sie gesehen haben, liegt einer der Hauptgründe, sich mit der Befehlszeileneingabe vertraut zu machen, in der leistungsstarken Plattform für die Systemautomatisierung. Das heißt, alles, was Sie an Befehlen in der Befehlszeile ausführen können, kann in ein automatisiertes Skript umgewandelt werden. Das Befehlszeilen-Scripting ist aber natürlich nicht die einzige in Mac OS X integrierte Technologie für die Systemautomatisierung. Für Automatisierungsaufgaben in einer grafischen Umgebung stellt Mac OS X zwei weitere leistungsstarke Lösungen zur Verfügung: Automator und AppleScript. In dieser Lektion erhalten Sie einen Einblick in Automator, AppleScript und das Befehlszeilen-Scripting. Sie erfahren außerdem, wie Sie diese Technologien kombinieren können, um jede beliebige Aufgabe in Mac OS X automatisieren zu können.

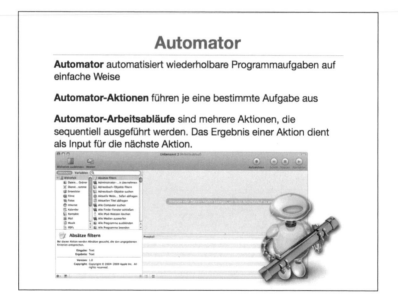

Ausführliche Anleitungen finden Sie unter „Verwenden von Automator und AppleScript" in Lektion 3 von *Apple Training Series: Mac OS X Support Essentials v10.6*.

Lektion 3.2 Systemautomatisierung

Ausführliche Anleitungen finden Sie unter „Verwenden von Automator und AppleScript" in Lektion 3 von *Apple Training Series: Mac OS X Support Essentials v10.6*.

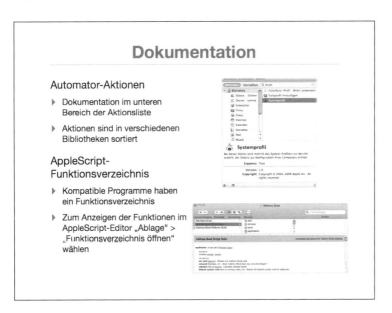

Ausführliche Anleitungen finden Sie unter „Verwenden von Automator und AppleScript" in Lektion 3 von *Apple Training Series: Mac OS X Support Essentials v10.6*.

Ausführliche Anleitungen finden Sie unter „Verwenden von Automator und AppleScript" in Lektion 3 von *Apple Training Series: Mac OS X Support Essentials v10.6*.

Ausführliche Anleitungen finden Sie unter „Kombinieren von Automatisierungstechniken" in Lektion 3 von *Apple Training Series: Mac OS X Support Essentials v10.6*.

Warum Befehlszeilen-Scripting?

Viele administrative Funktionen können nur über die Befehlszeile automatisiert werden

Befehlszeilen-Skripte laufen ohne Benutzerinterface

In der Regel deutlich schneller als die bereits vorgestellten Techniken

Viele Skriptsprachen verfügbar: Shell, Perl, Python, PHP, Tcl, Ruby usw.

Ausführliche Anleitungen finden Sie unter „Grundlagen des Befehlszeilen-Scripting" in Lektion 3 von *Apple Training Series: Mac OS X Support Essentials v10.6*.

Einfaches Befehlszeilen-Scripting

Reines Textdokument mit beliebigem Texteditor erstellen
- Erste Zeile beschreibt die Skriptsprache: #!/bin/bash
- Alle anderen Zeilen, die mit # beginnen, sind Kommentare
- Befehle schreiben, der Zeilenschalter markiert das Befehlende

Verwendung von Variablen für mehr Flexibilität
- Definition von eigenen Variablen: `variablename="value"`
- Verwendung von eigenen Variablen: `"$variablename"`
- Verwendung von Variablen die vom Benutzer übergeben wurden: `"$1"`, `"$2"`, ...
- Andere Befehle den Wert einfüllen lassen: `$(command)`

Ausführliche Anleitungen finden Sie unter „Grundlagen des Befehlszeilen-Scripting" in Lektion 3 von *Apple Training Series: Mac OS X Support Essentials v10.6*.

Starten eines Befehlszeilen-Skripts

Richtige Zugriffsrechte für das Skript setzen

▸ Für Besitzer und Gruppe ausführbar machen:
  `chmod +x scriptpath`

Starten des Skripts

▸ Absoluten Pfad von der Befehlszeile eingeben
▸ Falls das Skript im momentanen Verzeichnis liegt: `./scriptname`
▸ Hinzufügen der Endung *.command* zum Skript ermöglicht es, das Skript mittels Doppelklick zu öffnen

Ausführliche Anleitungen finden Sie unter „Grundlagen des Befehlszeilen-Scripting" in Lektion 3 von *Apple Training Series: Mac OS X Support Essentials v10.6*.

Kombinieren der Techniken

Automator-Aktionen können

▸ AppleScript-Aktionen ausführen
▸ Befehlszeilen-Skripte ausführen

AppleScripts können

▸ initiieren, dass Automator einen Workflow startet
▸ Befehlszeilen-Skripte ausführen: "Do shell script"

Befehlszeilen-Skripte können

▸ mittels open `Befehl` jegliches Programm starten
▸ über den `osascript`-Befehl AppleScript-Code ausführen

Ausführliche Anleitungen finden Sie unter „Kombinieren von Automatisierungstechniken" in Lektion 3 von *Apple Training Series: Mac OS X Support Essentials v10.6*.

Lektion 3.2 Systemautomatisierung

Übung 3.2.1
Verwenden von Automator

Übungsziel
- Automatisieren einer sich wiederholenden Aufgabe

Zusammenfassung

Mit Automator erstellen Sie einen System-Profiler-Bericht und sichern ihn auf dem Schreibtisch. Das Programm „System-Profiler" ist ein integriertes Werkzeug, das Informationen zu Ihrem Computer ausgibt. Sie sichern den Arbeitsablauf von Automator als Programm, sodass Sie per Doppelklick darauf zugreifen können. Nachdem Sie sich mit den Grundlagen von Arbeitsabläufen vertraut gemacht haben, können Sie darauf aufbauen. Sie können dann z. B. per Mail den Bericht an eine bestimmte E-Mail-Adresse senden oder ein Bildschirmfoto hinzufügen. Sie kommen mit dieser Übung zwar nicht sehr weit (Mail ist z. B. nicht konfiguriert), aber Sie sollten ein Gefühl dafür bekommen, was mit Automator möglich ist.

Starten eines Automator-Programms

Sie erstellen nun ein Programm aus einem Automator-Arbeitsablauf, um den System-Profiler-Bericht zu erstellen und zu manipulieren.

1　Melden Sie sich als „Client Administrator" an.

2　Öffnen Sie im Finder den Ordner „Programme".

3　Öffnen Sie Automator.

　　Automator öffnet das Fenster „Ohne Titel (Arbeitsablauf)" sowie ein Fenster zum Auswählen einer Vorlage.

Kapitel 3 Befehlszeileneingabe und Automatisierung

4   Klicken Sie im Vorlagenfenster auf das Symbol „Programm" und anschließend auf „Auswählen".

Automator öffnet das Fenster „Ohne Titel (Programm)". Links sehen Sie eine Liste mit verfügbaren Aktionen – Schritte, die kombiniert werden können, um einen Arbeitsablauf zu ergeben. Auf der rechten Seite erstellen Sie Ihren Arbeitsablauf. Oben im Fenster hat Automator den Hinweis eingefügt „Das Programm empfängt Dateien und Ordner als Eingabe".

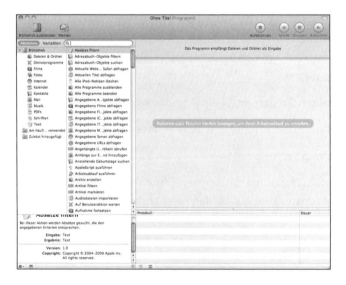

5   Suchen Sie die Aktion „Systemprofil" und bewegen Sie sie in den Arbeitsablauf rechts im Fenster. Mit dem Suchfeld können Sie die Aktionsliste filtern.

Durch Klicken auf „Alle" wählen Sie alle Arten von Profilinformationen für den Bericht aus. Sie können aber auch nur bestimmte Arten von Berichten auswählen.

Wenn Sie nun auf „Ausführen" klicken, wird ein Profil erstellt. Dies ist allerdings zu diesem Zeitpunkt nicht sehr sinnvoll, da Sie den Bericht nicht sehen können. Deshalb sichern Sie ihn nun als Datei.

6   Suchen Sie die Aktion „Neue Textdatei" und bewegen Sie sie in den Arbeitsablauf *hinter* die Aktion „Systemprofil".

7   Geben Sie im Feld „Sichern unter" SystemProfile.txt ein.

8   Aktivieren Sie das Markierungsfeld „Vorhandene Dateien ersetzen".

Gehen Sie mit dieser Funktion vorsichtig um, um keine Dateien auf dem Schreibtisch des Benutzers zu überschreiben.

9   Ändern Sie die anderen Voreinstellungen nicht.

Mit dieser Aktion sichern Sie den Profilbericht auf dem Schreibtisch. Sie möchten aber eventuell wissen, wann der Bericht erstellt wurde.

10 Suchen Sie die Aktion „Finder-Objekte umbenennen" in der Liste mit den verfügbaren Aktionen und bewegen Sie sie in den Arbeitsablauf *hinter* die Aktion „Neue Textdatei".

Automator öffnet ein Dialogfenster, in dem Sie gefragt werden, ob Sie die Aktion „Finder-Objekte kopieren" hinzufügen möchten, damit die Kopien geändert und die Originale beibehalten werden.

11 Klicken Sie auf „Nicht hinzufügen". Die Datei wurde gerade erstellt, also benötigen Sie keine zusätzliche Kopie davon.

12 Vergewissern Sie sich, dass in der neuen Aktion im entsprechenden Einblendmenü die Option „Datum oder Uhrzeit hinzufügen" ausgewählt ist. Wählen Sie in den anderen

Einblendmenüs die folgenden Optionen. Beachten Sie das Beispiel unten im Aktionsfenster.

- Datum/Uhrzeit: Aktuell
- Ort: Nach dem Namen
- Trennzeichen: Unterstrich
- Format: Stunde Minute Sekunde
- Trennzeichen: Bindestrich
- Aktivieren Sie das Markierungsfeld „Führende Nullen verwenden".

Die Datei „SystemProfile.txt" wird umbenannt in „SystemProfile_hh-mm-ss.txt", wobei *hh* für die Stunden steht, *mm* für die Minuten und *ss* für die Sekunden.

13 Bewegen Sie eine weitere Aktion „Finder-Objekte umbenennen" hinter den Arbeitsablauf, den Sie gerade konfiguriert haben.

14 Klicken Sie auf „Nicht hinzufügen".

15 Vergewissern Sie sich, dass in der neuen Aktion im entsprechenden Einblendmenü die Option „Datum oder Uhrzeit hinzufügen" ausgewählt ist. Wählen Sie in den anderen Einblendmenüs die folgenden Optionen. Beachten Sie das Beispiel unten im Aktionsfenster.

- Datum/Uhrzeit: Aktuell
- Ort: Nach dem Namen
- Trennzeichen: Unterstrich
- Format: Jahr Monat Tag
- Trennzeichen: Bindestrich
- Aktivieren Sie das Markierungsfeld „Führende Nullen verwenden".

Die obige Datei wird so umbenannt, dass der endgültige Name „SystemProfile_hh-mm-ss-yyyy-mo-dd.txt" lautet, wobei *yyyy* für das Jahr steht, *mo* für den Monat und *dd* für den Tag. Diese Art der Benennung ermöglicht es, dass Sie mehrere Berichte an einem Tag ausführen können, ohne dass dies zu Problemen mit den Dateinamen führt. Falls es Ihnen dennoch gelingen sollte, den Arbeitsablauf mehr als einmal in der Sekunde auszuführen, wird eine Fehlermeldung angezeigt.

16 Klicken Sie in der Symbolleiste auf die Taste „Ausführen". Ihr Arbeitsablauf kann nun ausgeführt werden. Wir probieren ihn jetzt aus.

Je nachdem, wie viele Objekte Sie in Schritt 5 ausgewählt haben, kann die Profilerstellung ein wenig dauern.

Auf Ihrem Schreibtisch wird eine Datei angezeigt.

17 Klicken Sie auf diese Datei auf dem Schreibtisch und drücken Sie dann die Leertaste.

Die Datei wird in der Übersicht geöffnet. So können Sie sich den Inhalt ansehen, ohne ein Programm öffnen zu müssen.

18 Drücken Sie die Leertaste erneut, um die Funktion „Übersicht" zu beenden.

19 Wechseln Sie zurück zu Automator und sichern Sie Ihr Programm auf dem Schreibtisch unter dem Namen `GetSystemProfile`.

Nun haben Sie ein Programm, das Sie per Doppelklick öffnen können, und das Sie z. B. per Mail an Ihre Kunden senden können, um einen System-Profiler-Bericht auf deren Computern zu erstellen.

20 Beenden Sie Automator.

21 Bewegen Sie im Finder den Systemprofil-Bericht vom Schreibtisch in den Papierkorb.

22 Öffnen Sie auf dem Schreibtisch „GetSystemProfile" durch Doppelklicken.

„GetSystemProfile" wird gestartet und legt einen neuen Systemprofil-Bericht auf Ihrem Schreibtisch ab.

23 Melden Sie sich ab.

Übung 3.2.2
Grundlagen des Befehlszeilen-Scripting

Übungsziele
- Erstellen eines einfachen Shell-Skripts
- Manipulieren der Befehlseingabe und -ausgabe

Zusammenfassung
Mit der UNIX-Befehlszeileneingabe sind Sie sehr flexibel. Bei den meisten Befehlen handelt es sich um relativ beschränkte Werkzeuge für bestimmte Aufgaben, mit denen Sie in Kombination mit anderen speziellen Befehlen größere Aufgaben erledigen können.

In dieser Übung lernen Sie, wie Sie die Ein- und Ausgabe einiger Befehle manipulieren können und wie Sie ein einfaches Shell-Skript erstellen.

Suchen nach einer Eingabedatei und Erstellen einer neuen Datei mit den Ergebnissen

Der Befehl grep (kurz für „Global Regular Expression Print") sucht nach Mustern (reguläre Ausdrücke) in Text und Ausgabezeilen, die übereinstimmen. Machmal ist es sinnvoll, die Ausgabe in einer eigenen Datei zu sammeln. Darum geht es in der folgenden Übung.

1 Melden Sie sich als „Client Administrator" an.

2 Öffnen Sie „Terminal" in „/Programme/Dienstprogramme".

3 Ändern Sie Ihr Arbeitsverzeichnis zurück in „Dokumente".

4 Geben Sie ls ein, um sich die in diesem Ordner enthaltenen Dateien zurück ins Gedächtnis zu rufen.

Sie suchen nun nach bestimmten Zeichen in „AppleHardwareInfo.txt".

5 Verwenden Sie grep, um nach dem Muster „mac" in „AppleHardwareInfo.txt" zu suchen:

`client17:Documents cadmin$ grep mac AppleHardwareInfo.txt`

Im Allgemeinen sind grep-Befehle wie folgt aufgebaut:

`grep Optionen Muster Datei …`

Sie sehen eine neue Eingabeaufforderung, ohne dass Ergebnisse angezeigt werden.

Frage 1 *Warum findet grep keine Ergebnisse?*

6 Nehmen Sie sich einige Minuten Zeit und schauen Sie sich die man-Seite für grep an. Achten Sie insbesondere auf die Option -i.

7 Führen Sie grep erneut aus, diesmal mit der Option -i für Groß- und Kleinschreibung.

`client17:Documents cadmin$ grep -i mac AppleHardwareInfo.txt`

MacBook Pro

Mac Pro

MacBook

iMac

Mac Mini

Nun wäre es noch schön, wenn die Liste sortiert wäre.

Eine Pipe oder Pipeline nimmt die Ausgabe eines Befehls und sendet sie als Eingabe an einen anderen Befehl. Sie kennzeichnen eine Pipeline, indem Sie ein Pipe-Zeichen (ein vertikaler Strich; „Wahl-7" auf den meisten Apple-Tastaturen) zwischen zwei Befehlen einfügen. Im vorliegenden Fall ist der erste Befehl der grep-Befehl. Der zweite Befehl ist der sort-Befehl.

8   Schauen Sie sich ein wenig die man-Seite für sort an.

9   Sortieren Sie nun die Liste, indem Sie die Ausgabe von grep als Eingabe an sort senden (Piping).

    ```
    client17:Documents cadmin$ grep -i mac AppleHardwareInfo.
    txt | sort
    ```

    Nun wird dieselbe Liste in leicht veränderter Reihenfolge angezeigt.

    Nun soll die sortierte Liste als Datei gesichert werden. Sie können die Ausgabe eines beliebigen Befehls als Datei sichern, indem Sie die Ausgabe umleiten. Fügen Sie hierfür > oder >> an den Befehl an, und geben Sie dann die Datei an, in die die Ausgabe umgeleitet werden soll. Das Zeichen „>" ersetzt den Inhalt der Datei durch die Ausgabe (und erstellt ggf. die Datei). Das Zeichen „>>" hängt die Ausgabe an die Datei an (und erstellt ggf. die Datei).

10 Sichern Sie die sortierte Liste als Datei „Macs.txt".

    ```
    client17:Documents cadmin$ grep -i mac AppleHardwareInfo.
    txt | sort > Macs.txt
    ```

    Drücken Sie den Zeilenschalter erst, wenn Sie den Befehl vollständig eingegeben haben (nach der Eingabe von „Macs.txt").

11 Überprüfen Sie mit ls, ob „Macs.txt" erstellt wurde.

12 Überprüfen Sie mit less, ob der Inhalt wie erwartet angezeigt wird.

Erstellen eines kleinen Skripts zum Sortieren des Texts in der Zwischenablage

Die Zwischenablage erleichtert das Kopieren und Einsetzen in Mac OS X. Apple hat eine Reihe von Funktionen bereitgestellt, die den einfachen Austausch zwischen der grafischen Umgebung und der Befehlszeileneingabe ermöglichen. Sie können z. B. mithilfe der Zwischenablage ganz leicht Daten zwischen den beiden Umgebungen austauschen. Sie erstellen nun ein kleines Shell-Skript, mit dem Sie den Inhalt der Zwischenablage sortieren und wieder in die Zwischenablage einfügen.

Bei einem Shell-Skript handelt es sich einfach um eine Textdatei mit einer Reihe von Befehlen, die beim Ausführen des Skripts in der vorgegebenen Reihenfolge ausgeführt werden.

1   Bearbeiten Sie in Terminal eine neue Datei mit nano.

    client17:Documents cadmin$ nano sort_clipboard.sh

    Es gibt viele verschiedene Standards für die Skriptbenennung. Die Dateinamenerweiterung ist nicht erforderlich und ist hauptsächlich eine Zusatzinformation für den Benutzer. Einige Programme benötigen diese Information dennoch. Das System erkennt am Modus einer Datei, dass sie ausführbar ist.

2   Geben Sie Folgendes in die Datei „sort_clipboard.sh" über das Terminal-Fenster nano ein:

    ```
    #!/bin/bash
    #
    # Sorts the Clipboard contents
    #
    pbpaste | sort | pbcopy
    exit 0
    ```

Bei Zeilen, die mit # beginnen, handelt es sich um Kommentare. Das heißt, sie werden ignoriert. Genau genommen wird jeglicher Text zwischen # und dem Zeilenende ignoriert.

Die erste Zeile, u. a. genannt shebang, sharp bang, hashbang, hashpling, ist ein besonderer Kommentar und stellt eine Ausnahme zur obigen Regel dar. Als erste Zeile in einem Skript gibt sie dem Betriebssystem den zu verwendenden Befehls-Interpreter vor. Im vorliegenden Fall ist der Interpreter unter „/bin/bash" zu verwenden (BASH, Bourne Again SHell, eine Überarbeitung der Bourne Shell (sh)).

pbpaste gibt den Text der Zwischenablage aus. Auf Systemebene heißt der Dienst, der die Zwischenablage bereitstellt, „pasteboard", deshalb heißt es hier pbpaste anstatt cbpaste o. Ä. Dieser Unterschied ist historisch bedingt und nur für Entwickler von Bedeutung.

Sie wissen bereits, was sort bewirkt. pbcopy ist der Umkehrbefehl zu pbpaste. Der als Eingabe gesendete Text wird hierbei in die Zwischenablage eingefügt.

3 Überprüfen Sie noch einmal Ihre Eingabe auf Korrektheit.

4 Schließen Sie nano und sichern Sie Ihre Arbeit.

Ihr Skript ist nun zwar vollständig, kann allerdings noch nicht als Befehl ausgeführt werden. Für das Betriebssystem ist Ihr Skript im Moment nur eine Dokumentdatei. Um dies zu ändern, müssen Sie den Modus der Datei (in diesem Fall insbesondere die Zugriffsrechte) dahingehend ändern, dass das System weiß, dass es sich um eine ausführbare Datei handelt.

5 Kennzeichnen Sie die Datei als ausführbar.

```
client17:Documents cadmin$ chmod +x sort_clipboard.sh
```

chmod ändert den Modus einer Datei. In diesem Fall wird daraus eine ausführbare Datei. Auf den Befehl chmod wird in den Lektionen weiter hinten im Buch näher eingegangen.

6 Führen Sie das Skript aus.

```
client17:Documents cadmin$ ./sort_clipboard.sh
```

Um die Datei ausführen zu können, müssen Sie den Pfad zur Datei mit „./" angeben. Dies liegt daran, dass sich der Ordner „Dokumente" in Ihrem Benutzerordner nicht auf Ihrem Standardpfad (PATH) befindet. Der Standardpfad sagt dem System bei Eingabe eines Befehls, wo es suchen soll. Es gibt verschiedene Ordner, in denen Befehle im Allgemeinen gesichert werden. Der Ordner „Dokumente" gehört nicht dazu.

Deshalb müssen Sie angeben, wo sich der auszuführende Befehl befindet.

Sie sehen nun eine Eingabeaufforderung ohne weitere Ausgabe, denn das Skript erzeugt keine Ausgabe. Es nimmt einfach den Inhalt der Zwischenablage, sortiert ihn und fügt ihn wieder in die Zwischenablage ein. Um die Funktionsweise des Skripts zu sehen, verwenden Sie TextEdit.

7   Wechseln Sie zum Finder und öffnen Sie TextEdit im Ordner „Programme".

8   Wählen Sie „Ablage" > „Öffnen" und öffnen Sie die Datei „AppleHardwareInfo" im Ordner „Dokumente" in Ihrem Benutzerordner.

9   Drücken Sie „Befehl-A", um den gesamten Inhalt der Datei auszuwählen.

10 Kopieren Sie die Datei durch Drücken von „Befehl-C" oder Auswahl von „Bearbeiten" > „Kopieren".

11 Wechseln Sie zum Terminal-Fenster.

12 Führen Sie erneut den Befehl „sort_clipboard.sh" aus. Mit der Aufwärtspfeil- und Abwärtspfeil-Taste navigieren Sie durch den „Verlauf" der bereits ausgeführten Befehle. Wenn Sie einen Befehl nochmals ausführen wollen, drücken Sie einfach den Zeilenschalter.

13 Wechseln Sie zurück zu TextEdit.

14 Öffnen Sie ein neues Fenster.

15 Fügen Sie den Inhalt der Zwischenablage entweder durch Drücken von „Befehl-V" oder Klicken auf „Bearbeiten" > „Einsetzen" ein.

Die Liste ist zwar sortiert, aber u. U. nicht in der gewünschten Reihenfolge.

Frage 2 Wie hat sort die Liste sortiert?

16 Wechseln Sie zurück zu Terminal.

17 Sehen Sie sich die Optionen für sort an, indem Sie einen Blick auf die man-Seite von sort werfen. Achten Sie insbesondere auf die Option -f.

18 Öffnen Sie Ihr Skript erneut im Editor.

```
client17:Documents cadmin$ nano sort_clipboard.sh
```

19 Fügen Sie –f zum Befehl sort hinzu. Denken Sie daran, dass es sich hierbei um eine befehlszeilen- und tastaturabhängige Umgebung handelt. Sie müssen anstatt der Maus die Pfeiltasten verwenden, um den Cursor an der richtigen Stelle zu platzieren.

```
pbpaste | sort –f | pbcopy
```

20 Schließen Sie nano und sichern Sie Ihre Änderungen.

21 Führen Sie sort_clipboard.sh erneut aus.

22 Wechseln Sie zu TextEdit und fügen Sie den Inhalt in ein neues Dokument ein.

Die Liste sollte nun in der erwarteten Reihenfolge sortiert sein.

23 Melden Sie sich ab. Sie müssen die erstellten Dokumente nicht sichern.

Kapitel 3 Befehlszeileneingabe und Automatisierung

Übung 3.2.3
Kombinieren von Technologien für die Automatisierung (optional)

Übungsziele
- Kombinieren von Technologien für die Automatisierung
- Erstellen eines Diensts für andere Programme

Zusammenfassung
In dieser Übung kombinieren Sie AppleScript und Automator, zwei integrierte Technologien für die Automatisierung, die mit der grafischen Oberfläche arbeiten. Dazu verwenden Sie einen einfachen Befehl und automatisieren eine sich wiederholende Aufgabe, nämlich das Öffnen einer Datei im Befehlszeilen-Editor. Manchmal arbeitet es sich mit Befehlszeilen-Editoren (als einfache Texteditoren) leichter als mit Editoren, die Textverarbeitungsfunktionen enthalten oder Markup Languages wie HTML, XML oder YAML verarbeiten können. Sie erstellen nun ein Automator-Programm, auf das Sie per Drag&Drop Dateien bewegen können. Wenn Sie dann eine Datei per Drag&Drop auf das Programm bewegen, verwendet es ein AppleScript, mit dem nano die Datei in Terminal öffnet.

Erstellen eines Automator-Programms
In diesem Abschnitt öffnen Sie Automator und starten einen Arbeitsablauf. Sie verwenden als Vorlage ein Programm, damit Sie nach dem Beenden einfach per Drag&Drop Dateien auf dessen Symbol bewegen können.

1 Melden Sie sich als „Client Administrator" an.

2 Öffnen Sie im Finder den Ordner „Programme".

3 Öffnen Sie Automator.

4 Klicken Sie im Vorlagenfenster auf das Symbol „Programm" und anschließend auf „Auswählen".

Automator öffnet das Fenster „Ohne Titel (Programm)".

5 Suchen Sie in der zweiten Spalte der Aktionsbibliothek nach „AppleScript ausführen" und bewegen Sie die Aktion per Drag&Drop rechts in den Bereich mit dem Hinweis „Aktionen oder Dateien hierhin bewegen, um Ihren Arbeitsablauf zu erstellen". Sie können auch mithilfe des Suchfelds unterhalb der Symbolleiste danach suchen.

Der Schritt „AppleScript ausführen" wird im Arbeitsablauf rechts erstellt. Beachten Sie, dass die Aktion mit dem Bereich „Das Programm empfängt Dateien und Ordner als Eingabe" oben verbunden ist.

Im Textfeld der Aktion „AppleScript ausführen" sehen Sie, dass bereits ein Miniskript enthalten ist. Bei diesem Feld handelt es sich um einen AppleScript-Editor. Hiermit erstellen Sie das AppleScript, das Terminal anweist, die auf das Programm bewegte Datei in nano zu öffnen.

Über dem Texteditor befindet sich eine kleine Symbolleiste mit Tasten zum Ausführen, Stoppen und Interpretieren. Damit führen Sie diesen Schritt des Arbeitsablaufs (zu Testzwecken) aus, stoppen ihn und überprüfen den Text per AppleScript-Compiler auf korrekte Syntax. Der Compiler stellt lediglich sicher, dass die Eingabe hinsichtlich AppleScript korrekt ist, nicht aber, dass der Befehl das gewünschte Ergebnis liefert.

6   Wechseln Sie zum Finder und öffnen Sie den AppleScript-Editor in „/Programme/Dienstprogramme".

Der AppleScript-Editor ist ein Werkzeug zum Erstellen von AppleScripts. AppleScript ist eine flexible Sprache, die von Programmen so erweitert werden kann, dass Sie ein Programm per Skript steuern können. Viele Programme stellen AppleScript einen Satz von Erweiterungen zur Verfügung, der als „Funktionsverzeichnis" bezeichnet wird. AppleScript-Editor ermöglicht Ihnen die Anzeige dieser Funktionsverzeichnisse, damit Sie Skripts für bestimmte Programme schreiben können. Terminal beispielsweise stellt ein solches Funktionsverzeichnis zur Verfügung. Um festzustellen, welche Befehle es für Terminal gibt, ist ein Blick in das zugehörige Verzeichnis erforderlich.

7   Wählen Sie in AppleScript-Editor „Ablage" > „Funktionsverzeichnis öffnen".

Das Dialogfenster „Funktionsverzeichnis öffnen" wird geöffnet. Es zeigt eine Liste mit allen installierten Programmen an, die ein Funktionsverzeichnis enthalten.

8   Wählen Sie „Terminal" aus und klicken Sie auf „Auswählen".

Es wird ein Fenster mit der Skriptterminologie (Funktionsverzeichnis) für Terminal geöffnet. In der Übersicht unterhalb der Symbolleiste sehen Sie eine Liste mit verfügbaren Suites. Die Standard Suite enthält viele grundlegende Befehle wie Öffnen, Schließen, Sichern usw. Die Terminal Suite beschreibt Skriptbefehle, die nur für Terminal gelten.

Unterhalb der Übersicht befindet sich ein Bereich mit Beschreibungen zu den verschiedenen Substantiven (wie „window" und „tab") und Verben (wie „open" und „close"), die AppleScript für Terminal verwenden kann.

9   Wählen Sie die Terminal Suite aus.

Im zweiten Bereich der Übersicht sehen Sie nun die Befehle (do script) und Klassen (application, settings set, tab) für Terminal. Im vorliegenden Fall möchten wir den Befehl „do script" verwenden.

10   Wählen Sie „do script" aus und lesen Sie die zugehörige Beschreibung. Funktionsverzeichnisse beschreiben, was das

Programm versteht und wie es hinsichtlich der Syntax aufgebaut sein muss.

11 Da wir nun wissen, welchen AppleScript-Befehl wir verwenden müssen, wechseln Sie zurück zu Automator.

12 Ersetzen Sie im Editor „AppleScript ausführen":

```
(* Your script goes here *)
```

durch:

```
tell application "Terminal"
    do script "nano " & quoted form of POSIX path of (input as string)
    activate
end tell
```

Im vorliegenden Fall sind es vier Zeilen. Beachten Sie das Leerzeichen hinter dem Wort nano bzw. vor den Anführungszeichen.

Der AppleScript-Text innerhalb von „(* *)" ist ein Kommentar und wird ignoriert. Das heißt, Sie ersetzen einen Platzhalterkommentar durch Ihr Skript.

AppleScript ist eine stark ans Englische angelehnte Skriptsprache. Der Befehl tell application „Terminal" beispielsweise sendet alle nachfolgenden Befehle (bis zu end tell) an Terminal.

do script sendet den Text an Terminal mit dem Befehl, dass er nach der Eingabeaufforderung ausgeführt werden soll. Der gesendete Text lautet „Verwende nano, um diese Datei zu öffnen". Die Datei wird als Eingabevariable an das AppleScript weitergegeben. Allerdings erhält AppleScript die Datei in einem älteren Format, das in einen POSIX (UNIX) Pfad konvertiert werden muss. Sie setzen den kompletten Befehl in Anführungszeichen (quoted form), damit nano die Leerzeichen in Dateinamen nicht als Trennzeichen für zusätzliche Dateinamen interpretiert und sichergestellt wird, dass Sonderzeichen in Dateinamen erhalten bleiben.

activate startet Terminal, insofern es noch nicht geöffnet ist, und holt das Programm in den Vordergrund.

13 Klicken Sie auf das Symbol zum Interpretieren (Hammer) in der Symbolleiste der Aktion „AppleScript ausführen". Wenn Sie alles korrekt eingegeben haben, wird der zuerst violette Text nun u. a. in schwarz, blau und grün angezeigt.

Überprüfen Sie Ihre Eingabe erneut, falls ein Interpretationsfehler ausgegeben wird.

14 Sichern Sie Ihr Programm auf dem Schreibtisch unter dem Namen „Open in nano". Vergewissern Sie sich, dass als Dateiformat „Programm" ausgewählt ist. Auf dem Schreibtisch wird nun das Automator-Symbol angezeigt.

15 Klicken Sie in der Symbolleiste von Automator auf „Ausführen".

In einem Dialogfenster werden Sie darauf hingewiesen, dass dieses Programm bei Ausführung in Automator keine Eingabe empfängt. Wie bereits erwähnt, benötigen Automator-

Programme Dateien und Ordner als Eingabe, die in der Regel per Drag&Drop auf das Programmsymbol bewegt werden. Mit Automator führen Sie den Arbeitsablauf aus, ohne Objekte darauf zu bewegen. Dies erschwert das Testen des Arbeitsablaufs in Automator.

Um dieses Problem zu umgehen, fügen Sie die Aktion „Angegebene Finder-Objekte abfragen" direkt vor der Aktion „AppleScript ausführen" als Schritt in den Arbeitsablauf ein.

16 Da Sie den Arbeitsablauf noch öfter in Automator ausführen werden, aktivieren Sie das Markierungsfeld „Diese Meldung nicht mehr anzeigen", damit dieses Dialogfenster nicht ständig eingeblendet wird. Klicken Sie dann auf „OK".

Automator weist Sie darauf hin, dass bei der Aktion „AppleScript ausführen" ein Fehler aufgetreten ist. Automator weiß nicht, welche Datei in nano geöffnet werden soll.

17 Klicken Sie auf „OK".

18 Wählen Sie in der Aktionsliste „Angegebene Finder-Objekte abfragen" aus und bewegen Sie die Aktion per Drag&Drop *vor* die Aktion „AppleScript ausführen".

19 Klicken Sie in der Aktion „Angegebene Finder-Objekte abfragen" im Arbeitsablauf auf die Taste „Hinzufügen".

20 Wählen Sie die Datei „fruit.txt" im Ordner „Dokumente" in Ihrem Benutzerordner aus und klicken Sie auf „Hinzufügen".

21 Sichern Sie das Automator-Programm nicht.

Sie haben die Aktion „Angegebene Finder-Objekte abfragen" nur zu Testzwecken hinzugefügt. Wenn Sie das Programm jetzt sichern würden, würde nur „fruit.txt" geöffnet.

Kapitel 3 Befehlszeileneingabe und Automatisierung

22 Führen Sie den Arbeitsablauf erneut aus, indem Sie auf die Taste „Ausführen" in der Symbolleiste von Automator klicken.

Terminal wird geöffnet und wird zum aktiven Programm. Es öffnet zwei Fenster, wobei nano im zweiten Fenster zum Bearbeiten von „fruit.txt" geöffnet wird.

23 Wechseln Sie zum Finder.

24 Wählen Sie dort die Textdatei „AppleHardwareInfo" im Ordner „Dokumente" aus.

25 Bewegen Sie „AppleHardwareInfo" per Drag&Drop auf das Objekt „Open in nano" auf Ihrem Schreibtisch.

Terminal wird zum aktiven Programm, öffnet ein Fenster, das nano zum Bearbeiten von „AppleHardwareInfo.txt" enthält. Es sind nun drei Terminal-Fenster geöffnet, wobei in zweien davon nano unterschiedliche Dateien bearbeitet.

26 Beenden Sie Terminal, indem Sie im angezeigten Dialogfenster auf „Prozesse beenden" klicken.

Erstellen eines Diensts

Mithilfe von Diensten können Sie die Funktionen eines Programms innerhalb eines anderen Programms verwenden. Für den Dienst im vorliegenden Beispiel verwenden Sie dasselbe AppleScript wie im obigen Automator-Programm.

1. Wählen Sie in Automator „Ablage" > „Neu".

2. Wählen Sie im Vorlagenfenster von Automator die Vorlage „Dienst" und klicken Sie auf „Auswählen".

   Wie weiter oben wird ein neues Editor-Fenster für den Arbeitsablauf geöffnet, in diesem Fall für einen Dienst.

3. Wählen Sie im Einblendmenü oben im Arbeitsablauf die Option „Textdateien" aus, sodass dort steht „Dienst empfängt ausgewählte(n) Textdateien in jedem Programm".

4. Bewegen Sie eine Aktion „AppleScript ausführen" in den Arbeitsablauf.

5. Kopieren Sie das AppleScript von dem Arbeitsablauf „Open in nano" und setzen Sie es in die neue Aktion „AppleScript ausführen" ein. Stellen Sie sicher, dass Sie das gesamte Skript durch das gesamte Skript von „Open in nano" ersetzen.

6. Sichern Sie den Dienst und benennen Sie ihn „Open in nano". Der Arbeitsablauf wird nun in „~/Library/Services" gesichert.

7. Wechseln Sie zum Finder, navigieren Sie zum Ordner „Dokumente" in Ihrem Benutzerordner und wählen Sie die Datei „fruit.txt" aus.

8. Wählen Sie „Finder" > „Dienste" > „Open in nano".

   In Terminal werden wie zuvor zwei Fenster geöffnet. Eines dieser Fenster enthält nano zum Bearbeiten von „fruit.txt".

   Die Dienste werden auch im Kontextmenü angezeigt. (Klicken bei gedrückter ctrl-Taste oder bei einer Mehrtastenmaus per Rechtsklick) sowie im Aktionsmenü (Zahnradsymbol) im Finder.)

9. Melden Sie sich ab. Schließen Sie das Terminal-Fenster. Sichern Sie das Automator-Dokument „Open in nano (Programm)" nicht.

4

Dateisysteme

4.1 Dateisystemverwaltung
Übung 4.1.1 Verwenden des Festplatten-Dienstprogramms
Übung 4.1.2 Anzeigen von Festplatten und Volumes

4.2 Zugriffsrechte und Fehlerbeseitigung
Übung 4.2.1 Beheben von Problemen bei Zugriffsrechten mit dem Festplatten-Dienstprogramm
Übung 4.2.2 Verstehen von Zugriffsrechten
Übung 4.2.3 Verwalten von Zugriffsrechten
Übung 4.2.4 Fehlerbeseitigung bei Zugriffsrechten

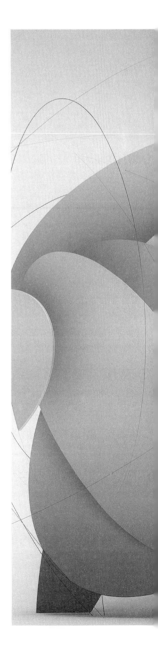

Kapitel 4 Dateisysteme

4.1 Dateisystemverwaltung

Das Dateisystem ist die zu Grunde liegende Technologie, die es dem System ermöglicht, auf Speicherplatz zuzugreifen. Deshalb ist es für die Unterstützung eines Betriebssystems so wichtig, ein Verständnis für die Verwaltung eines Dateisystems und Fehlerbeseitigung zu erlangen. In dieser Lektion lernen Sie die Dateisystemtechnologie von Mac OS X kennen. Sie wenden allgemeine Speichermanagement-Techniken an, einschließlich Sammeln von Informationen, Partitionieren und Löschen. Sie lernen außerdem speziell auf das Mac OS X-Dateisystem ausgerichtete Techniken zur Fehlerbeseitigung kennen.

Ausführliche Anleitungen finden Sie unter „Dateisystemkomponenten" in Lektion 4 von *Apple Training Series: Mac OS X Support Essentials v10.6*.

Lektion 4.1 Dateisystemverwaltung

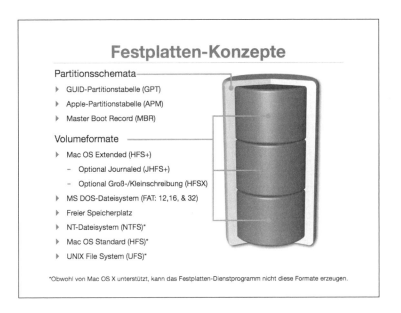

Ausführliche Anleitungen finden Sie unter „Dateisystemkomponenten" in Lektion 4 von *Apple Training Series: Mac OS X Support Essentials v10.6*.

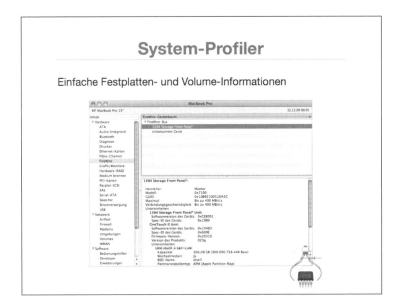

Ausführliche Anleitungen finden Sie unter „Sammeln von Dateisysteminformationen" in Lektion 4 von *Apple Training Series: Mac OS X Support Essentials v10.6*.

Kapitel 4 Dateisysteme

Ausführliche Anleitungen finden Sie unter „Dateisystemverwaltung" in Lektion 4 von *Apple Training Series: Mac OS X Support Essentials v10.6*.

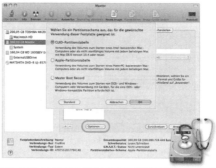

Ausführliche Anleitungen finden Sie unter „Dateisystemverwaltung" in Lektion 4 von *Apple Training Series: Mac OS X Support Essentials v10.6*.

Lektion 4.1 Dateisystemverwaltung

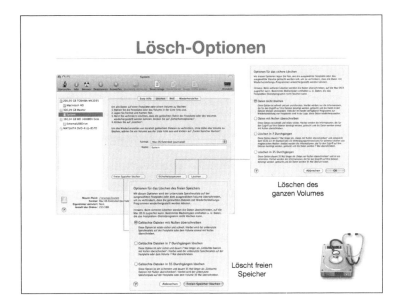

Ausführliche Anleitungen finden Sie unter „Dateisystemverwaltung" in Lektion 4 von *Apple Training Series: Mac OS X Support Essentials v10.6*.

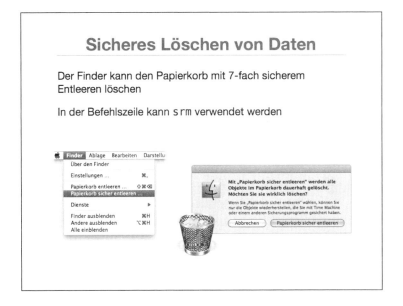

Ausführliche Anleitungen finden Sie unter „Dateisystemverwaltung" in Lektion 4 von *Apple Training Series: Mac OS X Support Essentials v10.6*.

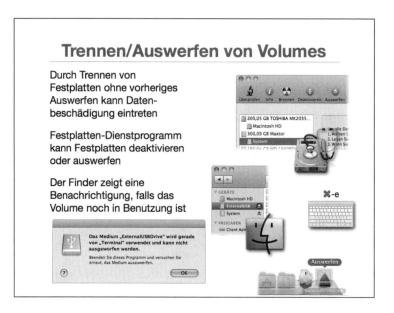

Ausführliche Anleitungen finden Sie unter „Dateisystemverwaltung" in Lektion 4 von *Apple Training Series: Mac OS X Support Essentials v10.6*.

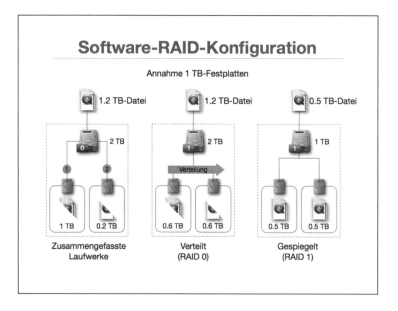

Ausführliche Anleitungen finden Sie unter „Verwenden von Software-RAID" in Lektion 4 von *Apple Training Series: Mac OS X Support Essentials v10.6*.

Lektion 4.1 Dateisystemverwaltung

Ausführliche Anleitungen finden Sie unter „Verwenden von Software-RAID" in Lektion 4 von *Apple Training Series: Mac OS X Support Essentials v10.6*.

Ausführliche Anleitungen finden Sie unter „Verwenden von optischen Medien" in Lektion 4 von *Apple Training Series: Mac OS X Support Essentials v10.6*.

Ausführliche Anleitungen finden Sie unter „Verwenden von optischen Medien" in Lektion 4 von *Apple Training Series: Mac OS X Support Essentials v10.6*.

Kommandos in der Befehlszeile

`system_profiler`

▶ System-Profiler in der Befehlszeile

`diskutil`

▶ Funktionalitäten des Festplatten-Dienstprogramms

`df -h`

▶ Zeigt verfügbaren Speicherplatz von allen Volumes*

`du -h` *path*

▶ Zeigt die Größe von Objekten in einem Pfad*

*Die Option -h/-H zeigt die Werte in Byte, Kilobyte, Megabyte, Gigabyte, Terabyte and Petabyte

Ausführliche Anleitungen finden Sie unter „Dateisystemverwaltung" in Lektion 4 von *Apple Training Series: Mac OS X Support Essentials v10.6*.

Lektion 4.1 Dateisystemverwaltung

Übung 4.1.1
Verwenden des Festplatten-Dienstprogramms

Übungsziele

- Anzeigen von Festplatteninformationen mit dem Festplatten-Dienstprogramm
- Überprüfen einer Image-Datei
- Partitionieren einer Festplatte und einer Image-Datei
- Verstehen der verfügbaren Partitionsschemen

Zusammenfassung

In dieser Übung zeigen Sie Festplatteninformationen mithilfe des Festplatten-Dienstprogramms an und lernen die Werkzeuge für die Wartung der Festplatte kennen, die häufig beim Support für Mac OS X erforderlich sind. Mit einer Beispiel-Image-Datei verwenden Sie das Festplatten-Dienstprogramm, um eine Image-Datei zu überprüfen, zu reparieren und zu partitionieren. Anschließend partitionieren Sie Ihre interne Festplatte mit der Live-Partitionierungsfunktion des Festplatten-Dienstprogramms.

Anzeigen von Festplatteninformationen mit dem Festplatten-Dienstprogramm

In dieser Übung öffnen Sie das Festplatten-Dienstprogramm und sehen sich die unterschiedlichen Funktionen zur Festplattenwartung und -reparatur an. Ihr Hauptübungsziel ist es, mithilfe der verfügbaren Programme in Mac OS X Festplatteninformationen zu sammeln.

1. Melden Sie sich als „Client Administrator" an.
2. Wählen Sie im Finder „Gehe zu" > „Dienstprogramme".
3. Öffnen Sie das Festplatten-Dienstprogramm.

Links sehen Sie eine Liste mit allen angeschlossenen Festplatten (interne und externe Geräte), Ihr optisches Laufwerk mit dem eingelegten Medium sowie Image-Dateien. Die nicht eingerückten Einträge stehen für die physischen Geräte, die eingerückten Einträge für die Volumes auf diesen Geräten.

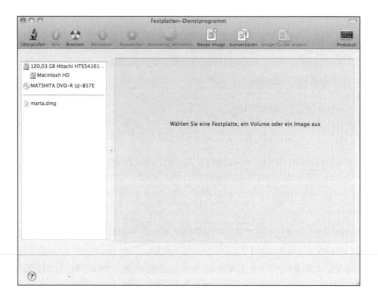

> **Hinweis** Die Abbildungen weichen u. U. von den auf dem Computerbildschirm angezeigten Informationen ab. Dies liegt möglicherweise an der unterschiedlichen System- oder Hardwarekonfiguration und unterschiedlichen Softwareversionen.

4   Wählen Sie in der Liste Ihre Festplatte aus.

Der Eintrag enthält die Gesamtkapazität der Festplatte. Die Taste „Partitionieren" ist nur verfügbar, wenn Sie die Festplatte auswählen, jedoch nicht bei der Auswahl des eingerückten Volumes unterhalb der Festplatte.

Lektion 4.1 Dateisystemverwaltung

Überprüfen einer Image-Datei mit dem Festplatten-Dienstprogramm

In dieser Übung verwenden Sie eine Beispiel-Image-Datei, um im Festplatten-Dienstprogramm mit den Funktionen zum Überprüfen, Reparieren und Partitionieren zu experimentieren. Die Image-Datei dient zur Simulation einer tatsächlichen Festplatte.

> **Hinweis** Sie verwenden in dieser Übung eine Image-Datei, da sie das Verhalten einer Festplatte widerspiegelt. Sie können Image-Dateien jederzeit erstellen und damit experimentieren, ohne Gefahr zu laufen, eine Festplatte versehentlich zu löschen.

1 Navigieren Sie im Finder zu „/Benutzer/Für alle Benutzer/StudentMaterials/Chapter4".

2 Öffnen Sie „Student_Image.dmg".

Das Volume „Single_Partition" wird auf dem Schreibtisch aktiviert.

3 Wechseln Sie zum Festplatten-Dienstprogramm. Dort befindet sich nun das Volume „Single_Partition" eingerückt unterhalb des Eintrags „Student_Image.dmg".

4 Klicken Sie in der Geräteliste auf „Student_Image.dmg".

Unten im Fenster werden Details zur Image-Datei angezeigt wie Gesamtkapazität (in diesem Beispiel 104,9 MB), Pfad zur dmg-Datei, Zugriffsstatus (in diesem Beispiel Lesen/Schreiben) und Verbindungsbus (Image-Datei).

> **Hinweis** In Mac OS X Version 10.6 werden auf der Benutzeroberfläche Dateigrößen nicht mehr in Zweierpotenzen (1.024 Byte pro Kilobyte), sondern in Zehnerpotenzen (1.000 Byte pro Kilobyte) berechnet. Das heißt, ein Image, das vorher in Mac OS X Version 10.5 100 MB groß war, hat nun eine Größe von 104,9 MB. Der Unterschied wächst mit der Größe der Volumes.

5   Klicken Sie bei gedrückter Taste „ctrl" auf „Student_Image.dmg" in der Liste, um ein Kontextmenü anzuzeigen.

Dieses Menü enthält die Befehle, die auf eine Festplatte angewendet werden können.

Lektion 4.1 Dateisystemverwaltung

6   Schließen Sie das Menü durch Klicken auf das Fenster des Festplatten-Dienstprogramms, ohne dabei die Taste „ctrl" gedrückt zu halten.

7   Klicken Sie bei weiterhin ausgewählter Image-Datei „Student_Image.dmg" auf die Taste „Erste Hilfe", falls diese noch nicht ausgewählt ist.

8   Klicken Sie bei aktiviertem Markierungsfeld „Details einblenden" auf die Taste „Volume reparieren".

Das Festplatten-Dienstprogramm analysiert das Volume und versucht es zu reparieren, falls Probleme auftreten.

Wenn Sie auf „Volume überprüfen" klicken würden, würde das Festplatten-Dienstprogramm das Volume überprüfen und die gefundenen Probleme lediglich anzeigen. Eine Reparatur des Volumes würde nicht erfolgen.

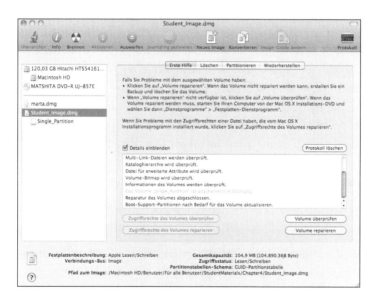

9   Werfen Sie die Image-Datei aus, indem Sie das Image in der Liste auswählen und in der Symbolleiste auf „Auswerfen" klicken.

Nur für den persönlichen Gebrauch. Nicht für den Wiederverkauf.

Partitionieren mit dem Festplatten-Dienstprogramm unter Verwendung eines neuen Partitionsschemas

Die meisten externen Speichersysteme (USB-Sticks, USB- und FireWire-Festplatten usw.) sind vorformatiert, in den meisten Fällen jedoch für Windows. Viele sind mit dem Partitionsschema „Master Boot Record" (MBR) formatiert. Wenn Sie Ihren Computer von einem dieser Geräte starten möchten, müssen Sie es zuerst neu partitionieren.

In dieser Übung verwenden Sie das Festplatten-Dienstprogramm zum Partitionieren einer Beispiel-Image-Datei, die mit dem FAT-Dateisystem vorformatiert und mit „Master Boot Record" partitioniert wurde. Das Partitionieren ermöglicht es Ihnen, die Festplatte in Partitionen oder Volumes aufzuteilen. Jedes Volume wird im Finder wie eine Festplatte behandelt. Sie können z. B. eine Festplatte partitionieren, um verschiedene Versionen von Mac OS X darauf zu installieren oder Daten und Systemdateien separat zu verwalten. Mac OS X Version 10.6 unterstützt die dynamische Neupartitionierung auf normalen Festplatten mit Mac OS Extended Volumes, jedoch nicht auf Image-Dateien oder systemfremden Volumes. In dieser Übung partitionieren Sie daher die Image-Datei im Festplatten-Dienstprogramm mithilfe einer der Methoden, die alle Daten löschen. Wenn Sie diese Methode auf Ihrer eigenen Festplatte verwenden, erstellen Sie vorher unbedingt eine Sicherungskopie aller wichtigen Dateien.

1 Öffnen Sie im Finder „MBR_Image.dmg". Sie finden die Image-Datei unter „Chapter4" im Ordner „StudentMaterials".

2 Wechseln Sie zum Festplatten-Dienstprogramm und wählen Sie das Gerät „MBR_Image.dmg" in der Liste aus.

3 Klicken Sie auf „Partitionieren" und sehen Sie sich die verfügbaren Partitionsoptionen an.

Lektion 4.1 Dateisystemverwaltung

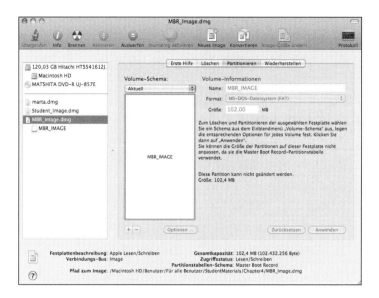

4   Wählen Sie „2 Partitionen" im Einblendmenü „Volume-Schema" aus.

Sie erhalten zwei gleich große Partitionen. Es gibt mehrere Möglichkeiten, diese Partitionen zu konfigurieren:

- Separates Eingeben der Partitionsgrößen
- Bewegen der Trennlinie zum Festlegen der Partitionsgröße
- Umbenennen von Partitionen
- Separates Festlegen des Formats für jedes Volume

Da Sie „2 Partitionen" ausgewählt haben, ist jede Partition standardmäßig halb so groß wie das gesamte Image. (Im vorliegenden Beispiel ist die Image-Datei 102,4 MB groß und jede Partition hat standardmäßig eine Größe von ca. 51,2 MB. Ihre eigentliche Festplatte hat wahrscheinlich eine andere Größe.)

Kapitel 4 Dateisysteme

5   Klicken Sie auf „Optionen", um ein Partitionsschema auszuwählen.

Wenn Sie eine Festplatte zur Verwendung als Startvolume für einen PowerPC-basierten Mac vorbereiten, wählen Sie die Apple-Partitionstabelle aus. Wenn Sie eine Festplatte als Startvolume für einen Intel-basierten Mac vorbereiten, wählen Sie hingegen die GUID-Partitionstabelle. Wird die Festplatte nur für Daten verwendet, spielt das Partitionsschema eine weniger wichtige Rolle. Sie sollten allerdings bedenken, dass mit GUID-Partitionstabelle formatierte Festplatten nicht von Versionen gelesen werden können, die älter als Mac OS X 10.4 sind. Am besten partitionieren Sie die Festplatte entsprechend der Hardware, mit der sie am häufigsten verwendet wird.

Wenn Sie eine DOS- oder Windows-kompatible Festplatte benötigen, z. B. einen Flash-Speicher zur Verwendung mit einem PC, wählen Sie „Master Boot Record" aus. (Boot Camp-Volumes werden jedoch nur unterstützt, wenn sie mit dem Boot Camp-Assistenten erstellt werden. Mit Boot Camp beschäftigen wir uns später.) Vergewissern Sie sich beim Vorbereiten einer externen startfähigen Festplatte, dass Sie das richtige Partitionsschema für die Macs auswählen, die von dieser Festplatte gestartet werden.

Lektion 4.1 Dateisystemverwaltung

6 Klicken Sie auf „GUID-Partitionstabelle" und dann auf „OK".

7 Benennen Sie nun die Volumes, indem Sie sie unterhalb des Einblendmenüs „Volume-Schema" auswählen und dann einen Namen im Feld „Name" eingeben. Dieser kann beliebig gewählt werden.

8 Wählen Sie „Mac OS Extended (Journaled)" als Format für beide Volumes aus.

9 Wenn Sie Ihre Auswahl getroffen haben, klicken Sie auf „Anwenden". Ein Bestätigungsfenster wird angezeigt.

10 Klicken Sie auf „Partitionieren", um zu bestätigen, dass dieses Image neu partitioniert werden soll.

Das Festplatten-Dienstprogramm deaktiviert dann das Volume der Image-Datei, partitioniert es neu in zwei Volumes mit der GUID-Partitionstabelle, formatiert diese Volumes und aktiviert sie anschließend. Sie werden mit Standardeinstellungen auf dem Schreibtisch angezeigt. Die Volume-Namen entsprechen denen, die Sie in Schritt 7 vergeben haben.

11 Wählen Sie im Festplatten-Dienstprogramm links in der Liste eines der soeben erstellten Volumes aus und klicken Sie in der Symbolleiste auf die Taste „Auswerfen".

Wenn Sie ein Volume einer Festplatte auswerfen, werden alle Volumes derselben Festplatte auch deaktiviert, sodass die gesamte Festplatte entfernt werden kann. Ihre beiden gerade aktivierten Partitionen verschwinden vom Schreibtisch. Die Image-Datei „MBR_Image.dmg", die diese Volumes enthält, wird jedoch weiterhin in der Liste des Festplatten-Dienstprogramms angezeigt. Wenn Sie in der Symbolleiste auf „Deaktivieren" und nicht auf „Auswerfen" klicken würden, würden Sie ein einzelnes Volume deaktivieren und dabei die anderen Volumes auf demselben Gerät aktiviert lassen.

Im Finder wird nicht zwischen Deaktivieren und Auswerfen unterschieden. Dort heißt es in den Menüs „Auswerfen".

Unter Umständen fragt Sie der Finder beim Auswerfen nur eines Volumes einer Festplatte mit mehreren Partitionen, ob Sie die anderen Partitionen auch auswerfen möchten.

Partitionieren mit dem Festplatten-Dienstprogramm ohne Löschen

In dieser Übung partitionieren Sie Ihre interne Festplatte. In älteren Mac OS X-Versionen war es so, dass beim Partitionieren der Festplatte mit dem Festplatten-Dienstprogramm diese zuerst gelöscht wurde. Seit Mac OS X Version 10.5 können Sie eine Live-Partitionierung Ihrer Festplatte vornehmen, ohne die Daten zu zerstören. Es empfiehlt sich auch hier, vor der Partitionierung eine Sicherungskopie Ihrer Daten anzulegen.

1 Schließen Sie alle aktiven Programme außer dem Festplatten-Dienstprogramm.

   Verwenden Sie keine anderen Programme, solange das Festplatten-Dienstprogramm das Volume neu partitioniert.

2 Wählen Sie im Festplatten-Dienstprogramm den Eintrag für Ihre Festplatte aus und klicken Sie auf „Partitionieren".

3 Wählen Sie in der grafischen Darstellung des Volume-Schemas Ihr Startvolume aus und klicken Sie dann auf das Pluszeichen (+) unterhalb des aktuellen Volume-Schemas.

   Das Volume wird in zwei gleich große Volumes geteilt.

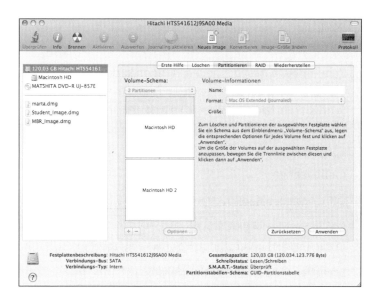

4   Klicken Sie auf „Anwenden".

Das Festplatten-Dienstprogramm öffnet ein Dialogfenster, in dem Sie aufgefordert werden, die Partitionierung zu bestätigen. Sie werden außerdem darauf hingewiesen, dass keine Partitionen gelöscht werden.

5   Klicken Sie auf die Taste „Partitionieren".

Das Festplatten-Dienstprogramm partitioniert nun die Festplatte. Dies kann einige Minuten dauern. Das Festplatten-Dienstprogramm muss zunächst alle Daten verschieben, die zur ersten Partition gehören, sich aber in dem für die zweite Partition vorgesehenen Speicherbereich befinden. Außerdem wird vorher noch das Dateisystem überprüft.

6   Schließen Sie das Festplatten-Dienstprogramm, sobald der Partitionierungsvorgang abgeschlossen ist.

7   Zum Umbenennen der neuen Partition klicken Sie auf die Partition in der Seitenleiste im Finder (bzw. auf dem Schreibtisch, falls dort interne Festplatten angezeigt werden) und wählen Sie dann „Ablage" > „Informationen".

Sie könnten die Partition auch im Festplatten-Dienstprogramm umbenennen.

8   Öffnen Sie den Bereich „Name & Suffix".

9   Benennen Sie die Partition um in Backup, indem Sie den Namen in das Textfeld unter „Name & Suffix" eingeben.

10 Schließen Sie das Informationsfenster.

Der Volume-Name im Finder hat sich geändert.

11 Melden Sie sich ab.

Lektion 4.1 Dateisystemverwaltung

Übung 4.1.2
Anzeigen von Festplatten und Volumes

Übungsziel

- Anzeigen von Festplatteninformationen mit dem System-Profiler, dem Festplatten-Dienstprogramm und der Befehlszeile

Zusammenfassung

Mac OS X bietet mehrere Möglichkeiten zum Sammeln von Festplatteninformationen. Die beiden Programme „Festplatten-Dienstprogramm" und „System-Profiler" stellen bestimmte Informationen über die Festplatten zur Verfügung. Sie verwenden hierfür eine grafische Benutzeroberfläche (GUI). Eine andere Methode zum Sammeln von Informationen und Verwalten von Festplatten bietet die Befehlszeileneingabe (Command Line Interface, CLI) im Programm „Terminal". In dieser Übung verwenden Sie beides, Programme sowie die Befehlszeileneingabe, um Informationen zu sammeln. Auch wenn Sie die Befehlszeileneingabe selten verwenden, kann es zu Situationen kommen, in denen Sie Fehler beheben müssen, aber nicht auf die grafischen Programme oder den Finder zugreifen können. In diesem Fall ist die Befehlszeileneingabe unentbehrlich.

Anzeigen von Festplatteninformationen mit dem System-Profiler

Der System-Profiler zeigt Informationen zu Geräten an, die mit Ihrem Computer verbunden sind. In dieser Übung zeigen Sie Informationen mit dem System-Profiler an.

1 Melden Sie sich als „Chris Johnson" (chris) an.

2 Wählen Sie im Finder „Gehe zu" > „Dienstprogramme" und öffnen Sie den System-Profiler.

Sie können den System-Profiler auch öffnen, indem Sie im Menü „Apple" die Option „Über diesen Mac" auswählen und dann auf die Taste „Weitere Informationen" klicken.

Kapitel 4 Dateisysteme

Der System-Profiler wird mit der Hardware-Übersicht geöffnet.

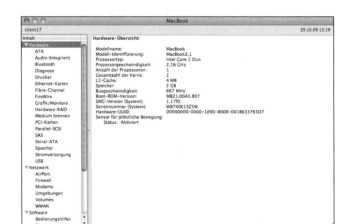

3   Klicken Sie links auf „Serial-ATA", um die internen, an Ihrem Computer angeschlossenen Festplatten anzuzeigen.

> **Hinweis** Wenn Sie ein MacBook Air der ersten Generation verwenden, sollten Sie „ATA" auswählen. Diese Computer verwenden eine ATA-Festplatte anstatt einer Serial-ATA-Festplatte.

4   Wählen Sie Ihre Festplatte aus, falls diese nicht ausgewählt ist, und notieren Sie sich die folgenden Informationen:

Festplatte

- Partitionstabellentyp:

Volume „Macintosh HD"

- Dateisystem (Volume-Format):
- Kapazität (Volume-Größe):
- Verfügbar (Freier Speicher):

Volume „Backup"

- Dateisystem (Volume-Format):
- Kapazität (Volume-Größe):
- Verfügbar (Freier Speicher):

Links in der Hardware-Übersicht werden die Verbindungs-
methoden angezeigt. Die Informationen des System-Profilers
sind busorientiert, d. h. sie werden über die jeweiligen
Anschlüsse ermittelt. In einer Lektion weiter hinten im Buch
werden Sie sehen, dass sich der System-Profiler beim Beheben
eines vermuteten Verbindungsfehlers als besonders nützlich
erweist.

5   Beenden Sie den System-Profiler.

Anzeigen von Festplatteninformationen mit dem Festplatten-Dienstprogramm

Das Festplatten-Dienstprogramm stellt nicht nur Informationen über
Festplatten zur Verfügung, die an Ihrem Computer angeschlossen
sind, sondern bietet auch Verwaltungswerkzeuge für diese Festplatten. In dieser Übung sammeln Sie Festplatteninformationen auf
Ihrem Computer mithilfe des Festplatten-Dienstprogramms.

1   Öffnen Sie das Festplatten-Dienstprogramm.

2   Klicken Sie links in der Liste auf Ihre Festplatte.

3   Klicken Sie in der Symbolleiste auf die Taste „Info", um
    Informationen zu Ihrer Festplatte anzuzeigen.

    In diesem Fenster werden keine Informationen zu verfügbarem
    oder belegtem Festplattenspeicher angezeigt.

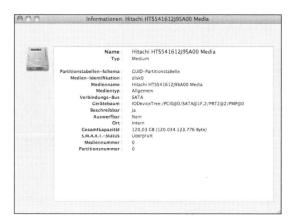

4   Schließen Sie das Informationsfenster.

5 Klicken Sie in der Liste auf den eingerückten Eintrag für die Macintosh HD und anschließend auf die Informationstaste in der Symbolleiste.

In diesem Informationsfenster werden nun Informationen zum Volume angezeigt, einschließlich Kapazität, freier und belegter Festplattenspeicher.

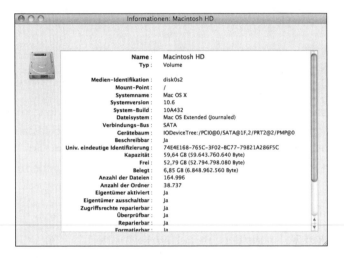

6 Verwenden Sie diese beiden Fenster im Festplatten-Dienstprogramm, um sich die folgenden Informationen zu notieren:

Festplatte

- Partitionstabellen-Schema:

Volume „Macintosh HD"

- Dateisystem (Volume-Format):
- Kapazität (Volume-Größe):
- Frei (Freier Speicher):

Volume „Backup"

- Dateisystem (Volume-Format):
- Kapazität (Volume-Größe):
- Frei (Freier Speicher):

Die Angaben für Ihren Computer unterscheiden sich u. U. von den abgebildeten. Im Festplatten-Dienstprogramm heißt es

Lektion 4.1 Dateisystemverwaltung

„Partitionstabellen-Schema", im System-Profiler hingegen „Partitionstabellentyp". Diese Begriffe sind synonym.

7 Beenden Sie das Festplatten-Dienstprogramm.

Anzeigen von Festplatteninformationen mit der Befehlszeile

In den vorherigen Übungen haben Sie zum Sammeln von Informationen über die interne Festplatte den System-Profiler und das Festplatten-Dienstprogramm verwendet. In dieser Übung lernen Sie die zu diesen Programmen äquivalenten Werkzeuge der Befehlszeileneingabe kennen. Mit diesen Werkzeugen vertraut zu sein, ist von großem Nutzen, wenn bei der Fehlerbehebung die Programme mit grafischer Oberfläche nicht zur Verfügung stehen.

1 Öffnen Sie Terminal im Ordner „Dienstprogramme".

2 Geben Sie den Befehl `system_profiler` nach der Eingabeaufforderung ein.

    `client17:~ chris$ system_profiler`

    Vergessen Sie nicht, den Unterstrich einzugeben.

    Der Befehl `system_profiler` zeigt alle Informationen an, die das Programm „System-Profiler" bereitstellt. Sie möchten aber vielleicht nicht, dass alle vom System-Profiler protokollierten Informationen angezeigt werden. Die Option `-listDataTypes` zeigt eine Liste der Datentypen an, die `system_profiler` verarbeiten kann.

3 Geben Sie die Option `SPSerialATADataType` ein, damit `system_profiler` nur die Serial-ATA-Informationen anzeigt:

    `client17:~ chris$ system_profiler SPSerialATADataType`

    Wenn Sie ein MacBook Air der ersten Generation verwenden, geben Sie stattdessen `SPParallelATADataType` ein.

4 Sehen Sie sich die Ergebnisse an. Sie sollten denen im System-Profiler ähneln.

5 Führen Sie `system_profiler` erneut aus und sichern Sie die Informationen in einer Datei im Ordner „Dokumente" Ihres Benutzerordners.

```
client17:~ chris$ system_profiler SPSerialATADataType >
~/Documents/SerialATAInfo.txt
```

Drücken Sie den Zeilenschalter erst, wenn Sie den Befehl vollständig eingegeben haben (nach der Eingabe von „SerialATAInfo.txt").

6 Geben Sie den Befehl du ein, um die Statistiken zur Festplattenbelegung anzuzeigen.

```
client17:~ chris$ du
```

Er ist hilfreich, wenn Sie sich auf Probleme mit der Speicherbelegung konzentrieren möchten. Die über den Befehl du ausgegebenen Informationen sind u. U. auf den ersten Blick schwer zu interpretieren, da verborgene Ordner sowie Größen hinsichtlich der Anzahl von verwendeten Blöcken (in der Regel 512 Byte) enthalten sind. Sie haben wie beim vorherigen Beispiel mit system_profiler die Möglichkeit, den Befehl für Ihre Zwecke anzupassen.

7 Wählen Sie für du andere Optionen.

```
client17:~ chris$ du -sh *
```

Diese Optionen und das Argument zeigen die Speicherbelegung in lesbarer Form für alle Ordner im aktuellen Arbeitsverzeichnis (Chris' Benutzerordner) an. Die Größen werden nun in Kilobyte und Megabyte angezeigt. Es wird der gesamte Inhalt eines Ordners zusammengefasst angezeigt, nicht der Inhalt der einzelnen Unterordner.

```
                    Terminal — bash — 80×24
Last login: Thu Oct 29 13:37:46 on console
client17:~ chris$ du -sh *
8,0K    Desktop
708K    Documents
804K    Downloads
2,6M    Library
 0B     Movies
 0B     Music
4,0K    Pictures
 0B     Public
 16K    Sites
client17:~ chris$
```

Lektion 4.1 Dateisystemverwaltung

Im Finder können Sie über die Option „Informationen" z. B. die Kapazität, den freien Speicher und den für verschiedene Objekte verwendeten Speicher anzeigen. In Terminal können Sie den freien Speicher mit dem Befehl df überprüfen.

8 Geben Sie den folgenden Befehl ein:

client17:~ chris$ df -H

Der Befehl df zeigt den freien Festplattenspeicher an. Wenn Sie die Option H weglassen, zeigt df die Informationen in denselben 512-Byte-Blöcken an, die du verwendet.

Sie sehen jetzt die Geräte-Identifier „disk0s3" und „disk0s2". Diese wurden auch in den Informationsfenstern des System-Profilers und des Festplatten-Dienstprogramms angezeigt. Sie geben die zum entsprechenden Volume gehörende Gerätedatei an (eine Datei, die auf Systemebene eine Schnittstelle zum Volume oder Gerät darstellt).

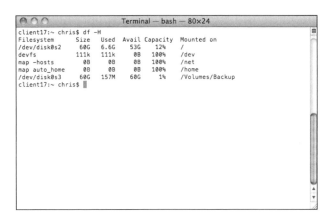

9 Sehen Sie sich die man-Seite für diskutil an.

client17:~ chris$ man diskutil

Der äquivalente Befehl der Befehlszeileneingabe für viele Optionen des Festplatten-Dienstprogramms lautet diskutil. Alle Befehle im Festplatten-Dienstprogramm sind auch über die Befehlszeileneingabe verfügbar sowie zusätzliche Befehle, die im Festplatten-Dienstprogramm nicht enthalten sind. Sie können z. B. das Reparieren von Festplatten, das Partitionieren, das Formatieren von Volumes oder einfach das Sammeln von Informationen initiieren. Auch der Befehl hdiutil, der zum

Manipulieren von Images verwendet wird, hat zusätzlich zu den im Festplatten-Dienstprogramm und im Befehl `diskutil` enthaltenen Optionen noch viel mehr zu bieten.

Der Befehl `diskutil` umfasst viele Optionen. Aufgrund der Vielzahl an verfügbaren Optionen beginnen wir mit den Informationen auf den man-Seiten, um Beschreibungen und Syntax zu überprüfen.

Sie werden auf der man-Seite für `diskutil` sehen, dass Sie Festplatten aktivieren und deaktivieren, Zugriffsrechte reparieren und weitere nützliche Befehle ausführen können.

10 Verwenden Sie `diskutil`, um Informationen zu Ihrem Startvolume zu sammeln.

```
client17:~ chris$ diskutil info disk0
```

Die Option `info` liefert speziell für „disk0" Informationen zu Größe, Kapazität, verfügbarem Speicher sowie verwendetem Speicher. „disk0" bezieht sich immer auf die Festplatte, von der Sie starten, und entspricht dem Auswählen der Festplatte im Festplatten-Dienstprogramm. Wenn Sie Informationen zu einem bestimmten Volume benötigen, geben Sie entweder die entsprechende Gerätedatei zum Volume an (z. B. „disk0s2") oder den Mount-Point des Volumes („/" für das Startvolume, den entsprechenden Eintrag im Ordner „/Volumes" für die meisten anderen Volumes).

11 Finden Sie mithilfe der gerade verwendeten Werkzeuge für die Befehlszeileneingabe die folgenden Informationen für Ihre Festplatte:

Festplatte

- Partitionstabellen-Schema:

Volume „Macintosh HD"

- Dateisystem (Volume-Format):
- Kapazität (Volume-Größe):
- Verfügbar (Freier Speicher):

Volume „Backup"

- Dateisystem (Volume-Format):
- Kapazität (Volume-Größe):
- Verfügbar (Freier Speicher):

Frage 1 Inwieweit unterscheiden sich die Antworten von den in der grafischen Benutzeroberfläche gesammelten Informationen?

Anzeigen des Aktivierungsorts von Volumes

Sie haben bereits festgestellt, dass Volumes im Finder angezeigt werden und, je nach Einstellungen, auch auf Ihrem Schreibtisch. Mac OS X legt Referenzen zu Ihren Volumes dort ab, wo Sie bequem darauf zugreifen können. Diese Volumes werden nicht auf dem Schreibtisch aktiviert, sondern an einem verborgenen Ort im Dateisystem. Die folgende Übung verdeutlicht, was das System im Hintergrund macht.

1 Öffnen Sie „MBR_Image.dmg" unter „Chapter4" im Ordner „StudentMaterials".

 Die beiden Volumes werden auf dem Schreibtisch angezeigt.

2 Ändern Sie in Terminal Ihr Arbeitsverzeichnis zurück in Ihren Schreibtisch.

 ```
client17:~ chris$ cd ~/Desktop
```

3 Zeigen Sie mit `ls` die Inhalte des Ordners „Schreibtisch" in Ihrem Benutzerordner an.

 ```
client17:~ chris$ ls -A
```

 Zu den aktivierten Volumes gibt es keine Referenz.

4 Ändern Sie mit cd Ihr Arbeitsverzeichnis in „/Volumes".

5 Rufen Sie eine Verzeichnisliste ab.

Hier finden Sie alle aktivierten Volumes, einschließlich einer Referenz zum Startvolume. UNIX verwendet ein Dateisystem mit einem einzigen Stammverzeichnis. Im Gegensatz zu anderen Dateisystemen, bei denen jedes Volume separat vorliegt (z. B. c:\, d:\ usw.), ist das UNIX-Dateisystem wie ein einzelner Baum aufgebaut. Neue Volumes werden aktiviert, sodass sie zu neuen Zweigen des bestehenden Baums werden. Unter „/Volumes" können Sie alle aktivierten Volumes sehen. Fortgeschrittene Benutzer können Volumes auch außerhalb dieses Ordners aktivieren.

Im Finder wird dieser Ordner standardmäßig nicht angezeigt. Die Liste „Geräte" in der Seitenleiste im Finder kommt diesem Ordner am nächsten. Wenn Sie wissen, dass „/Volumes" existiert, können Sie natürlich dorthin navigieren.

6 Wählen Sie im Finder „Gehe zu" > „Gehe zum Ordner".

Ein Dialogfenster wird angezeigt.

7 Geben Sie „/Volumes" in das Textfeld ein und klicken Sie auf „Öffnen".

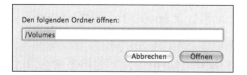

Im Finder werden die Inhalte des Ordners „/Volumes" angezeigt, wobei alle Volumes darin als Aliase vorliegen. Mit der Finder-Funktion „Gehe zum Ordner" gelangen Sie also zu jedem beliebigen verborgenen Ordner.

8 Melden Sie sich ab.

Lektion 4.2 Zugriffsrechte und Fehlerbeseitigung

Zugriffsrechte und Fehlerbeseitigung

4.2

Eine der wichtigsten Sicherheitsfunktionen von Mac OS X sind die Zugriffsrechte im Dateisystem. Jedes einzelne Objekt im Dateisystem verfügt über entsprechende Zugriffsrechte, die den nicht autorisierten Zugriff auf diese Objekte verhindern. Ein gewisses Hintergrundwissen zu den Zugriffsrechten im Dateisystem ist erforderlich, um einen sicheren Datenaustausch zwischen Benutzern zu gewährleisten und Probleme mit der Autorisierung und den Zugriffsrechten lösen zu können. In dieser Lektion lernen Sie die in Mac OS X verwendeten Technologien für die Zugriffsrechte kennen. Sie erfahren, wie Sie Zugriffsrechte im Finder und über die Befehlszeileneingabe verwalten. Außerdem lernen Sie, wie Sie gängige Probleme bei Zugriffsrechten beheben können.

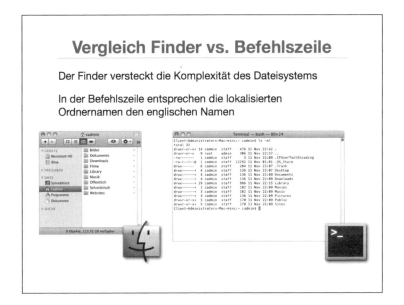

Ausführliche Anleitungen finden Sie unter „Verwalten von Zugriffsrechten im Finder" in Lektion 4 von *Apple Training Series: Mac OS X Support Essentials v10.6*.

Kapitel 4 Dateisysteme

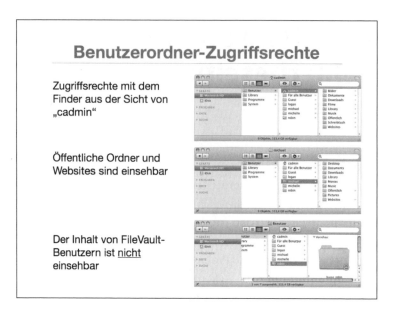

Ausführliche Anleitungen finden Sie unter „Kennenlernen der Zugriffsrechte im Dateisystem" in Lektion 4 von *Apple Training Series: Mac OS X Support Essentials v10.6*.

Ausführliche Anleitungen finden Sie unter „Kennenlernen der Zugriffsrechte im Dateisystem" in Lektion 4 von *Apple Training Series: Mac OS X Support Essentials v10.6*.

Lektion 4.2 Zugriffsrechte und Fehlerbeseitigung

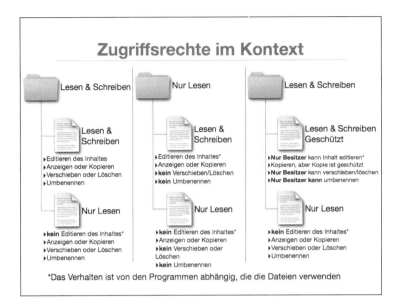

Ausführliche Anleitungen finden Sie unter „Kennenlernen der Zugriffsrechte im Dateisystem" in Lektion 4 von *Apple Training Series: Mac OS X Support Essentials v10.6*.

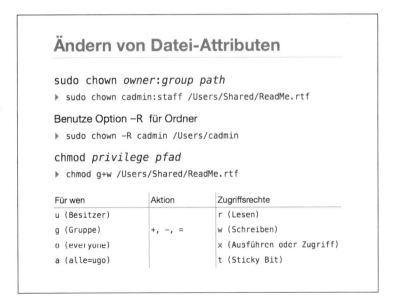

Ausführliche Anleitungen finden Sie unter „Verwalten von Zugriffsrechten mit der Befehlszeile" in Lektion 4 von *Apple Training Series: Mac OS X Support Essentials v10.6*.

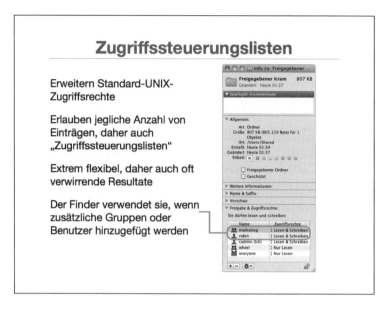

Ausführliche Anleitungen finden Sie unter „Kennenlernen der Zugriffsrechte im Dateisystem" in Lektion 4 von *Apple Training Series: Mac OS X Support Essentials v10.6*.

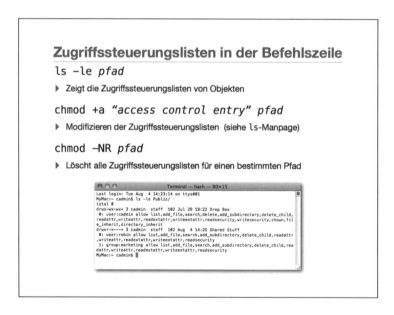

Ausführliche Anleitungen finden Sie unter „Verwalten von Zugriffsrechten mit der Befehlszeile" in Lektion 4 von *Apple Training Series: Mac OS X Support Essentials v10.6*.

Lektion 4.2 Zugriffsrechte und Fehlerbeseitigung

Ausführliche Anleitungen finden Sie unter „Beheben von Dateisystemfehlern" in Lektion 4 von *Apple Training Series: Mac OS X Support Essentials v10.6*.

Ausführliche Anleitungen finden Sie unter „Beheben von Dateisystemfehlern" in Lektion 4 von *Apple Training Series: Mac OS X Support Essentials v10.6*.

Übung 4.2.1
Beheben von Problemen bei Zugriffsrechten mit dem Festplatten-Dienstprogramm

Übungsziele

- Verstehen, wie das Festplatten-Dienstprogramm die Zugriffsrechte auf Richtigkeit überprüft
- Reparieren von Zugriffsrechten mit dem Festplatten-Dienstprogramm

Zusammenfassung

Mit dem Festplatten-Dienstprogramm können Sie Datei- und Ordnerzugriffsrechte für Systemdateien und Apple-Programme reparieren. Das Apple-Installationsprogramm erstellt bei der Installation Quittungen, so genannte „Receipts", die das Festplatten-Dienstprogramm zu Vergleichszwecken nutzt. In dieser Übung verwenden Sie das Festplatten-Dienstprogramm für das Reparieren von Zugriffsrechten und sehen sich den Speicherort von Installationsquittungen an, die vom Befehl „Zugriffsrechte reparieren" verwendet werden, und welche Quittungen für das Reparieren von Zugriffsrechten verwendet werden. Hierbei wird jedoch nur ein Teil dessen, was im System installiert wurde, repariert. Die Inhalte von Benutzerordnern bleiben unberührt. Bei Problemen mit Zugriffsrechten für den Benutzerordner sollte das Dienstprogramm „Kennwörter zurücksetzen" auf der Mac OS X-Installations-DVD verwendet werden.

Verwendete Quittungen für das Reparieren von Zugriffsrechten

Bei jeder Installation mit dem Apple-Installationsprogramm wird eine Quittungsdatei (Receipt) erstellt. Die für das Reparieren der Zugriffsrechte erforderlichen Informationen werden in einer Datenbank verwaltet. Seit Mac OS X Version 10.6 befindet sich

Lektion 4.2 Zugriffsrechte und Fehlerbeseitigung

diese Datenbank unter „/var/db/receipts". Sie enthält für jedes Paket eine bom-Datei (bill of materials) und eine plist-Datei (property list). Wenn Sie Probleme mit einem Programm haben, das keine Installationsquittung unter „/var/db/receipts" hat, behebt der Befehl „Zugriffsrechte des Volumes reparieren" dieses Problem nicht. Es werden u. U. Quittungen für Drittanbieter-Programme angezeigt. Diese werden aber nicht zwangsläufig von dem Befehl „Zugriffsrechte des Volumes reparieren" berücksichtigt. Er behebt auch keine Probleme mit Zugriffsrechten für Dateien, die Sie erstellt haben, z. B. Objekte in Ihrem Benutzerordner.

1   Melden Sie sich als „Chris Johnson" an.

2   Verwenden Sie die Finder-Funktion „Gehe zum Ordner" und navigieren Sie zu „/var/db/receipts".

Dies ist der Speicherort für die Quittungen. Standardmäßig sind bereits einige installiert. Mit der Funktion „Übersicht" können Sie die plist-Dateien anzeigen. Die bom-Dateien können so nicht angezeigt werden.

Glücklicherweise gibt es nur relativ wenige Informationen, auf die Sie direkt in diesem Ordner zugreifen müssen. Eine direkte Manipulation wird nicht empfohlen, da Apple Befehlszeilenwerkzeuge zum Anzeigen und Bearbeiten dieser Informationen bereitstellt.

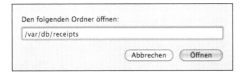

3   Öffnen Sie das Programm „Terminal".

Der Befehl, mit dem Sie anzeigen, welche Pakete repariert werden, lautet `repair_packages`. Er ist nicht im Standardpfad verfügbar.

4   Sie möchten von `repair_packages` wissen, welche Quittungen beim Reparieren von Zugriffsrechten berücksichtigt werden.

```
client17:~ chris$ /usr/libexec/repair_packages
--list-standard-pkgs
```

Es wird eine Liste mit Paket-IDs angezeigt. Jedes Paket hat eine ID, mit der es eindeutig identifiziert werden kann. Die Paket-ID-Benennung erfolgt nach umgekehrtem DNS-Schema. Dies sind die Pakete, deren Zugriffsrechte mit dem Festplatten-Dienstprogramm repariert werden.

Reparieren von Zugriffsrechten mit dem Festplatten-Dienstprogramm

In dieser Übung führen Sie ein Automator-Programm aus, um die erwarteten Zugriffsrechte für einen bestimmten Ordner zu ändern und diese dann mithilfe des Festplatten-Dienstprogramms wieder zu reparieren. Diese Zugriffsrechte werden häufig während der Installation von Software, z. B. Druckertreibern, geändert. Da ungültige Zugriffsrechte auf Ordner, die mit dem Drucken in Verbindung stehen, den Druckvorgang beeinträchtigen können, erweist sich der Befehl „Zugriffsrechte des Volumes reparieren" oft als schnelle Problemlösung.

1. Klicken Sie im Finder in der Seitenleiste auf den Ordner „Programme".

2. Wählen Sie „Ablage", halten Sie die Wahltaste gedrückt und wählen Sie „Info-Fenster einblenden".

   Mit diesem Befehl wird ein Informationsfenster angezeigt, das sich dynamisch mit den im Finder ausgewählten Objekten ändert.

3. Öffnen Sie, falls erforderlich, den Bereich „Freigabe & Zugriffsrechte".

Administratoren haben Lese- und Schreibrechte für den Ordner „Programme", „everyone" hingegen nur Leserechte. Das heißt, Benutzer ohne Administratorrechte können keine Programme in diesem Ordner installieren.

4 Öffnen Sie in einem neuen Finder-Fenster das Symbol „ChangePerms" unter „/Benutzer/Für alle Benutzer/StudentMaterials/Chapter4" durch Doppelklicken.

Beim Öffnen des neuen Fensters und Navigieren zum Automator-Programm ändern sich die Informationen im Informationsfenster entsprechend Ihrer Auswahl.

„ChangePerms" ist ein Automator-Programm, das ein Skript zum Ändern von Zugriffsrechten auf Ihrem Computer ausführt.

In der Menüleiste wird kurz angezeigt, dass das Skript ausgeführt wird. Da das Skript allerdings nur kurz läuft, wird es umgehend wieder aus der Menüleistenanzeige ausgeblendet.

5 Kehren Sie zum Informationsfenster für „/Programme" zurück, indem Sie auf das Finder-Fenster klicken, in dem „/Programme" angezeigt wird. Stellen Sie sicher, dass Schreibrechte für „everyone" hinzugefügt wurden.

6 Wechseln Sie im Finder zu dem Fenster, in dem Sie zum Unterrichtsmaterial gelangt sind, und wählen Sie „Gehe zu" > „Dienstprogramme".

7 Öffnen Sie das Festplatten-Dienstprogramm.

8 Wählen Sie „Macintosh HD" in der Liste aus.

9 Klicken Sie ggf. auf die Taste „Erste Hilfe".

Sie sollte auch standardmäßig ausgewählt sein.

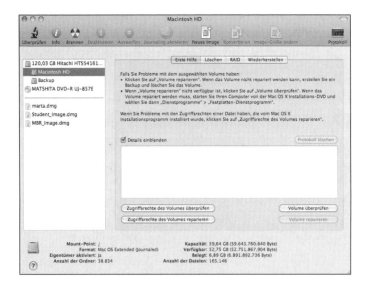

Lektion 4.2 Zugriffsrechte und Fehlerbeseitigung

10 Klicken Sie auf „Zugriffsrechte des Volumes reparieren".

Dieser Vorgang kann einige Minuten dauern. Beachten Sie nach Beendigung des Vorgangs die angezeigten Informationen im Festplatten-Dienstprogramm sowie die geänderten Informationen im Informationsfenster. Unter Umständen müssen Sie auf ein anderes Objekt als „Programme" klicken und dann erneut „Programme" auswählen, damit die Änderungen im Informationsfenster sichtbar werden.

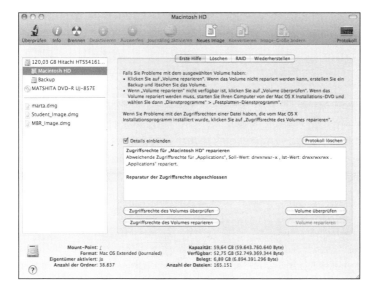

11 Schließen Sie das Informationsfenster.

12 Melden Sie sich ab.

Kapitel 4 Dateisysteme

Übung 4.2.2
Verstehen von Zugriffsrechten

Übungsziele
- Anzeigen und Konfigurieren von Zugriffsrechten mit dem Finder
- Verstehen, wie die Zugriffsrechte eines Ordners die darin enthaltenen Dateien beeinflussen

Zusammenfassung
Ein gewisses Hintergrundwissen zu Eigentümern und Zugriffsrechten ist wichtig für die Unterstützung und Fehlerbeseitigung in Mac OS X. Zugriffsrechte steuern den Zugriff auf Dateien und Ordner durch Benutzer und Systemdienste wie das Drucksystem. Die folgenden Übungen bieten Ihnen eine kurze Einführung in die Zugriffsrechte eines Benutzerordners.

Anzeigen von Zugriffsrechten im Finder
In dieser Übung erstellen Sie nun einige Objekte zum Experimentieren, legen die Zugriffsrechte fest und wechseln anschließend den Benutzer, um die Optionen auszuprobieren.

1 Melden Sie sich als „Client Administrator" an.

2 Navigieren Sie im Finder zu Ihrem Benutzerordner und wählen Sie im Menü „Ablage" die Option „Neuer Ordner".

3 Benennen Sie den neuen Ordner `Payroll Reports` und stellen Sie sicher, dass er sich zusammen mit den Mac OS X-Standardordnern in Ihrem Benutzerordner befindet.

4 Öffnen Sie TextEdit.

Lektion 4.2 Zugriffsrechte und Fehlerbeseitigung

5 Wählen Sie in TextEdit die Option „Ablage" > „Sichern", um das beim Öffnen von TextEdit erstellte leere Dokument zu sichern. Benennen Sie die neue Datei `Company Org Chart` und wählen Sie dann Ihren Benutzerordner als Speicherort aus.

Wenn Sie auf das Dreiecksymbol neben dem Textfeld „Sichern unter" klicken, stehen Ihnen weitere Optionen für die Auswahl eines Speicherorts zur Verfügung.

6 Wählen Sie in TextEdit die Option „Ablage" > „Sichern unter" und benennen Sie die neue Datei `Secret Bonus List`. Sichern Sie sie auf dem Schreibtisch.

7 Schließen Sie die Datei.

8 Bewegen Sie die Datei „Secret Bonus List.rtf" in den Ordner „Payroll Reports". Die Datei wird in den Ordner „Payroll Reports" gelegt.

9 Klicken Sie bei gedrückter Taste „ctrl" (oder mit der rechten Maustaste) auf das Symbol „TextEdit" im Dock und wählen Sie dann im angezeigten Einblendmenü „Optionen" den Eintrag „Im Dock behalten" aus. Da Sie im Verlauf der Lektion immer wieder Dateien in TextEdit erstellen werden, behalten Sie TextEdit für den schnellen Zugriff im Dock.

10 Beenden Sie TextEdit.

11 Melden Sie sich mithilfe des schnellen Benutzerwechsels als „Chris Johnson" an.

12 Navigieren Sie im Finder zum Benutzerordner von „Client Administrator".

13 Klicken Sie auf den Ordner „Desktop" (Schreibtisch) und wählen Sie aus dem Menü „Ablage" die Option „Informationen" aus. Öffnen Sie, falls erforderlich, „Freigabe & Zugriffsrechte".

Mit Ausnahme der Ordner „Öffentlich" und „Websites", die für die Freigabe konzipiert sind, können keine anderen Benutzer (Zugriffsrecht „Keine Rechte") auf die Ordner zugreifen, die Mac OS X standardmäßig im Benutzerordner erstellt.

Frage 2 Welche Zugriffsrechte haben andere Benutzer als der Eigentümer für den Ordner „Schreibtisch"?

14 Schließen Sie das Informationsfenster.
15 Öffnen Sie den Ordner „Payroll Reports".

Frage 3 Können Sie den Inhalt des Ordners sehen? Können Sie die Datei „Secret Bonus List" öffnen?

Dies entspricht u. U. nicht dem Verhalten, das Benutzer erwarten würden. Je nach den für andere Benutzer gewährten Zugriffsrechten müssen die Ordner von den Benutzern an bestimmten Speicherorten abgelegt werden. Manche Benutzer können zwar die Ordnerinhalte öffnen und lesen, aber keine Objekte zum Ordner „Payroll Reports" hinzufügen oder löschen. Sie können sich die Zugriffsrechte genau ansehen, indem Sie den Ordner auswählen und dann auf „Ablage" > „Informationen" klicken.

Lektion 4.2 Zugriffsrechte und Fehlerbeseitigung

16 Öffnen Sie die Datei „Company Org Chart".

Frage 4 *Können Sie die Datei öffnen? Können Sie Änderungen an der Datei sichern? Begründung?*

17 Schließen Sie die Datei, ohne zu sichern.

18 Navigieren Sie zum Ordner „Benutzer" und wählen Sie den Benutzerordner von Robin Banks (robin) aus.

Frage 5 Können Sie den Ordner öffnen?

_____

_____

_____

_____

FileVault-Benutzer stellen beim Dateiaustausch eine gewisse Herausforderung dar.

19 Melden Sie den Benutzeraccount „Chris Johnson" ab.

20 Melden Sie sich im Anmeldefenster als „Client Administrator" an.

21 Bewegen Sie den Ordner „Payroll Reports" und die Datei „Company Org Chart" in den Papierkorb.

22 Melden Sie sich ab.

Lektion 4.2 Zugriffsrechte und Fehlerbeseitigung

Übung 4.2.3
Verwalten von Zugriffsrechten

Übungsziel
- Festlegen von Zugriffsrechten für Ordner und Dateien

Zusammenfassung
In Mac OS X sind die Zugriffsrechte für Systemdienste recht transparent gehalten. Benutzer möchten aber u. U. die Zugriffsrechte für ihre eigenen Dateien bei Bedarf anpassen. In dieser Übung lernen Sie die Funktionsweise von Zugriffsrechten kennen und zeigen die Zugriffsrechte für Benutzerdateien und Ordner an und legen sie fest. Sie haben bereits in vorherigen Übungen erfahren, dass Zugriffsrechte im Finder und über die Befehlszeileneingabe angezeigt und verwaltet werden können.

Anzeigen von Standardzugriffsrechten
In dieser Übung erstellen Sie Dateien und Ordner an unterschiedlichen Speicherorten und überprüfen den Zugriff anderer Benutzer darauf.

1 Melden Sie sich als „Client Administrator" an.

2 Öffnen Sie im Finder den Benutzerordner von „Client Administrator".

Standardmäßig können Sie natürlich auf alle Objekte in Ihrem eigenen Benutzerordner zugreifen.

Kapitel 4 Dateisysteme

3   Öffnen Sie den Benutzerordner von Chris Johnson.

Sie können lediglich auf Chris' Ordner „Öffentlich" und „Websites" zugreifen. Diese Ordner sind für die Freigabe vorkonfiguriert. Sie sind zwar zurzeit als Administrator angemeldet, können jedoch den Inhalt von Chris' anderen Ordnern trotzdem nicht sehen. Als Administrator haben Sie jedoch die Möglichkeit, Ihre Zugriffsrechte zu erweitern. Die meiste Zeit ist der Administrator aber ein ganz normaler Benutzer.

4   Öffnen Sie das Programm „Terminal".

5   Fragen Sie eine erweiterte Liste Ihres Benutzerordners mit Zugriffssteuerungslisten ab.

`client17:~ cadmin$ ls -le`

Die erweiterte Liste erhalten Sie über den Befehl l. Die Option e zeigt erweiterte Sicherheitsinformationen an (Zugriffssteuerungslisten).

Dateien (und Ordner, wobei UNIX alle Objekte als Datei ansieht), die eine Zugriffssteuerungsliste haben, sind mit einem Pluszeichen (+) gekennzeichnet, das direkt hinter dem Dateimodus steht (die Zeichenfolge von unterschiedlichen Kombinationen von drwx- und anderen Zeichen). Für jede Datei, die über eine Zugriffssteuerungsliste verfügt, wird in ls mit der Option e eine zusätzliche Zeile angezeigt. Jede zusätzliche Zeile steht für eine Zugriffssteuerungsliste (die Zeilen enthalten oft einen Umbruch, aber jede beginnt mit einer Zahl und einem Doppelpunkt).

Im Benutzerordner von „Client Administrator" (cadmin) sind alle Standardordner bereits mit einer Zugriffssteuerungsliste vorkonfiguriert:

```
0: group:everyone deny delete
```

„everyone" ist eine spezielle Gruppe. Jeder Benutzer gehört zur Gruppe „everyone". Das heißt, die Standardordner in einem Benutzerordner können von niemandem gelöscht werden. Dadurch wird einem gängige Benutzerfehler vorgebeugt.

Für jede Datei werden außerdem der Benutzer (cadmin) und die Gruppe (staff) angezeigt. Mit Ausnahme der Ordner „Öffentlich" und „Websites" haben die Gruppe und andere Benutzer (everyone, world) keine Zugriffsrechte für die Standardordner.

Bei der Datei „Send Registration" sieht das Ganze etwas anders aus. Der Eigentümer lautet „root" und der Modus beginnt mit „l", d. h. es steht für einen symbolischen Link (eine Art Alias oder Verknüpfung). Der Pfad hinter -> zeigt an, zu welchem Objekt dieses Alias gehört.

6 Ändern Sie Ihr Arbeitsverzeichnis zurück in Chris' Benutzerordner.

```
client17:~ cadmin$ cd ~chris
```

7 Fragen Sie eine erweiterte Liste von Chris' Benutzerordner mit Zugriffssteuerungslisten ab.

Sie erhalten dieselben Informationen zu Chris' Benutzerordner wie zum Ordner von „Client Administrator". Der einzige Unterschied ist, dass die Zugriffsrechte bei „chris" liegen und nicht bei „cadmin".

8 Ändern Sie Ihr Arbeitsverzeichnis zurück in den Benutzerordner von „Client Administrator".

```
client17:chris cadmin$ cd
```

Mit dem Befehl cd ohne Argument wechseln Sie automatisch zurück zu Ihrem Benutzerordner.

9 Wechseln Sie wieder zum Finder und gehen Sie zurück zum Benutzerordner von „Client Administrator".

10 Wählen Sie den Ordner „Dokumente" aus und klicken Sie auf „Ablage" > „Informationen".

11 Öffnen Sie, falls erforderlich, den Bereich „Freigabe & Zugriffsrechte".

12 Ändern Sie für „everyone" die Zugriffsrechte von „Keine Rechte" in „Lesen & Schreiben".

13 Wechseln Sie zurück zu Terminal und fragen Sie eine weitere Liste mit erweiterten Sicherheitsinformationen ab.

14 Vergleichen Sie die Zugriffsrechte (den Dateimodus) für den Ordner „Dokumente" mit der vorherigen Einstellung.

Nun ist „everyone" (others, world) zum Lesen, Schreiben und Ausführen (hineinwechseln/durchqueren) im Ordner „Dokumente" berechtigt.

Sie können im Finder die Berechtigung zum Ausführen nicht explizit vergeben. In den meisten Fällen möchten Sie sicherlich in einen Ordner mit Lese- und Schreibrechten auch hineinwechseln können. Folgendes geschieht im Finder: Außer bei „Keine Rechte" wird automatisch die Berechtigung zum Hinwechseln/Durchqueren vergeben.

Voller Lese-/Schreibzugriff auf Ihren Dokumente-Ordner ist nicht gerade empfehlenswert.

15 Verwenden Sie `chmod` nach der Eingabeaufforderung, um die Schreibrechte für „everyone" zu entfernen:

```
client17:~ cadmin$ chmod o-w Documents
```

chmod verwendet eine Reihe von Zeichen, mit denen Sie die Zugriffsrechte oder den Modus einer Datei festlegen können:

- u   user (Benutzer)
- g   group (Gruppe)
- o   other (andere Benutzer)
- \+   Zugriffsrechte hinzufügen
- \-   Zugriffsrechte entfernen
- r   read (Lesen)
- w   write (Schreiben)
- x   execute (Ausführen)

`o-w` heißt also: Schreibrechte von „others" (everyone) entfernen.

16 Geben Sie ls -le ein, um die Zugriffsrechte erneut anzuzeigen. Sie werden feststellen, dass die Schreibrechte für den Ordner „Dokumente" entfernt wurden.

17 Wechseln Sie zurück zum Finder. Wie Sie sehen, wird die Änderung im Informationsfenster sofort übernommen und für „everyone" wird als Zugriffsrecht „Nur Lesen" angezeigt.

18 Ändern Sie im Finder die Zugriffsrechte für „everyone" in „Keine Rechte".

19 Schließen Sie das Informationsfenster.

20 Erstellen Sie in Ihrem Benutzerordner einen neuen Unterordner: Benennen Sie ihn Test.

21 Wechseln Sie zu Terminal und geben Sie ls -le ein, um die Zugriffsrechte für den neuen Ordner anzuzeigen.

Standardmäßig ist die Einstellung so, dass der Ordner von den zur Gruppe „staff" gehörenden Benutzern und von „everyone" gelesen werden kann.

22 Entfernen Sie mit chmod für Mitglieder der Gruppe und alle anderen die Berechtigung zum Lesen und Ausführen im Ordner „Test".

```
client17:~ cadmin$ chmod go-rx Test
```

23 Überprüfen Sie die Änderung mit der Befehlszeile oder im Finder.

Verwalten einer Zugriffssteuerungsliste

Für die Verwaltung von Zugriffssteuerungslisten stehen zwar in der Befehlszeile Techniken zur Verfügung, im Finder ist dies jedoch einfacher. Sie wenden nun im Finder eine Zugriffssteuerungsliste auf Ihren Ordner „Test" an.

1 Wechseln Sie zum Finder, falls erforderlich, und zeigen Sie das Informationsfenster für Ihren Ordner „Test" an.

2 Klicken Sie unter „Freigabe & Zugriffsrechte" auf die Taste „Hinzufügen" (+) und wählen Sie Chris Johnson in der Liste „Benutzer & Gruppen" im angezeigten Fenster aus. Klicken Sie dann auf „Auswählen".

Chris wird zur Liste hinzugefügt.

3   Weisen Sie Chris Lese- und Schreibrechte zu.

4   Wechseln Sie zu Terminal und geben Sie `ls -le` ein, um herauszufinden, was der Finder für „Test" eingestellt hat.

Da eine Datei immer nur einem Benutzer zugeordnet werden kann (in diesem Fall ist dies „Client Administrator", da „Client Administrator" diesen Ordner angelegt hat), hat der Finder eine Zugriffssteuerungsliste verwendet, um dem zusätzlichen Benutzer (chris) Zugriff auf die Datei zu gewähren.

Der Ordner „Briefkasten"

Über den Ordner „Briefkasten" können Benutzer bequem Dateien austauschen. Im Folgenden sehen Sie, was beim Verwenden des Ordners „Briefkasten" passiert.

1   Melden Sie sich mithilfe des schnellen Benutzerwechsels als „Chris Johnson" an.

2   Öffnen Sie TextEdit und sichern Sie ein leeres Dokument unter dem Namen „From Chris" auf Chris' Schreibtisch.

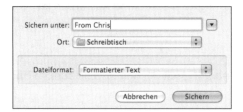

3   Beenden Sie TextEdit.

4   Navigieren Sie im Finder zum Ordner „Öffentlich" von „Client Administrator" (/Benutzer/cadmin/Öffentlich).

5   Bewegen Sie „From Chris" vom Schreibtisch in den Ordner „Briefkasten", der sich im Ordner „Öffentlich" von „Client Administrator" befindet.

Es wird ein Hinweis angezeigt, dass Sie nicht die erforderlichen Zugriffsrechte haben, um die Objekte in „Briefkasten" zu sehen.

6 Klicken Sie auf „OK".

7 Bewegen Sie dieselbe Datei in den Ordner „Test" im Benutzerordner von „Client Administrator" (cadmin).

Dieses Mal wurde die Datei verschoben und nicht kopiert.

8 Melden Sie „Chris Johnson" ab.

9 Melden Sie sich im Anmeldefenster als „Client Administrator" an.

10 Öffnen Sie im Finder den Ordner „Test".

11 Öffnen Sie „From Chris".

Da Sie Leserechte besitzen, wird das Dokument geöffnet.

12 Sehen Sie sich in Terminal die Zugriffs- und Eigentümerrechte für die Datei „From Chris.rtf" im Ordner „Test" an.

Chris ist Eigentümer der Datei, da er die Datei angelegt und anschließend in diesen Ordner bewegt hat.

13 Nehmen Sie eine Änderung im Dokument vor und sichern Sie sie.

Der Sicherungsvorgang wird erfolgreich abgeschlossen, da Sie Schreibrechte für den Ordner besitzen, in dem die Datei enthalten ist.

14 Sehen Sie sich nun in Terminal die Zugriffs- und Eigentümerrechte für das Dokument „From Chris.rtf" an.

Frage 6 Hat sich etwas geändert? Falls ja, was und warum?

_____

_____

_____

_____

_____

15 Ändern Sie Ihr Arbeitsverzeichnis in „~/Public/Drop Box" (~/Öffentlich/Briefkasten).

Hier bietet sich die Vervollständigung über die Tabulator-Taste oder per Drag&Drop aus dem Finder an. `cd` würde das Leerzeichen in „Drop Box" in der Regel als Trennzeichen zwischen Argumenten interpretieren, was zu einer Fehlermeldung führen würde. Um dieses Problem zu umgehen, müssen Sie das Leerzeichen „umgehen". Das heißt, Sie müssen dem System mitteilen, dass das Leerzeichen Teil des Dateinamens ist. Bei der Vervollständigung über die Tabulator-Taste und Bewegen per Drag&Drop aus dem Finder geschieht dies automatisch. Falls Sie den Befehl selbst eingeben möchten, müssen Sie einen umgekehrten Schrägstrich (\) vor dem Leerzeichen einfügen oder den gesamten Pfad in Anführungszeichen setzen.

`client17:Test cadmin$ cd ~/Public/Drop\ Box`

16 Sehen Sie sich nun die Zugriffs- und Eigentümerrechte für das Dokument „From Chris.rtf" im Ordner „Briefkasten" an.

Wie erwartet, ist „chris" der Eigentümer der Datei. Es wurde jedoch außerdem eine Zugriffssteuerungsliste (ACL, Access Control List) übernommen. Diese stammt aus dem Ordner „Briefkasten". Das Übernehmen von Zugriffssteuerungslisten ist optional und wurde vorher nicht für den Ordner „Test" festgelegt.

17 Melden Sie sich ab.

Lektion 4.2 Zugriffsrechte und Fehlerbeseitigung

Übung 4.2.4
Fehlerbeseitigung bei Zugriffsrechten

Übungsziele
- Überprüfen der Zugriffsrechte eines Ordners, auf den nicht zugegriffen werden kann
- Korrigieren der Zugriffsrechte, sodass ein Zugriff möglich ist

Zusammenfassung
Sie haben bereits Probleme mit dem Festlegen und Überprüfen von Zugriffsrechten behoben. In dieser Übung führen Sie ein Skript aus, das Zugriffsrechte an einem Speicherort auf dem Computer festlegt. Ihre Aufgabe besteht darin, das dadurch erzeugte Problem zu erkennen und zu lösen. Sie lernen außerdem eine Methode zur Fehlerbeseitigung mithilfe von Zugriffssteuerungslisten kennen.

Fehlerbeseitigung bei Zugriffsrechten
Sie führen nun das Skript aus, das die Zugriffsrechte in einer bestimmter Art und Weise ändert. Verwenden Sie den Finder oder die Befehlszeileneingabe, um dieses Problem zu erkennen und anschließend zu lösen.

1 Melden Sie sich als „Client Administrator" an.

2 Öffnen Sie den Ordner „StudentMaterials/Chapter4" und gehen Sie zum Automator-Programm „ChrisPublicPerms".

3 Öffnen Sie die Datei durch Doppelklicken.

In der Menüleiste wird kurz angezeigt, dass das Skript ausgeführt wird.

4   Melden Sie sich mithilfe des schnellen Benutzerwechsels als „Mayta Mishtuk" (mayta) an. Geben Sie bei Aufforderung ihr Kennwort für den Schlüsselbund ein. Ihr altes Kennwort lautet „marta".

5   Bewegen Sie die Datei „Project" vom Schreibtisch in den Briefkasten-Ordner von Chris Johnson. Wenn Sie aufgefordert werden, sich zu identifizieren, klicken Sie auf „Abbrechen".

Frage 7 Können Sie diese Datei kopieren?

Frage 8 Sind die Zugriffsrechte für diesen Ordner wie erwartet? Welche Werkzeuge können Sie verwenden, um die Frage richtig zu beantworten?

Sie haben verschiedene Möglichkeiten, die Zugriffsrechte für Chris' Ordner „Öffentlich" zu ändern. Um ein wenig mit der Befehlszeile zu üben, verwenden Sie den Befehl chmod. Sie könnten auch den Finder oder das Dienstprogramm „Kennwörter zurücksetzen" auf der Installations-DVD verwenden. Sie verwenden außerdem den Befehl chmod unter dem Account von „Client Administrator", um sich mit dem Befehl sudo vertraut zu machen. Mit sudo können Sie Befehle unter einem anderen Benutzeraccount ausführen. In der Regel führt ein Administrator Befehle als „Superuser" aus (auch bekannt als „root" oder „System Administrator").

6 Wechseln Sie zum Benutzer „Client Administrator".

7 Öffnen Sie das Programm „Terminal". Öffnen Sie ein neues Fenster.

8 Geben Sie den folgenden Befehl ein:

```
client17:~ cadmin$ chmod go+r /Users/chris/Public
```

Die Syntax des obigen Befehls lautet wie folgt: Sie fügen Schreibrechte hinzu für die Gruppe (group) und andere Benutzer (other) und spezifizieren den Ordner, auf den die Zugriffsrechte angewendet werden sollen.

Es wird ein Hinweis angezeigt, dass dieser Vorgang nicht zulässig ist. Um die Zugriffsrechte für Ordner anderer Benutzer zu ändern, müssen Sie diesen Befehl als root-Benutzer ausführen. Der Befehl für das Ausführen von Befehlen als root-Benutzer lautet sudo oder „switch user do". Sie müssen obigem Befehl den Befehl sudo voranstellen.

9 Geben Sie den folgenden Befehl ein:

```
client17:~ cadmin$ sudo chmod go+r /Users/chris/Public
```

Geben Sie bei Aufforderung das Kennwort für „cadmin" ein. Es wird dabei nicht auf dem Bildschirm angezeigt.

10 Überprüfen Sie die Zugriffsrechte für Chris' Ordner „Öffentlich".

Frage 9 Konnten Sie die Zugriffsrechte ändern?

11 Wechseln Sie wieder zu Maytas Account.

12 Kopieren Sie die Datei „Project.rtf" von Maytas Schreibtisch in Chris' Ordner „Briefkasten".

Frage 10   Konnten Sie die Datei kopieren?

_____

_____

13 Melden Sie „Mayta Mishtuk" ab.

Löschen von Zugriffssteuerungslisten

Sie möchten u. U. eine Zugriffssteuerungsliste löschen, die zu einer Datei oder einem Ordner hinzugefügt wurde. Hierfür stehen Ihnen verschiedene Methoden zur Auswahl. Sie lernen eine Methode kennen, die schnell alle zu einem bestimmten Objekt gehörigen Zugriffssteuerungslisten löscht.

1 Wechseln Sie zu „Client Administrator".

2 Ändern Sie in Terminal Ihr Arbeitsverzeichnis in „~/Public/Drop Box" (~/Öffentlich/Briefkasten).

3 Zeigen Sie mithilfe von `ls -le` die Zugriffssteuerungsliste für „From Chris.rtf" an.

4 Geben Sie den folgenden Befehl ein:

`client17:Drop Box cadmin$ chmod -N "From Chris.rtf"`

Die Option -N hinter chmod löscht die Zugriffssteuerungsliste für die Datei. Da Sie die Rechte haben, die Zugriffsrechte für die Datei zu ändern, können Sie die Zugriffssteuerungsliste löschen.

Sie müssen ggf. das Kennwort für „Client Administrator" (cadmin) eingeben.

5 Geben Sie `ls -le` ein, um die Zugriffssteuerungen für „From Chris.rtf" anzuzeigen.

Die Zugriffssteuerungsliste existiert nicht mehr.

6 Melden Sie sich ab.

5

Datenverwaltung und Backup

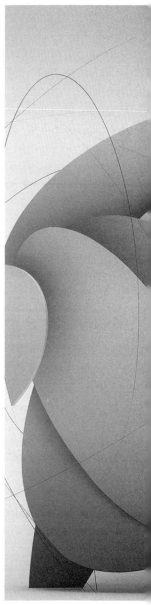

5.1	Mac OS X Volume-Hierarchie
Übung 5.1.1	Konfigurieren von Time Machine (optional)
Übung 5.1.2	Speicherorte der Systemressourcen
5.2	Dateimetadaten und Spotlight
Übung 5.2.1	Anzeigen von Paketinhalten (optional oder im Überblick)
Übung 5.2.2	Kennenlernen der Launch Services
Übung 5.2.3	Verwenden von Spotlight
5.3	Archivieren und Sichern
Übung 5.3.1	Erstellen von Archiven
Übung 5.3.2	Erstellen von Image-Dateien (optional)
Übung 5.3.3	Wiederherstellen von Dateien mithilfe von Time Machine (optional)

Kapitel 5 Datenverwaltung und Backup

5.1 Mac OS X Volume-Hierarchie

Eine durchschnittliche Mac OS X-Installation besteht aus über 200.000 einzelnen Dateien. Dies sieht zwar nach einer überwältigenden Anzahl von Dateien aus, das System ist jedoch logisch so strukturiert, dass sowohl erfahrene als auch unerfahrene Benutzer Dateien schnell und einfach finden können. Diese Übung befasst sich hauptsächlich mit der Dateistruktur von Mac OS X und damit wie ein Administrator diese Struktur nutzen kann, um den Zugriff auf Ressourcen zu steuern.

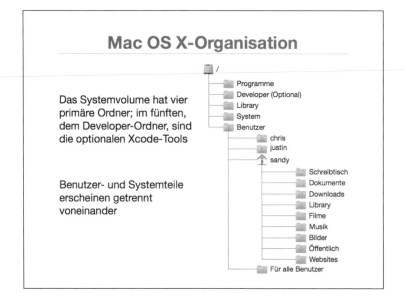

Ausführliche Anleitungen finden Sie unter „Mac OS X-Volume-Hierarchie" in Lektion 5 von *Apple Training Series: Mac OS X Support Essentials v10.6*.

Lektion 5.1 Mac OS X Volume-Hierarchie

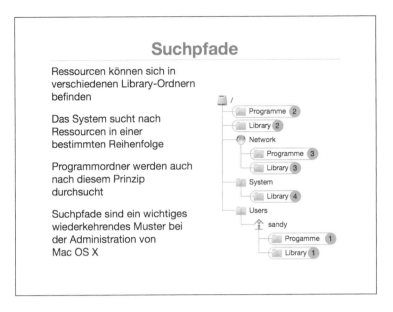

Ausführliche Anleitungen finden Sie unter „Hierarchie der Systemressourcen" in Lektion 5 von *Apple Training Series: Mac OS X Support Essentials v10.6*.

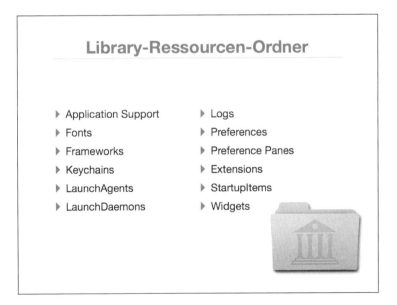

Ausführliche Anleitungen finden Sie unter „Typen von Systemressourcen" in Lektion 5 von *Apple Training Series: Mac OS X Support Essentials v10.6*.

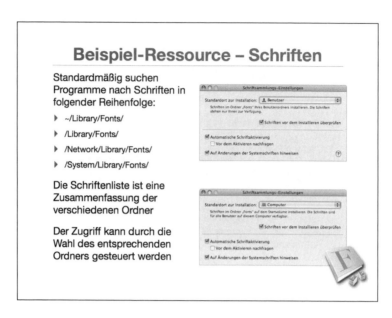

Ausführliche Anleitungen finden Sie unter „Verwalten von Schriftressourcen" in Lektion 5 von *Apple Training Series: Mac OS X Support Essentials v10.6*.

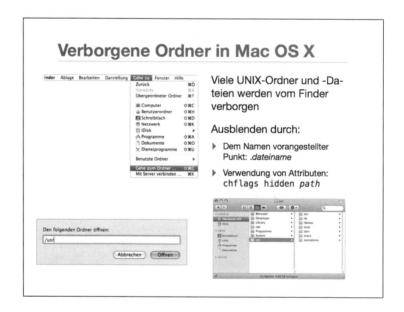

Ausführliche Anleitungen finden Sie unter „Verwalten von verdeckten Objekten" in Lektion 5 von *Apple Training Series: Mac OS X Support Essentials v10.6*.

Lektion 5.1 Mac OS X Volume-Hierarchie

Übung 5.1.1
Konfigurieren von Time Machine (optional)

Übungsziel
- Konfigurieren von Time Machine

Zusammenfassung
Time Machine bietet Benutzern eine einfache Methode für die Datensicherung (Backup) des Computers. Speicherplatz wird gespart, indem nicht geänderte Dateien ignoriert werden. In dieser Übung konfigurieren Sie Time Machine so, dass ein Backup des Benutzerordners auf Ihrem Computer erstellt wird. Sie verwenden das Backup dann, um in einer späteren Übung „verlorene" Daten wiederherzustellen.

Kopieren einiger vCards in das Adressbuch

1 Melden Sie sich als „Client Administrator" an.

2 Öffnen Sie den Ordner „StudentMaterials" unter „/Benutzer/Für alle Benutzer".

3 Öffnen Sie den Ordner „Chapter5".

4 Bewegen Sie den Ordner „vCards" auf das Adressbuch im Dock.

   Daraufhin wird ein Dialogfenster geöffnet, in dem Sie bestätigen müssen, dass Sie die Kontakte zu Ihrem Adressbuch hinzufügen wollen.

5 Klicken Sie auf „Hinzufügen".

   Es werden nun acht vCards in das Adressbuch importiert.

Kapitel 5 Datenverwaltung und Backup

Konfigurieren der Einstellungen für Time Machine

1 Öffnen Sie die Systemeinstellungen.

2 Klicken Sie auf „Time Machine".

3 Setzen Sie den Schalter auf EIN, um Time Machine zu aktivieren.

4 Wählen Sie „Backup" und klicken Sie auf „Für Backup verwenden".

In einem eingeblendeten Dialogfenster werden Sie darauf aufmerksam gemacht, dass auf ein anderes Volume des Startlaufwerks gesichert wird. Im Allgemeinen ist dies jedoch nicht empfehlenswert, da ein Ausfall dieser Festplatte zum Verlust von Daten und Ihrer Sicherungskopien führen kann.

5 Klicken Sie auf „Ausgewähltes Volume verwenden".

In einem weiteren Dialogfenster werden Sie darüber informiert, dass FileVault-Benutzerordner nur gesichert werden, wenn der Benutzer nicht angemeldet ist.

Lektion 5.1 Mac OS X Volume-Hierarchie

6   Klicken Sie auf „OK".

    Time Machine wartet jetzt zwei Minuten, bevor das Backup zum ersten Mal durchgeführt wird. In dieser Zeit können Sie festlegen, welche Dateien ins Backup aufgenommen werden sollen.

7   Klicken Sie auf die Taste „Optionen". Ein Dialogfenster wird angezeigt, in dem Sie Ordner vom Backup ausschließen können.

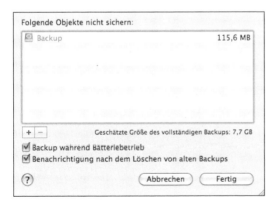

8   Klicken Sie auf „Hinzufügen" (+) unten im Dialogfenster.

9   Wählen Sie die Ordner „Programme", „Library" und „System" aus.

    Klicken Sie in der Seitenleiste des Dialogfensters auf „Macintosh HD" und dann auf „Programme". Klicken Sie dann bei gedrückter Befehlstaste auf „Library" und auf „System".

10 Klicken Sie auf „Ausschließen".

11 Im Dialogfenster „Sie haben den Systemordner ausgeschlossen" klicken Sie auf „Alle Systemdateien ausschließen".

12 Klicken Sie auf „Fertig".

    Time Machine startet die Sicherung in zwei Minuten.

13 Schließen Sie die Systemeinstellungen.

14 Melden Sie sich ab.

Lektion 5.1 Mac OS X Volume-Hierarchie

Übung 5.1.2
Speicherort der Systemressourcen

Übungsziele
- Aktivieren einer Schrift für nur einen Benutzer
- Suchpfade für Systemressourcen, z. B. Schriften

Zusammenfassung

Systemressourcen wie Schriften, Signaltöne, Dateien zur Programmunterstützung und Programmeinstellungen befinden sich an verschiedenen Orten im Dateisystem. Vom Speicherort einer Ressource hängt ab, wer darauf zugreifen kann. Auf eine Schrift, die im Ordner „~/Library/Fonts/" im Benutzerordner eines bestimmten Benutzers gesichert ist, kann nur dieser Benutzer zugreifen. Befindet sich eine Schrift hingegen im Ordner „/Library/Fonts", kann sie von allen Benutzern auf diesem Computer verwendet werden. In dieser Übung entfernen Sie eine Font-Datei (Schrift) aus dem Ordner „/Library/Fonts", wo sie für alle Benutzer verfügbar ist, und sichern sie stattdessen im Ordner „Fonts" eines bestimmten Benutzers.

Entfernen einer Schrift

Im Programm „Schriftsammlung" können Sie verfolgen, was passiert, wenn eine Schrift in den Papierkorb bewegt wird.

1. Vergewissern Sie sich mithilfe der Funktion zum schnellen Benutzerwechsel, dass keine Benutzer angemeldet sind. Sind Benutzer angemeldet, melden Sie sie ab.

2. Melden Sie sich als Chris Johnson (chris) an.

3. Öffnen Sie das Programm „Schriftsammlung" im Ordner „/Programme".

4 Wählen Sie „Arial" in der Spalte „Schrift" aus und klicken Sie auf das Dreiecksymbol, um die Liste mit den Schriftstilen zu erweitern. Suchen Sie die Schriftart „Arial Standard". Die Schriftart „Standard" wird eingerückt unter „Arial" aufgelistet.

5 Öffnen Sie im Finder den Ordner „/Library/Fonts".

Diese Schriften sind auf dem System für alle Benutzer verfügbar.

6 Suchen Sie die Datei „Arial.ttf". Sie enthält die Schrift „Arial Standard".

7 Bewegen Sie die Datei „Arial.ttf" auf den Schreibtisch. Der Mauszeiger sollte mit einem grünen Etikett mit einem Pluszeichen versehen sein. Dies ist jetzt Ihre Sicherungskopie der Arial-Schrift.

8 Bewegen Sie nun die Datei „Arial.ttf" aus dem Ordner „/Library/Fonts" in den Papierkorb. Authentifizieren Sie sich bei Aufforderung als „Client Administrator".

9 Klicken Sie auf das Fenster „Schriftsammlung", um es wieder als aktives Fenster auszuwählen.

In der Schriftsammlung wird die Schrift „Arial Standard" nicht mehr angezeigt. Das Programm „Schriftsammlung" zeigt immer alle aktuell im Systemsuchpfad vorhandenen Schriften an.

Lektion 5.1 Mac OS X Volume-Hierarchie

Hinzufügen einer Schrift für nur einen Benutzer

Sie können mit der Schriftsammlung eine Schrift nur für einen Benutzer auf dem Computer installieren.

1 Wählen Sie „Schriftsammlung" > „Einstellungen" im Programm „Schriftsammlung" aus.

2 Stellen Sie sicher, dass für den Standardinstallationsort „Benutzer" ausgewählt ist.

3 Schließen Sie die Einstellungen des Programms „Schriftsammlung".

4 Wechseln Sie zum Finder und wahlen Sie die Datei „Arial.ttf" auf dem Schreibtisch durch Doppelklicken aus.

Hierdurch wird die Datei „Arial.ttf" im Programm „Schriftsammlung" geöffnet und Sie werden gefragt, ob Sie diese Schrift installieren wollen.

5   Klicken Sie auf „Installieren".

Es wird automatisch die Sammlung „Benutzer" ausgewählt und „Arial Standard" wird darin angezeigt.

6   Beenden Sie das Programm „Schriftsammlung".

7   Wechseln Sie zum Finder und navigieren Sie zum Ordner „~/Library/Fonts", um sicherzustellen, dass die Datei „Arial.ttf" in Ihren Ordner „Fonts" kopiert wurde.

Lektion 5.1 Mac OS X Volume-Hierarchie

Überprüfen der Nichtverfügbarkeit der Schrift für andere Benutzer

Wenn Sie sich als ein anderer Benutzer anmelden, haben Sie keinen Zugriff auf die Schriften in Chris' Ordner „Fonts".

1 Verwenden Sie die Funktion zum schnellen Benutzerwechsel, um zum Account von Mayta Mishtuk (mayta) zu wechseln.

2 Öffnen Sie das Programm „Schriftsammlung" und die Gruppe mit der Arial-Schrift.

Sie werden feststellen, dass die Schrift „Arial Standard" in der Schriftsammlung für den Account von Mayta nicht sichtbar ist. Sie könnten jetzt ebenso wie vorhin bei Chris „Arial" zu Maytas Benutzeraccount hinzufügen. Kopieren Sie hierzu die Schriftdatei an einen Ort, auf den Mayta zugreifen kann.

3 Beenden Sie das Programm „Schriftsammlung".

Aufräumen und Überprüfen von Schriften

Sie haben eine Änderung an einer Schrift vorgenommen. Jetzt machen Sie diese Änderung wieder rückgängig.

1 Wechseln Sie mit der Funktion zum schnellen Benutzerwechsel zurück zum Account von Chris Johnson.

2 Bewegen Sie die Arial-Schrift vom Schreibtisch in den Ordner „/Library/Fonts". Authentifizieren Sie sich bei Aufforderung als „Client Administrator". Hierdurch wird die Schrift „Arial Standard" wieder für alle Benutzer verfügbar.

3 Navigieren Sie zum Ordner „~/Library/Fonts" und bewegen Sie die Datei „Arial.ttf" in den Papierkorb.

4 Öffnen Sie das Programm „Schriftsammlung".

5 Wählen Sie die Sammlung „Alle Schriften" und dann alle Schriften (mit der Tastenkombination „Befehl-A") aus.

6 Wählen Sie „Ablage" > „Schriften überprüfen".

Hierdurch wird das Programm „Schriftsammlung" angewiesen, alle Schriftdateien zu lesen und auf eventuelle Fehler zu überprüfen.

7 Melden Sie alle angemeldeten Benutzer ab.

Lektion 5.2 Dateimetadaten und Spotlight

Dateimetadaten und Spotlight

5.2

Einfach ausgedrückt, sind Metadaten Informationen über ein Objekt im Dateisystem. Am häufigsten liegen Metadaten in Form des Dateinamens eines Objekts vor. Davon ausgehend bietet Mac OS X eine nahezu unbegrenzte Anzahl von weiteren Metadaten, mit denen ein Objekt definiert werden kann. Obwohl die meisten dieser Metadaten für den Benutzer nicht sichtbar sind, werden Sie lernen, wie Sie auf gängige Metadatentypen des Dateisystems zugreifen und diese ändern können. Ferner erfahren Sie, wie das System Metadaten verwaltet, auch wenn Dateien auf Speichermedien von Drittanbietern gesichert werden. Und schließlich lernen Sie die Vorteile von Spotlight kennen, der schnellen Suchfunktion von Mac OS X für Metadaten.

Ausführliche Anleitungen finden Sie unter „Softwarepakete und Paketinhalte" in Lektion 5 von *Apple Training Series: Mac OS X Support Essentials v10.6*.

Metadaten des Dateisystems

Generell sind Metadaten jegliche Informationen, die „außerhalb" der eigentlichen Dateidaten benutzt werden, um die Datei zu beschreiben

Beispiele für Dateimetadaten:

- Dateiname, Suffix, Dateityp und Erzeugerprogramm
- Datum der Erzeugung, letzten Modifizierung oder letzten Öffnung
- Zugriffsrechte und Zugriffssteuerungslisten
- Attribute wie Geschützt oder Ausgeblendet
- Mac OS 9–style Ressource-Forks
- Attribute wie z.B. Autor oder andere Dinge, die mit der Datei in Verbindung stehen

Ausführliche Anleitungen finden Sie unter „Metadaten des Dateisystems" in Lektion 5 von *Apple Training Series: Mac OS X Support Essentials v10.6*.

AppleDouble-Format

Mac OS X Extended unterstützt nativ zusätzliche Metadaten

Dateien werden automatisch in zwei Teile geteilt, wenn sie auf andere Dateisysteme kopiert werden:

- Originaler Namen für die Datei mit den Daten
- Metadaten mit „._name"

Grafische oder Befehlszeilen-basierte Programme können mit AppleDouble-Dateien arbeiten

Anzeigen der Attribute mittels:

- ls -l@ *path*

Ausführliche Anleitungen finden Sie unter „Metadaten auf Nicht-Mac-Volumes" in Lektion 5 von *Apple Training Series: Mac OS X Support Essentials v10.6*.

Lektion 5.2 Dateimetadaten und Spotlight

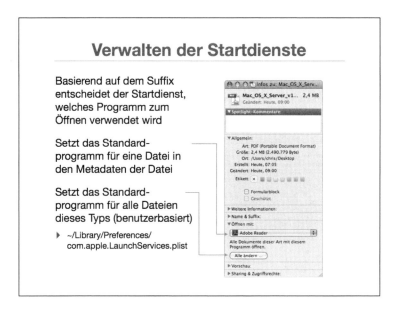

Ausführliche Anleitungen finden Sie unter „Verwalten der Launch Services" in Lektion 5 von *Apple Training Series: Mac OS X Support Essentials v10.6*.

Ausführliche Anleitungen finden Sie unter „Verwenden von Spotlight und Übersicht" in Lektion 5 von *Apple Training Series: Mac OS X Support Essentials v10.6*.

Spotlight-Sicherheit und Privatsphäre

Wenn Benutzer auf lokal angeschlossenen Nicht-Systemvolumes suchen, können sie wählen, die Zugriffsrechte zu ignorieren

Einzelne Kategorien können ausgeschaltet werden

Ordner oder ganze Volumes können von der Indexierung ausgenommen werden

Ausführliche Anleitungen finden Sie unter „Spotlight-Sicherheit" in Lektion 5 von *Apple Training Series: Mac OS X Support Essentials v10.6*.

Suchen in der Befehlszeileneingabe

`less` *path*
- Zum interaktiven Lesen von Textdateien

`find` *path* `-x -name "*`*searchterm*`*"`
- Traditionelles UNIX-find-Kommando, durchsucht keine anderen Volumes

`mdfind -live "`*searchterm*`"`
- Spotlight-Suchkommando mit Live-Ansichtsoption

`file` *path*
- Versucht den Dateitypen über den Inhalt zu ermitteln

`which` *commandname*
- Zeigt den Pfad des angegebenen Kommandos

Ausführliche Anleitungen finden Sie unter „Dateimanipulation mithilfe der Befehlszeile" in Lektion 3 der *Apple Training Series: Mac OS X Support Essentials v10.6*.

Lektion 5.2 Dateimetadaten und Spotlight

Übung 5.2.1
Anzeigen von Paketinhalten (optional oder im Überblick)

Übungsziele
- Anzeigen von Paketinhalten
- Verwenden von Paketen zum Verteilen lokalisierter Sprachversionen in einer einzelnen Datei

Zusammenfassung
In dieser Übung verwenden Sie den Finder, um Paketinhalte anzuzeigen. Ein Paket besteht aus einer Sammlung von Dateien, die ein Programm benötigt. Diese Objekte befinden sich im Ordner „Contents" innerhalb des Pakets. Sie schauen sich ein Programm und ein Dokument genauer an und erfahren, wie Pakete mehrere Sprachversionen als Ressourcen enthalten können.

Überprüfen der Inhalte des Programmpakets „Adressbuch"

1 Melden Sie sich als „Chris Johnson" an. (Für den Überblick kann ein Kursleiter sich auch mit dem für Präsentationen verwendeten Account anmelden.)

2 Suchen Sie im Finder das Adressbuch im Ordner „Programme".

Nur für den persönlichen Gebrauch. Nicht für den Wiederverkauf.

Kapitel 5 Datenverwaltung und Backup

3   Klicken Sie bei gedrückter ctrl-Taste auf „Adressbuch" und wählen Sie die Option „Paketinhalt zeigen". Wechseln Sie ggf. zur Spaltendarstellung.

Dieser Befehl öffnet ein neues Finder-Fenster, in dem der Paketinhalt angezeigt wird.

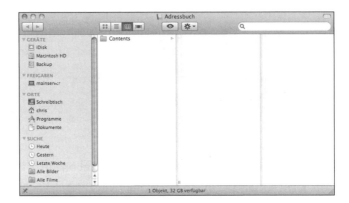

4   Öffnen Sie den Ordner „Contents".

5   Wählen Sie den Ordner „Resources" aus.

In der Abbildung sehen Sie Teile der Paketstruktur und der Ressourcen, einschließlich Bildern (png, tiff, tif etc.), Skripting-Definitionen (sdef), Symbolen (icns), Sprachprojekten (lproj, die für die Lokalisierung eines Programms in mehreren Sprachen verwendet werden) und andere Dateien. Innerhalb der lproj-Ordner sehen Sie Dateien mit Strings und nib- (NeXT Interface Builder) Dateien (Ordner). Diese enthalten im Allgemeinen die Elemente der Benutzeroberfläche eines Programms, ebenfalls in der entsprechenden Sprache lokalisiert.

Lektion 5.2 Dateimetadaten und Spotlight

6. Wählen Sie den Ordner „AddressBook.help" aus und navigieren Sie zum darin befindlichen Ordner „Contents/Resources/German.lproj".

7. Wählen Sie den Ordner „pgs" aus und zeigen Sie einige der html-Dateien an, indem Sie eine auswählen und die Leertaste drücken. Mithilfe der Pfeiltasten können Sie zwischen den anderen Dateien wechseln.

Frage 1 Was glauben Sie, wofür diese Dateien verwendet werden?

_____

_____

8. Öffnen Sie einige derselben Dateien in einer anderen Sprache, wenn möglich auf Japanisch ("Japanese.lproj"), Koreanisch ("ko.lproj") oder Russisch ("ru.lproj").

Anzeigen der Verwendungsweise von verschiedenen Ressourcen

1. Öffnen Sie das Adressbuch.

   Wie nicht anders zu erwarten, werden die Menüs in der in Ihrer Benutzeroberfläche verwendeten Sprache, wahrscheinlich Deutsch, angezeigt.

2. Schließen (beenden) Sie das Adressbuch.

3. Öffnen Sie die Systemeinstellungen.

4. Klicken Sie auf das Symbol der Systemeinstellung „Sprache & Text".

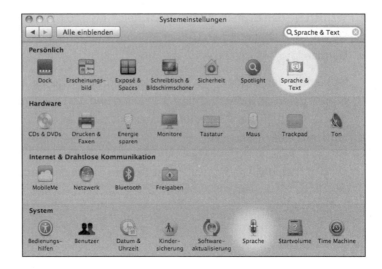

5   Klicken Sie auf „Sprachen" und bewegen Sie „Français" an den Anfang der Sprachenliste. Schließen Sie die Systemeinstellungen noch nicht.

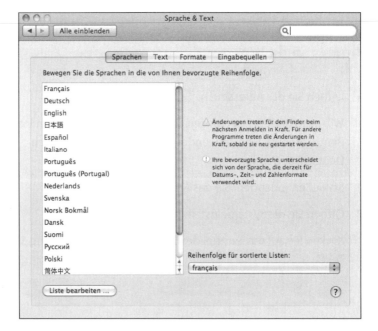

6   Öffnen Sie das Adressbuch erneut.

    Die Menüs werden jetzt auf Französisch angezeigt.

7   Schließen Sie das Adressbuch.

Lektion 5.2 Dateimetadaten und Spotlight

8   Versuchen Sie dasselbe mit einer anderen Sprache, wenn Sie möchten. Lassen Sie dabei jedoch die Systemeinstellungen geöffnet, da Sie sonst die Informationen im Bereich „Sprache & Text" nicht ohne weiteres verstehen.

9   Bewegen Sie „Deutsch" zurück an den Anfang der Sprachenliste in der Systemeinstellung „Sprache & Text".

Inhalte in der Datei mit Installationsanleitungen

Die Datei mit den Installationsanleitungen befindet sich auf der Mac OS X-Installations-DVD oder in den Unterrichtsmaterialien.

1   Die Installationsanleitungen in den Unterrichtsmaterialien finden Sie unter „StudentMaterials/Chapter5". Wechseln Sie ggf. zur Spaltendarstellung.

Das Vorschau-Symbol ist eine PDF, für die Art des Objekts wird jedoch „Programm" angezeigt. Diese Datei ist ein Programm, das als Dokument maskiert ist.

2   Klicken Sie bei gedrückter ctrl-Taste auf die Datei mit den Installationsanleitungen und wählen Sie „Paketinhalt zeigen" aus.

3   Öffnen Sie den Ordner „/Contents/Resources".

In diesem Ordner befinden sich zahlreiche Ordner für die Lokalisierung. Einige werden mit dem englischen Name der Sprache bezeichnet, andere tragen den ISO-Code für das betreffende Land und/oder die betreffende Sprache.

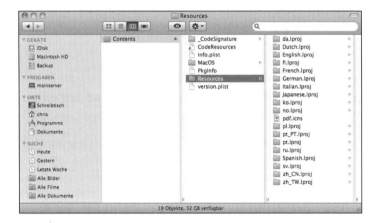

4   Schließen Sie das Finder-Fenster.

5   Öffnen Sie die Datei mit den Installationsanleitungen in der Vorschau.

In Vorschau werden die deutschen Anleitungen angezeigt.

6   Melden Sie sich ab.

Lektion 5.2 Dateimetadaten und Spotlight

Übung 5.2.2
Kennenlernen der Launch Services

Übungsziele
- Ändern des Programms zum Öffnen bestimmter Dateiarten
- Anzeigen einer Datei mit der Funktion „Übersicht"

Zusammenfassung

In dieser Übung lernen Sie, wie die Launch Services bevorzugte Programme für jeden Benutzer separat verwalten. Außerdem erhalten Sie eine Methode, die bei der Bewertung, ob Programme von nicht vertrauenswürdigen Quellen gestartet werden sollen oder nicht, helfen kann. Sie laden dazu ein Programm von der Website „Pretendco.com" und sehen, wie das System damit umgeht. Sie ändern die Einstellungen für das Öffnen von Textdateien und erfahren, wie Mac OS X diese Einstellungen verwaltet.

1 Melden Sie sich als „Client Administrator" an.

2 Öffnen Sie Terminal.

3 Ändern Sie Ihr Arbeitsverzeichnis in „~/Library/Preferences".

4 Führen Sie diesen Befehl aus:

```
client17:Preferences cadmin$ ls -l > ~/Desktop/Prefs.txt
```

Frage 2 *Was bewirkt dieser Befehl?*

5 Öffnen Sie Safari.

6 Geben Sie `mainserver.pretendco.com/Downloads` in das Adressfeld ein und drücken Sie den Zeilenschalter.

7   Wenn die Webseite geladen ist, klicken Sie auf den Link „Download Me". Wenn die Datei geladen ist, schließen Sie Safari (Befehl-Q) oder blenden Sie es aus (Befehl-H).

Die Datei „SubEthaEdit.app.zip" wird in Ihren Ordner „Downloads" geladen und dekomprimiert. Anschließend befindet sich die Datei „SubEthaEdit.app" in Ihrem Ordner „Downloads".

8   Bewegen Sie das Symbol „SubEthaEdit" aus dem Ordner „Downloads" (oder aus dem Stapel in Ihren Dock) in den Ordner „Programme".

9   Öffnen Sie die Datei „SubEthaEdit".

Die geladene Datei wird mit einigen weiteren Metadaten gekennzeichnet, um anzuzeigen, dass sie aus dem Internet geladen wurde. Wenn Sie die Datei zum ersten Mal öffnen, fordert das System von Ihnen eine Bestätigung, dass Sie das Programm öffnen wollen.

> **Hinweis** SubEthaEdit ist ein Text-Editor von The Coding Monkeys. Eine kostenlose Testversion für 30 Tage kann von der folgenden Website geladen werden: http://codingmonkeys.de.

10 Klicken Sie auf „Öffnen".

Eine Meldung zur 30-tägigen Testversion von SubEthaEdit wird angezeigt.

Lektion 5.2 Dateimetadaten und Spotlight

11 Klicken Sie auf „OK".

12 Wechseln Sie zu Terminal.

13 Geben Sie in Ihrem vorherigen Terminal-Fenster (oder einem neuen mit dem Arbeitsverzeichnis „~/Library/Preferences") den folgenden Befehl ein:

client17:Preferences cadmin$ ls -l > ~/Desktop/2ndPrefs.txt

14 Schließen Sie Terminal.

15 Öffnen Sie die Datei „Prefs.txt" auf dem Schreibtisch. Die Datei wird im Programm „TextEdit" geöffnet.

16 Beenden Sie TextEdit.

17 Klicken Sie nun bei gedrückter ctrl-Taste auf die Datei „2ndPrefs.txt" und wählen Sie „Informationen" aus dem Kontextmenü aus.

18 Vergewissern sie sich, dass im Informationsfenster der Bereich „Öffnen mit" angezeigt wird.

19 Wählen Sie „SubEthaEdit" aus dem Einblendmenü „Öffnen mit" aus.

Kapitel 5 Datenverwaltung und Backup

20 Klicken Sie auf die Taste „Alle ändern" und im daraufhin angezeigten Dialogfenster auf „Fortfahren".

Frage 3 Was geschieht, wenn Sie auf die Taste „Alle ändern" klicken?

_____

_____

_____

21 Schließen Sie das Informationsfenster.
22 Öffnen Sie die Datei „2ndPrefs.txt" durch Doppelklicken

Frage 4 In welchem Programm wird sie geöffnet?

23 Öffnen Sie die Datei „Prefs.txt" durch Doppelklicken.

Sie wird jetzt in SubEthaEdit geöffnet, nicht mehr in TextEdit.

Lektion 5.2 Dateimetadaten und Spotlight

Frage 5 *Inwiefern unterscheiden sich die beiden Ordnerlisten?*

24 Beenden Sie SubEthaEdit.

25 Navigieren Sie im Finder zum Ordner „~/Library/Preferences".

26 Klicken Sie auf die Datei „com.apple.LaunchServices.plist".

27 Drücken Sie die Leertaste, um die Funktion „Übersicht" zu aktivieren.

Die Datei „com.apple.LaunchServices.plist" befindet sich im Benutzerordner des Client-Administrators. Jeder Benutzer kann seine eigenen Einstellungen für die Launch Services festlegen.

Kapitel 5 Datenverwaltung und Backup

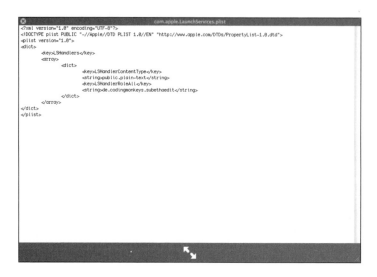

28 Klicken Sie bei gedrückter ctrl-Taste auf die Datei „2ndPrefs.txt" und wählen Sie „Informationen" aus dem Kontextmenü aus.

29 Wählen Sie „Konsole" aus dem Einblendmenü „Öffnen mit" aus.

30 Klicken Sie auf die Taste „Alle ändern" und dann auf „Fortfahren".

31 Wiederholen Sie die Schritte 25–27.

Frage 6 Was hat sich an der Datei „com.apple.LaunchServices.plist" verändert?

_____

_____

_____

32 Melden Sie sich ab.

Lektion 5.2 Dateimetadaten und Spotlight

Übung 5.2.3
Verwenden von Spotlight

Übungsziel
- Kennenlernen der Suche mit Spotlight

Zusammenfassung
Spotlight bietet einen schnellen, flexiblen Suchmechanismus, der in das System integriert ist. Standardmäßig zeigt Spotlight nur Ergebnisse für Dateien an, die für den Benutzer sichtbar sind. Es werden jedoch weit mehr Informationen indiziert. In dieser Übung werden Sie erfahren, wie Sie Informationen anzeigen können, die Ihnen von Spotlight normalerweise nicht bereitgestellt werden. Sie erfahren zudem, wie Sie diese Suche für eine spätere Verwendung sichern können.

Suchen nach kürzlich geänderten Dateien
Sie werden nach Dateien suchen, die vor Kurzem geändert wurden. Hierzu gehören auch Dateien, die Sie normalerweise nicht sehen können. Anschließend werden Sie die Ergebnisse in einem intelligenten Ordner sichern.

1 Melden Sie sich als „Client Administrator" an.

2 Wählen Sie im Finder-Menü „Ablage" die Option „Neuer intelligenter Ordner".

Hierdurch wird ein neues Fenster erstellt, in dem Sie Ihre Suchkriterien definieren können.

Kapitel 5 Datenverwaltung und Backup

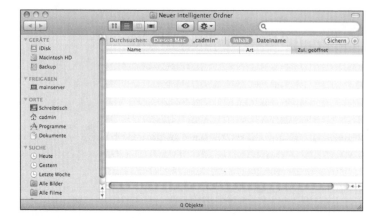

3   Klicken Sie auf die Taste „Hinzufügen" (+) neben der Taste „Sichern".

4   Wählen Sie aus dem linken Einblendmenü (in dem „Art" ausgewählt ist) die Option „Andere".

Daraufhin wird ein Fenster eingeblendet, in dem eine Vielzahl von Suchkriterien angeboten werden.

Lektion 5.2 Dateimetadaten und Spotlight

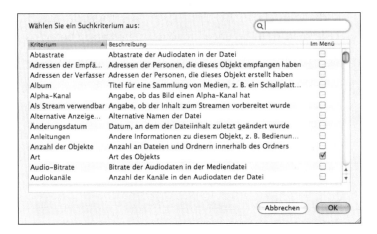

5   Suchen Sie nach „Datei ist unsichtbar" und „Systemdateien" oder geben Sie diese Begriffe in das Suchfeld ein und klicken Sie für beides auf das Markierungsfeld „Im Menü". Hierdurch werden diese Optionen im gerade verwendeten Einblendmenü platziert.

6   Klicken Sie auf „OK".

7   Wählen Sie aus demselben (linken) Einblendmenü (mit ausgewählter Option „Art") die Option „Sichtbarkeit".

8   Wählen Sie „sichtbar oder unsichtbar" aus dem rechten Einblendmenü aus.

Beachten Sie, dass Spotlight die Suche bereits gestartet hat.

9   Klicken Sie auf die Taste „Hinzufügen" (+), die sich in derselben Zeile wie die Einstellungen für die Dateisichtbarkeit befindet.

10 Wählen Sie aus dem linken Einblendmenü (mit der ausgewählten Option „Art") der neuen Zeile die Option „Systemdateien".

11 Wählen Sie aus dem rechten Einblendmenü dieser Zeile „einschließen".

12 Klicken Sie auf die Taste „Hinzufügen" (+), die sich in derselben Zeile wie die Einstellungen für die Systemdateien befindet.

13 Wählen Sie aus dem linken Einblendmenü der neuen Zeile „Letztes Änderungsdatum".

14 Geben Sie in das Textfeld 1 ein.

Jetzt sehen Sie eine sich ständig ändernde Liste aller Dateien (einschließlich Ordnern), die sich während der letzten 24 Stunden geändert haben.

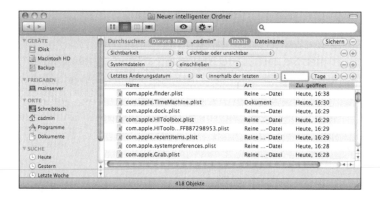

15 Klicken Sie auf die Taste „Sichern" und benennen Sie die Suche Recently modified, die anderen Standardeinstellungen werden beibehalten.

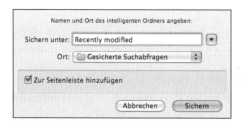

16 Blättern Sie ggf. in der Seitenleiste nach unten, um Ihren intelligenten Ordner im Suchbereich der Finder-Seitenleiste anzuzeigen.

17 Melden Sie sich ab.

Lektion 5.3 Archivieren und Sichern

Archivieren und Sichern 5.3

Bei der Verwaltung von Computersystemen ist eine gute Sicherung von entscheidender Bedeutung. In der Tat haben diejenigen, die Daten nicht routinemäßig sichern, bisher einfach nur Glück gehabt, dass wichtige Daten nicht verloren gegangen sind. Irgendwann wird dies jedoch einmal der Fall sein. In dieser Übung erfahren Sie, wie Sie Datenverluste vermeiden können, indem Sie die Vorteile der in Mac OS X integrierten Technologien zum Archivieren und Sichern nutzen. Zunächst lernen Sie die beiden wichtigsten Technologien zum Archivieren von Mac OS X kennen, nämlich zip-Archive und Image-Dateien. Anschließend lernen Sie die leistungsstarke Technologie von Mac OS X zum Erstellen von Sicherungskopien kennen, Time Machine.

Mac OS X-Archivtechniken

Komprimierte Zip-Archive
- Erzeugt im Finder oder mit `zip`-Befehl
- Ideal für schnelle Archivierung von kleinen Datenmengen
- Kompatibel mit vielen anderen Betriebssystemen

Image-Dateien
- Erzeugt mit Festplatten-Dienstprogramm oder mit `hdiutil` Befehl
- Archivieren den Inhalt von Ordnern oder ganzen Volumes
- Können komprimiert und/oder verschlüsselt werden
- Nur von Macs standardmäßig unterstützt

Ausführliche Anleitungen finden Sie unter „Verwenden von Dateiarchiven und Image-Dateien" in Lektion 5 von *Apple Training Series: Mac OS X Support Essentials v10.6*.

Kapitel 5 Datenverwaltung und Backup

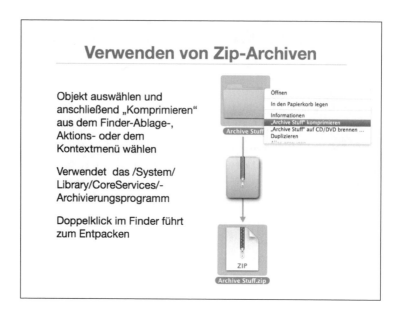

Ausführliche Anleitungen finden Sie unter „Erstellen von Zip-Archiven" in Lektion 5 von *Apple Training Series: Mac OS X Support Essentials v10.6*.

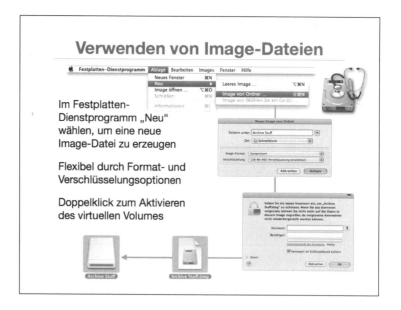

Ausführliche Anleitungen finden Sie unter „Informationen über Image-Dateien" in Lektion 5 von *Apple Training Series: Mac OS X Support Essentials v10.6*.

Lektion 5.3 Archivieren und Sichern

Time Machine-Funktionalität

Einfache Backup-Konfiguration, möglich mit nur einem Klick

Automatisches Backup wird planmäßig mittels backupd im Hintergrund ausgeführt

Standardmäßig wird das gesamte Systemvolumen gesichert

Ausnahmen:
- Temporäre Dateien und Cache-Informationen
- Objekte im Papierkorb
- Einige weitere Dateien und Ordner, definiert in /System/Library/CoreServices/backupd.bundle/Contents/Resources/StdExclusions.plist

Ausführliche Anleitungen finden Sie unter „Informationen über Time Machine-Sicherungen" in Lektion 5 von *Apple Training Series: Mac OS X Support Essentials v10.6*.

Time Machine-Zeitplan

Standardzeitplan ist nicht einfach zu ändern
- Backup-„Snapshot" wird jede Stunde erzeugt
- Löscht ältere Backups bei Platzbedarf

Ausschalten des automatischen Backups
- Deaktivieren des lokalen Backupvolumes
- Time Machine ausschalten und dann manuell Backups über das Time Machine-Statusmenü starten

Ausführliche Anleitungen finden Sie unter „Konfigurieren von Time Machine" in Lektion 5 von *Apple Training Series: Mac OS X Support Essentials v10.6*.

Time Machine-Volumes

Unterstützte Time Machine-Backupvolumes:

- Lokale Mac OS Extended (Journaled)-Volumes
- Mac OS X Server-AFP-Freigaben mit Time Machine-Funktion, eingeschaltet mittels Bonjour
- Time Capsule – drahtlose Basisstation mit AFP-Freigabe mittels Bonjour

Ausführliche Anleitungen finden Sie unter „Konfigurieren von Time Machine" in Lektion 5 von *Apple Training Series: Mac OS X Support Essentials v10.6*.

Time Machine-Ausschlüsse

Benutzer können auflisten, welche Objekte nicht gesichert werden sollen

Alle Systemdateien durch Hinzufügen des /System-Ordners zur Liste und anschliessende Bestätigung ausschliessen

Keine einfache Möglichkeit, Dateitypen oder benutzerspezifische Objekte auszuschliessen

Ausführliche Anleitungen finden Sie unter „Konfigurieren von Time Machine" in Lektion 5 von *Apple Training Series: Mac OS X Support Essentials v10.6*.

Ausführliche Anleitungen finden Sie unter „Wiederherstellen von Daten mithilfe von Time Machine" in Lektion 5 von *Apple Training Series: Mac OS X Support Essentials v10.6*.

Ausführliche Anleitungen finden Sie unter „Manuelles Wiederherstellen von Daten mithilfe von Time Machine" in Lektion 5 von *Apple Training Series: Mac OS X Support Essentials v10.6*.

Kapitel 5 Datenverwaltung und Backup

Übung 5.3.1
Erstellen von Archiven

Übungsziel
- Komprimieren von Dateien mit dem Finder

Zusammenfassung
Bei der Arbeit im Supportumfeld werden Sie von Ihren Endbenutzern Informationen erfragen, die diese in Protokolldateien oder Berichten sammeln, z. B. mit dem System-Profiler. In dieser Übung verwenden Sie die Suchfunktion im Finder, um eine Gruppe von Dateien zu suchen, die Sie dann in einen Ordner bewegen und anschließend archivieren. Solche Aufgaben können in verschiedensten Situationen auf Sie zukommen – meist jedoch wird dies zur besseren Organisation von Dateien und zum Komprimieren von Dateien für schnellere Datenübertragung eingesetzt.

In dieser Übung erstellen Sie eine Archivdatei im Finder. Archive sind eine effiziente Art, Gruppen von Dateien von einem Computer auf einen anderen zu bewegen, unabhängig von den Dateien, die Sie kopieren wollen, oder der Computerplattform.

Kopieren von Protokollen in einen Ordner und Archivieren des Ordners
Sie werden einen Ordner auf dem Schreibtisch erstellen und einige Protokolldateien in diesen Ordner kopieren.

1   Melden Sie sich als „Client Administrator" an.

2   Erstellen Sie einen neuen Ordner auf dem Schreibtisch. Hierzu können Sie auf den Schreibtisch klicken und die Tastenkombination „Befehl-Umschalt-N" drücken, „Ablage" > „Neuer Ordner" oder bei gedrückter Wahltaste auf den Schreibtisch klicken und „Neuer Ordner" aus dem Kontextmenü auswählen.

3   Benennen Sie den Ordner mit Logs.

Lektion 5.3 Archivieren und Sichern

4 Öffnen Sie ein neues Finder-Fenster und navigieren Sie zum Ordner „/Library/Logs".

5 Kopieren Sie bei gedrückter Wahltaste die Dateien dieses Ordners in den Ordner „Logs" auf dem Schreibtisch. Durch das Drücken der Wahltaste wird der Finder angewiesen, eine Kopie zu erstellen.

6 Navigieren Sie im Finder-Fenster zu „~/Library/Logs".

7 Kopieren Sie bei gedrückter Wahltaste die Dateien dieses Ordners in den Ordner „Logs" auf dem Schreibtisch.

8 Wählen Sie „Gehe zu" > „Gehe zum Ordner".

9 Geben Sie /var/log für den Ordner ein, den Sie öffnen wollen.

10 Wählen Sie alle Dateien dieses Ordners aus und kopieren Sie bei gedrückter Wahltaste die Dateien in den Ordner „Logs" auf dem Schreibtisch. Das Drücken der Wahltaste und Bewegen der Dateien ist u. U. nicht unbedingt erforderlich, ist jedoch eine gute Übung.

11 Möglicherweise werden Sie aufgefordert Name und Kennwort eines Administrators einzugeben. Markieren Sie in diesem Fall die Option „Für alle" und klicken Sie auf „Fortfahren".

12 Wird angezeigt, dass diese Datei bereits vorhanden ist, markieren Sie „Für alle" (wenn verfügbar) und klicken Sie dann auf „Nicht ersetzen".

Im Normalfall werden Sie diese Dateien in einem Unterordner platzieren, sodass alle Protokollinformationen erhalten bleiben. Dies ist jedoch für diese Übung nicht erforderlich.

13 Geben Sie Ihr Administratorkennwort ein, wenn Sie dazu aufgefordert werden.

Das System kopiert zahlreiche Protokollinformationen in den Ordner „Logs". In Mac OS X werden Protokollinformationen

hauptsächlich an diesen drei Speicherorten abgelegt: „/Library/Logs",
"~/Library/Logs" für einen bestimmten Benutzer und „/var/log".

14 Wenn der Kopiervorgang abgeschlossen ist, wählen Sie den Ordner „Logs" auf dem Schreibtisch aus.

15 Wählen Sie „Informationen" aus dem Kontextmenü oder dem Menü „Ablage" aus.

16 Heben Sie den Schutz des Bereichs „Freigabe & Zugriffsrechte" auf.

17 Wählen Sie aus dem Aktionsmenü (Zahnradsymbol) im Bereich „Freigabe & Zugriffsrechte" die Option „Auf alle Unterobjekte anwenden".

Dies ist notwendig, da Sie nicht der Eigentümer von einigen kopierten Objekten sind. Sie ändern den Eigentümer und die Zugriffsrechte für die Objekte im Ordner „Logs", sodass Sie ein Archiv erstellen können.

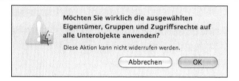

18 Klicken Sie im Bestätigungsfenster auf „OK".

19 Schließen Sie das Informationsfenster.

20 Klicken Sie, falls erforderlich, auf den Ordner „Logs" auf Ihrem Schreibtisch und wählen Sie „"Logs" komprimieren" aus dem Menü „Ablage" oder Kontextmenü.

Die Datei „Logs.zip" wird auf Ihrem Schreibtisch erstellt. Diese .zip-Datei kann per E-Mail sowohl an Macintosh- als auch an Windows-Benutzer gesendet werden. Als Support-Mitarbeiter können Sie auf diese Weise Bericht- und Protokollinformationen von anderen Computern sammeln, die sich nicht in Ihrem Netzwerk befinden.

21 Bewegen Sie den Ordner „Logs" vom Schreibtisch in den Papierkorb.

22 Öffnen Sie die Datei „Logs.zip" durch Doppelklicken, um zu sehen, wie der Finder .zip-Dateien automatisch für Sie entpackt.

Auf Ihrem Schreibtisch wird ein Ordner „Logs" angezeigt.

23 Bewegen Sie den Ordner „Logs" vom Schreibtisch in den Papierkorb.

24 Navigieren Sie im Finder zu „/System/Library/CoreServices" und öffnen Sie „Archivierungsprogramm".

Das Archivierungsprogramm ist ein Dienstprogramm, mit dem das Erstellen und Dekomprimieren von Archivdateien ausgeführt wird. Es bietet darüber hinaus einige nützliche Einstellungen.

25 Wählen Sie „Archivierungsprogramm" > „Einstellungen".

Hier können Sie die Einstellungen für den Komprimierungsbefehl festlegen.

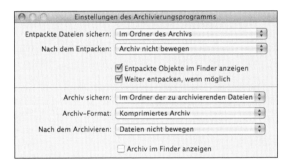

Kapitel 5 Datenverwaltung und Backup

26 Ändern Sie die Einstellung „Nach dem Entpacken", sodass das Archiv nach dem Entpacken in den Papierkorb bewegt wird.

27 Öffnen Sie die Datei „Logs.zip" durch Doppelklicken.

Frage 7 Was passiert?

_____

_____

_____

28 Nachdem Sie das Archivieren und Entpacken mit dem Finder geübt haben, bewegen Sie die erstellten Ordner und Archive vom Schreibtisch in den Papierkorb.

29 Melden Sie sich ab.

Lektion 5.3 Archivieren und Sichern

Übung 5.3.2
Erstellen von Image-Dateien (optional)

Übungsziel
- Erstellen einer Image-Datei aus einem Ordner

Zusammenfassung
Sie verwenden das Festplatten-Dienstprogramm, um eine neue Image-Datei zu erstellen und Dateien auf das neue Volume zu kopieren. Das Festplatten-Dienstprogramm wird normalerweise verwendet, um Festplatten zu formatieren und zu warten. Eine Image-Datei ist eine extrem effiziente Möglichkeit, ein lokales Dateisystem exakt zu reproduzieren. Außerdem werden Sie die Möglichkeit kennenlernen, die Image-Datei zu verschlüsseln, um deren Inhalt zu schützen.

Erstellen einer Image-Datei mit dem Festplatten-Dienstprogramm

Im Festplatten-Dienstprogramm stehen Ihnen außer den Funktionen zum Verwalten und Reparieren von Festplatten auch Funktionen zum Erstellen von Image-Dateien zur Verfügung. In den folgenden Schritten wird erklärt, wie Sie mit dem Festplatten-Dienstprogramm eine Image-Datei erstellen.

Sie werden eine Image-Datei von Ihrem Benutzerordner erstellen. Dies empfiehlt sich z. B., wenn Sie Dateien von einem Computer auf einem anderen bewegen oder eine Sicherungskopie erstellen wollen. Sie können Image-Dateien auch dazu verwenden, Sicherungskopien bestimmter Ordner für verschiedene Situationen zu erstellen, z. B. zum Übertragen von Daten von einem Computer auf einen anderen oder für Routine-Backups.

1 Melden Sie sich als „Chris Johnson" an.

2 Wählen Sie im Finder „Gehe zu" > „Dienstprogramme".

3 Öffnen Sie das Festplatten-Dienstprogramm.

4 Wählen Sie „Ablage" > „Neu" > „Image von Ordner".

Ein Dialogfenster zum Auswählen des gewünschten Ordners wird angezeigt.

5 Wählen Sie Ihren Benutzerordner aus.

6 Klicken Sie auf „Image".

Das Fenster „Neues Image vom Ordner" wird angezeigt.

7 Legen Sie die Einstellungen für die Image-Datei wie folgt fest:

Name:	ChrisHome
Ort:	/Benutzer/Für alle Benutzer (möglicherweise müssen Sie auf das Dreiecksymbol klicken, um diesen Speicherort zu sehen)
Format der Image-Datei	Komprimiert
Verschlüsselung:	128-Bit AES -Verschlüsselung (empfohlen)

Lektion 5.3 Archivieren und Sichern

8   Klicken Sie auf „Sichern".

9   Authentifizieren Sie sich bei Aufforderung als „Client Administrator".

10 Wenn Sie aufgefordert werden, ein Kennwort zum Schutz von ChrisHome.dmg einzugeben, verwenden Sie chris.

    Normalerweise werden Sie ein Kennwort verwenden, das einen effizienteren Schutz bietet. Es steht auch ein Kennwortassistent zur Verfügung.

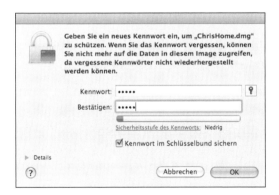

Ein Fenster mit dem Status des Festplatten-Dienstprogramms wird angezeigt.

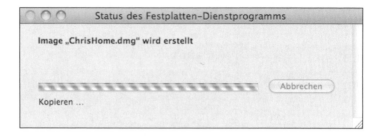

Wenn das Festplatten-Dienstprogramm den Vorgang beendet hat, sehen Sie die Image-Datei „ChrisHome.dmg" im Festplatten-Dienstprogramm.

Mit dieser Methode können Sie schnell Sicherungskopien von wichtigen Ordnern erstellen. Es ist nicht erforderlich, jede Image-Datei zu verschlüsseln.

Das Festplatten-Dienstprogramm behält den Namen der Image-Datei in der Volume-Liste im unteren Bereich. Sie können das Symbol durch Doppelklicken öffnen, um das Image später zu aktivieren, vorausgesetzt die Datei verbleibt an dem Speicherort, an dem sie ursprünglich erstellt wurde.

11 Beenden Sie das Festplatten-Dienstprogramm.

12 Öffnen Sie die Image-Datei „ChrisHome.dmg" im Ordner „/Benutzer/Für alle Benutzer" durch Doppelklicken.

Die Image-Datei wird ohne Eingabe des Kennworts geöffnet, da das Kennwort standardmäßig in Ihrem Schlüsselbund gespeichert wurde. Sie können dies verhindern, indem Sie die Option „Kennwort im Schlüsselbund sichern" deaktivieren, wenn Sie zum Festlegen eines Kennworts aufgefordert werden.

Das Volume „chris" wird auf dem Schreibtisch aktiviert. Dies ist das Volume, das in der Image-Datei „ChrisHome.dmg" enthalten ist. Der Dateiname muss nicht dem Namen eines darin enthaltenen Volumes entsprechen.

Ein Finder-Fenster wird geöffnet, in dem Sie den Inhalt der
Image-Datei sehen können.

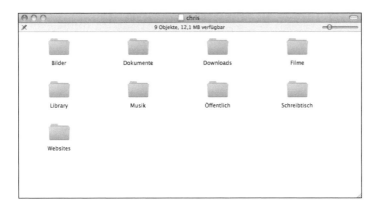

13 Melden Sie sich ab. Hierdurch wird die Image-Datei deaktiviert.

Kapitel 5 Datenverwaltung und Backup

Übung 5.3.3
Wiederherstellen von Dateien mithilfe von Time Machine (optional)

Übungsziel
- Verwenden von Time Machine zum Suchen und Wiederherstellen einer Datei in einem Backup

Zusammenfassung
In dieser Übung werden Sie erfahren, wie Sie Time Machine zum Wiederherstellen von Dateien mithilfe einer Sicherungskopie verwenden. Sie stellen mit Time Machine einen versehentlich gelöschten Eintrag in Ihrem Adressbuch und eine gelöschte Datei aus dem Ordner „Downloads" wieder her.

Wiederherstellen eines Kontakts mit Time Machine
Im Folgenden löschen Sie zunächst einen Kontakt aus Ihrem Adressbuch und stellen ihn dann mithilfe von Time Machine wieder her.

1 Melden Sie sich als „Client Administrator" an.

2 Öffnen Sie die Systemeinstellungen.

3 Klicken Sie auf „Time Machine", um die Systemeinstellung „Time Machine" zu öffnen.

4 Markieren Sie die Option „Time Machine-Status in der Menüleiste anzeigen", falls sie nicht ausgewählt ist.

Lektion 5.3 Archivieren und Sichern

5   Schließen Sie die Systemeinstellungen.
6   Sehen Sie nach, wo sich das Time Machine-Symbol in der Menüleiste befindet.

7   Klicken Sie auf das Time Machine-Symbol in der Menüleiste und wählen Sie „Backup jetzt erstellen".

Die Sicherung wird sofort gestartet. Warten Sie, bis diese beendet ist.

8   Öffnen Sie das Adressbuch.

Jetzt werden Sie einige Daten löschen, damit Sie sie anschließend wiederherstellen können.

9   Wählen Sie „Rusty Hinjes" aus.
10 Drücken Sie die Rückschritttaste.
11 Klicken Sie auf „Löschen", wenn Sie gefragt werden, ob der Eintrag gelöscht werden soll.

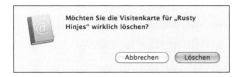

12 Schließen Sie das Adressbuch.

13 Bewegen Sie Ihr Automator-Programm „Open in nano" vom Schreibtisch in den Papierkorb.

14 Wählen Sie „Finder" > „Papierkorb entleeren". Klicken Sie im Bestätigungsfenster auf „Papierkorb entleeren".

15 Angenommen, Sie möchten nun Rusty Hinjes anrufen. Öffnen Sie das Adressbuch und suchen Sie nach seiner Telefonnummer.

16 Wenn das Adressbuch das aktive Programm ist, öffnen Sie Time Machine.

Es gibt mehrere Möglichkeiten, Time Machine zu öffnen. Sie können im Dock auf das Time Machine-Symbol klicken oder auf das Time Machine-Symbol in der Menüleiste klicken und die „Time Machine starten" wählen.

17 Navigieren Sie zu einem früheren Zeitpunkt, indem Sie auf den Aufwärtspfeil unten rechts im Adressbuch-Fenster klicken. Es wird ein früherer Zeitpunkt angezeigt.

Der Eintrag für Rusty Hinjes wird im Adressbuch angezeigt.

18 Stellen Sie den Eintrag für Rusty Hinjes wieder her, indem Sie seine Karte auswählen und unten rechts im Fenster auf „Wiederherstellen" klicken.

Lektion 5.3 Archivieren und Sichern

Der Time Machine-Modus wird beendet und Sie kehren zum Adressbuch zurück. Das Programm „Adressbuch" fragt Sie, ob Sie eine Karte zu Ihrem Adressbuch hinzufügen wollen.

19 Klicken Sie auf „Hinzufügen".

20 Wechseln Sie zum Finder und zeigen Sie Ihren Schreibtisch in einem Fenster an.

21 Öffnen Sie „Time Machine".

22 Navigieren Sie in der Zeit zurück, bis „Open in nano" im Ordner „Schreibtisch" angezeigt wird.

23 Wählen Sie „Open in nano" aus.

24 Klicken Sie auf „Wiederherstellen".

Sie kehren zum Finder zurück und „Open in nano" befindet sich nun im Ordner „Schreibtisch" (und damit auf Ihrem Schreibtisch).

Kapitel 5 Datenverwaltung und Backup

Anzeigen und Wiederherstellen von Daten direkt von Time Machine-Sicherungen

Time Machine speichert die Sicherungskopien im Dateisystem. Dies bedeutet, dass Sie Dateien wiederherstellen können, indem Sie die Sicherungskopie direkt überprüfen und Dateien daraus kopieren können.

1 Wählen Sie im Finder das Backup-Volume in der Seitenleiste aus.

2 Öffnen Sie den Ordner „Backups.backupdb". In diesem Ordner sehen Sie einen Ordner für Ihren Client. Öffnen Sie ihn.

In diesem Ordner befinden sich weitere Ordner, deren Namen Datum-/Zeit-Marken sind. Ferner befindet sich dort eine Aliasdatei mit dem Namen „Latest", die stets auf das letzte Backup verweist.

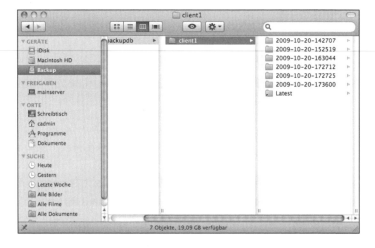

3 Navigieren Sie durch diese Ordner: Latest/Macintosh HD/Benutzer/cadmin/Schreibtisch.

4 Bewegen Sie eine Kopie von „2ndPrefs.txt" auf Ihren Schreibtisch.

In einem Dialogfenster werden Sie gefragt, ob die Kopie von „2ndPrefs.txt" auf Ihrem Schreibtisch durch die Sicherungskopie ersetzt werden soll.

5 Klicken Sie auf „Beide behalten".

Das System kopiert die Datei „2ndPrefs.txt" auf Ihren Schreibtisch und benennt die dort befindliche Datei „2ndPrefs.txt" in „2ndPrefs (original).txt" um.

6 Melden Sie sich ab.

6

Programme und Boot Camp

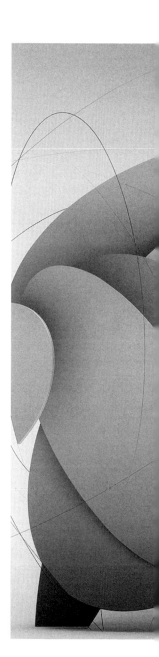

6.1 Programm-Umgebungen

Übung 6.1.1 Sofortiges Beenden eines Programms
Übung 6.1.2 Fehlerbeseitigung bei Einstellungen
Übung 6.1.3 Launch Services und Übersicht

6.2 Boot Camp

6.1 Programm-Umgebungen

Die eigentliche und wichtigste Aufgabe des Betriebssystems besteht darin, eine Plattform für die Ausführung der Benutzerprogramme bereitzustellen. Mac OS X zeichnet sich dadurch aus, dass Benutzer eine breite Palette von neuen und älteren Programmen nutzen können. Darüber hinaus bietet Mac OS X 10.6 verschiedene leistungsstarke Funktionen, die Programme besonders intuitiv machen. In dieser Übung lernen Sie die verschiedenen Typen von Programmen kennen, die mit Mac OS X verwendet werden können. Hierdurch erhalten Sie die Grundkenntnisse, die Sie für die Fehlerbeseitigung bei Programmen benötigen. Sie lernen die Techniken, die Ihnen beim Lösen einer Vielzahl von Problemen mit Programmen helfen.

Funktionen zur Leistungssteigerung

Präemptives Multi-Tasking zwingt Prozesse, verfügbare Ressourcen zu teilen

Symmetrisches Multiprocessing benutzt effektiv alle verfügbaren Prozessressourcen

- Neu: Grand Central Dispatch
- Neu: OpenCL-GPU-Beschleunigung

Simultane 32- und 64-Bit Programmunterstützung

- Neu: Nahezu alle Systemprozesse und Programme laufen in 64-Bit

Grand Central Dispatch

OpenCL

64-bit

Ausführliche Anleitungen finden Sie unter „Programme und Prozesse" in Lektion 6 von *Apple Training Series: Mac OS X Support Essentials v10.6*.

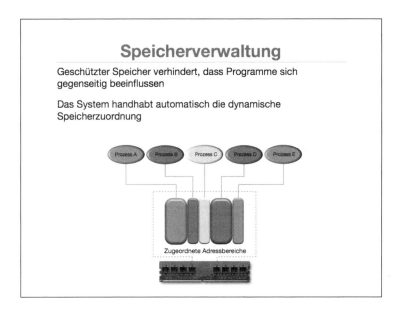

Ausführliche Anleitungen finden Sie unter „Programme und Prozesse" in Lektion 6 von *Apple Training Series: Mac OS X Support Essentials v10.6*.

Ausführliche Anleitungen finden Sie unter „Programme und Prozesse" in Lektion 6 von *Apple Training Series: Mac OS X Support Essentials v10.6*.

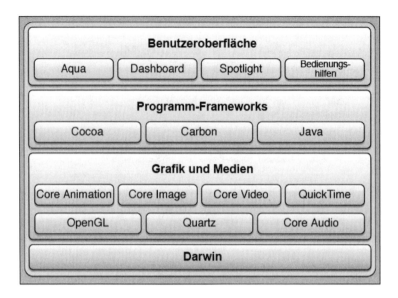

Ausführliche Anleitungen finden Sie unter „Programm-Umgebungen" in Lektion 6 von *Apple Training Series: Mac OS X Support Essentials v10.6*.

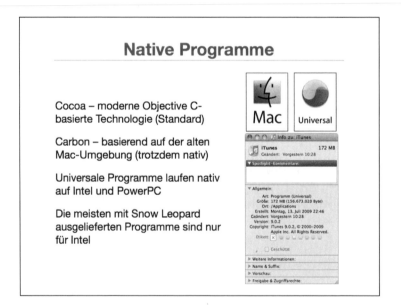

Ausführliche Anleitungen finden Sie unter „Programm-Umgebungen" in Lektion 6 von *Apple Training Series: Mac OS X Support Essentials v10.6*.

Lektion 6.1 Programm-Umgebungen

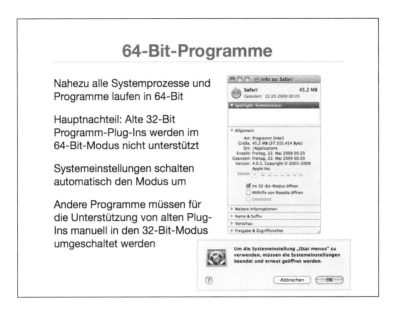

Ausführliche Anleitungen finden Sie unter „Unterschiede zwischen dem 64-Bit- und 32-Bit Modus" in Lektion 6 von *Apple Training Series: Mac OS X Support Essentials v10.6*.

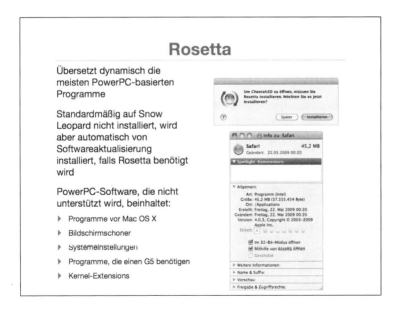

Ausführliche Anleitungen finden Sie unter „Unterschiede zwischen Universal und Rosetta" in Lektion 6 von *Apple Training Series: Mac OS X Support Essentials v10.6*.

Kapitel 6 Programme und Boot Camp

Java-Unterstützung

Entwickelt von Sun, um Programme auf jedem System laufen zu lassen

Mac OS X beinhaltet die 32-Bit und 64-Bit Java SE 6

Automatisches Starten von Java-Komponenten für den Benutzer:

- Jar Launcher
- Java Web Start

Java Web Plug-In-Konfiguration über Java-Einstellungen

Ausführliche Anleitungen finden Sie unter „Programm-Umgebungen" in Lektion 6 von *Apple Training Series: Mac OS X Support Essentials v10.6*.

BSD und X11

Darwin, der Kern von Mac OS X, basiert auf FreeBSD

X11 ist die grafische Benutzeroberfläche in UNIX

Diese Technologien erlauben es, viele hervorragende freie und Open-Source-Projekte zu verwenden:

- Viele sind zu nativen Mac-Programmen portiert worden
- Viele Repositories für freien und Open-Source-Code, z.B. MacPorts.org

Ausführliche Anleitungen finden Sie unter „Programm-Umgebungen" in Lektion 6 von *Apple Training Series: Mac OS X Support Essentials v10.6*.

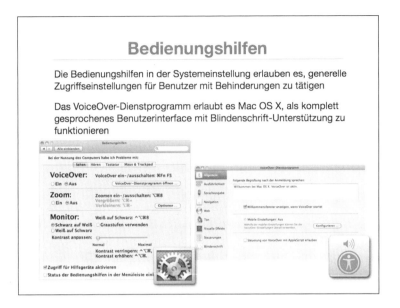

Ausführliche Anleitungen finden Sie unter „Bedienungshilfen bei Programmen" in Lektion 6 von *Apple Training Series: Mac OS X Support Essentials v10.6*.

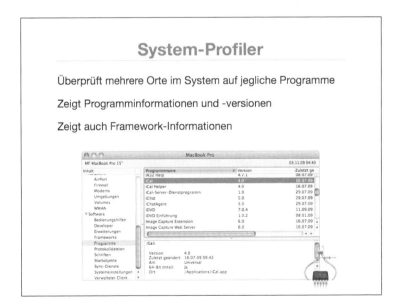

Ausführliche Anleitungen finden Sie unter „Überwachen von Programmen und Prozessen" in Lektion 6 von *Apple Training Series: Mac OS X Support Essentials v10.6*.

Kapitel 6 Programme und Boot Camp

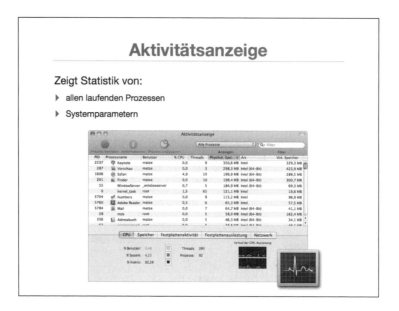

Ausführliche Anleitungen finden Sie unter „Überwachen von Programmen und Prozessen" in Lektion 6 von *Apple Training Series: Mac OS X Support Essentials v10.6*.

Ausführliche Anleitungen finden Sie unter „Sofortiges Beenden via grafischer Benutzeroberfläche" in Lektion 6 von *Apple Training Series: Mac OS X Support Essentials v10.6*.

Lektion 6.1 Programm-Umgebungen

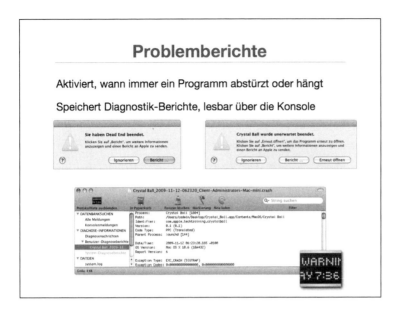

Ausführliche Anleitungen finden Sie unter „Fehlerberichte" in Lektion 6 von *Apple Training Series: Mac OS X Support Essentials v10.6*.

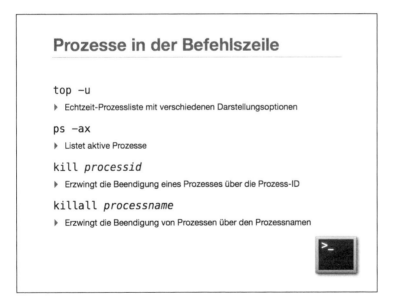

Ausführliche Anleitungen finden Sie unter „Sofortiges Beenden via Befehlszeile" in Lektion 6 von *Apple Training Series: Mac OS X Support Essentials v10.6*.

Programmeinstellungen

Programme verwenden Einstellungsdateien, um Einstellungen und Statusinformationen zu speichern

~/Library/Preferences/

Einstellungsdateien verwenden meistens das Property List-Format. Wenn diese Dateien beschädigt werden, kann das leicht zu einem Absturz dieses Programms führen.

Fehlerbehebung:

- Umbenennen der Einstellungsdatei durch Anhängen einer Tilde (~)
- Eine neue Einstellungsdatei wird automatisch erzeugt.

Ausführliche Anleitungen finden Sie unter „Fehlerbeseitigung bei Einstellungen" in Lektion 6 von *Apple Training Series: Mac OS X Support Essentials v10.6*.

Programm-Fehlerbeseitigung

Ein Dokument kann nicht geöffnet werden:

- Anderes Dokument verwenden, um das Programm zu testen
- Anderes Programm verwenden, welches den Dokumenttypen unterstützt
- Anderen Benutzer-Account versuchen

Ein Programm kann nicht geöffnet werden:

- Verifizieren, ob das Programm die Prozessor-Art unterstützt
- Programm-Support-Dateien löschen (Application Support)
- ~/Library/Caches löschen
- Zugriffsrechte mit dem Festplatten-Dienstprogramm reparieren
- Neuinstallation des Programms

Ausführliche Anleitungen finden Sie unter „Fehlerbeseitigung bei Programmen" in Lektion 6 von *Apple Training Series: Mac OS X Support Essentials v10.6*.

Lektion 6.1 Programm-Umgebungen

Ausführliche Anleitungen finden Sie unter „Verwalten von Dashboard" in Lektion 6 von *Apple Training Series: Mac OS X Support Essentials v10.6*.

Ausführliche Anleitungen finden Sie unter „Verwalten von Dashboard" in Lektion 6 von *Apple Training Series: Mac OS X Support Essentials v10.6*.

Kapitel 6 Programme und Boot Camp

Ausführliche Anleitungen finden Sie unter „Fehlerbeseitigung bei Widgets" in Lektion 6 von *Apple Training Series: Mac OS X Support Essentials v10.6*.

Lektion 6.1 Programm-Umgebungen

Übung 6.1.1
Sofortiges Beenden eines Programms

Übungsziele
- Kennenlernen der verschiedenen Möglichkeiten zum sofortigen Beenden eines Programms in der grafischen Benutzeroberfläche
- Verwenden der Befehlszeile zum sofortigen Beenden eines Programms

Zusammenfassung
Die Fehlerbeseitigung bei Programmen gehört zu den gängigen Aufgaben eines Supportmitarbeiters und Mac OS X bietet Werkzeuge, um viele der auftretenden Probleme schnell und effizient zu lösen. In dieser Übung lernen Sie, wie Sie feststellen, dass ein Programm nicht mehr reagiert. Sie lernen die verschiedenen Möglichkeiten zum sofortigen Beenden eines Programms kennen: über das Dock, über den Tastaturkurzbefehl und über die Aktivitätsanzeige. Sie machen sich auch mit den entsprechenden Befehlszeilenprogrammen vertraut, sodass Sie Probleme mit Mac OS X Programmen über das Programm „Terminal" beheben können. Auch bei Hintergrundprozessen ohne Benutzeroberfläche können Probleme auftreten, sodass diese nicht mehr reagieren. Daher lernen Sie außerdem, Prozesse zu verwalten.

Sofortiges Beenden eines Programms über das Dock
In dieser Übung starten Sie ein Programm, das dann nicht mehr reagieren wird. So wie Sie das Dock ganz normal zum Beenden eines Programms verwenden, können Sie es auch zum sofortigen Beenden eines Programms verwenden.

1 Melden Sie sich als „Chris Johnson" an.

2 Öffnen Sie im Finder den Ordner „Chapter6" der Unterrichtsmaterialien.

3   Öffnen Sie die Datei „Dead End" durch Doppelklicken.

"Dead End" ist ein Programm, dessen einziger Zweck es ist, nicht mehr zu reagieren, und Ihnen damit die Möglichkeit zu geben, mit den verschiedenen Methoden zum sofortigen Beenden eines Programms zu experimentieren.

Das Programm „Dead End" öffnet ein Fenster mit der Meldung, dass Dateien aus dem Internet geladen werden.

4   Wählen Sie „Dead End" > „Quit Dead End".

Das Programm „Dead End" reagiert nicht mehr. Irgendwann erscheint anstatt des Mauszeigers ein sich drehendes buntes Windrad.

5   Klicken Sie bei gedrückter Taste „ctrl" (oder mit der rechten Maustaste) auf das Symbol „Dead End" im Dock und wählen Sie dann „Sofort beenden" aus dem Kontextmenü. Alternativ können Sie bei gedrückter Maustaste auf das Symbol „Dead End" im Dock klicken. Wählen Sie dann „Sofort beenden" aus dem Kontextmenü aus.

Wird der Befehl „Sofort beenden" nicht im Menü angezeigt, wiederholen Sie Schritt 5 oder halten Sie die Wahltaste gedrückt. Wenn Sie die Wahltaste drücken, ändert sich der Befehl „Beenden" in „Sofort beenden". Sie können diesen Befehl dann auswählen, um das Programm „Dead End" sofort zu beenden.

Lektion 6.1 Programm-Umgebungen

Sortiges Beenden eines Programms über das Fenster „Sofort beenden"

In dieser Übung verwenden Sie einen Tastaturkurzbefehl und das Fenster zum sofortigen Beenden von Programmen. Ferner werden Sie das Verhalten des Programms mithilfe von Terminal überwachen.

1 Öffnen Sie das Programm „Dead End" erneut, um eine weitere Methode für das sofortige Beenden auszuprobieren.

   Sie kennen bereits die Möglichkeit Programme zu öffnen, indem Sie im Menü „Apple" die Option „Benutzte Objekte" verwenden. Mac OS X merkt sich standardmäßig die zehn zuletzt benutzten Programme.

2 Wählen Sie „Dead End" > „Quit Dead End".

3 Öffnen Sie Terminal.

   Auch wenn das Windrad im Programm „Dead End" angezeigt wird, können Sie auf den Schreibtisch klicken, um den Finder zu aktivieren. Ein einzelnes Programm, das nicht mehr reagiert, sollte nicht das restliche System beeinträchtigen.

4 Geben Sie den folgenden Befehl ein:

   ```
   client17:~ chris$ top -u
   ```

   top ist ein Befehlszeilenprogramm zum Überwachen der Prozessumgebung (Anzahl der ausgeführten Programme, Speichernutzung etc.). Der Parameter u veranlasst top, die Liste der Prozesse jede Sekunde zu aktualisieren und nach der CPU-Nutzung während der letzten Sekunde zu sortieren.

   Sie werden feststellen, dass das Programm „Dead End" ungefähr 100 Prozent der CPU nutzt. Diese Zahl kann etwas irreführend sein. Die verfügbare Gesamt-CPU beträgt 100 Prozent multipliziert mit der Anzahl der Prozessorkerne des Systems. Lassen Sie dieses Fenster geöffnet und beobachten Sie das Verhalten von Dead End, während Sie die nächsten Schritte ausführen.

5 Drücken Sie die Tastenkombination „Befehl-Wahl-esc" (oder wählen Sie „Sofort beenden" aus dem Menü „Apple"), um das Fenster zum sofortigen Beenden von Programmen zu öffnen.

6 Stellen Sie sicher, dass Sie Ihr Terminal-Fenster sehen können. Wählen Sie „Dead End" im Fenster zum sofortigen Beenden von Programmen und klicken Sie dann auf „Sofort beenden". Klicken Sie dann nochmals auf „Sofort beenden".

7 Sie werden feststellen, dass DeadEnd nach der nächsten Aktualisierung nicht mehr vom Befehlszeilenprogramm top anzeigt wird.

8 Schließen Sie das Fenster zum sofortigen Beenden von Programmen.

Sofortiges Beenden eines Programms mit der Aktivitätsanzeige

Es gibt Situationen, in denen Sie eine andere Methode zum sofortigen Beenden eines Programms verwenden müssen. Die Aktivitätsanzeige bietet Ihnen nicht nur diese Möglichkeit des Eingreifens, sondern zudem noch einen Überblick über alle auf dem Computer ausgeführte Prozesse, zusätzliche Informationen zu den Prozessen und die Möglichkeit, Prozesse bei Bedarf zu beenden.

1 Öffnen Sie das Programm „Dead End".

2 Wählen Sie „Dead End" > „Quit Dead End".

3 Klicken Sie einmal auf den Schreibtisch, um zum Finder zu wechseln.

4 Wählen Sie im Finder „Gehe zu" > „Dienstprogramme".

Lektion 6.1 Programm-Umgebungen

5   Öffnen Sie die Aktivitätsanzeige durch Doppelklicken.

Die Aktivitätsanzeige zeigt eine Liste aller Prozesse an, die gerade ausgeführt werden. Wenn Sie dieses Fenster öffnen, zeigt es Prozesse an, die Sie als Programme erkennen. Hier werden auch Prozesse angezeigt, die im Hintergrund ablaufen und keine grafische Oberfläche besitzen.

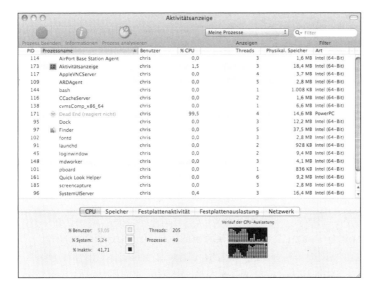

6   Doppelklicken Sie im Fenster der Aktivitätsanzeige auf „% CPU" in der Tabellenüberschrift, um eine Liste der Prozesse sortiert nach ihrer Prozessorauslastung anzuzeigen. Die Prozesse mit der höchsten Prozessornutzung werden zu erst angezeigt. Das Dreieck neben „% CPU" sollte nach unten weisen.

7   Sehen Sie nach, wo sich der Name des Dead End-Prozesses befindet. Er sollte ganz oben in der Liste angezeigt werden.

Der Name eines nicht reagierenden Programms wird mit einem entsprechenden Hinweis rot dargestellt. Beachten Sie, dass die CPU-Nutzung des Dead End-Prozesses ca. 100 Prozent beträgt, wie Sie das bereits in top gesehen haben. Ein Programm kann Ihre CPU also praktisch komplett auslasten, auch wenn es gar nicht mehr reagiert und anscheinend überhaupt keine Aktivität zeigt.

8   Wählen Sie „Dead End" in der Prozessliste aus und klicken Sie dann auf die Taste „Prozess beenden" in der Symbolleiste.

9 Klicken Sie im Bestätigungsfenster auf „Sofort beenden".

Die Standardoption im Bestätigungsfenster ist die Taste „Beenden". Da Dead End jedoch nicht mehr auf den Finder-Befehl „Beenden" reagiert, müssen Sie den Befehl „Sofort beenden" wählen, um das Programm „Dead End" erfolgreich zu beenden.

Das Programm „Dead End" wird nicht mehr in der Prozessliste im Fenster der Aktivitätsanzeige, im Dock und im Befehlszeilenprogramm top im Terminal-Fenster angezeigt.

10 Beenden Sie die Aktivitätsanzeige.

Sofortiges Beenden eines Programms mit der Befehlszeile

In den vorherigen Schritten haben Sie ein Programm mithilfe der grafischen Benutzeroberfläche sofort beendet. In dieser Übung verwenden Sie Befehlszeilenprogramme, um ein Programm oder einen Prozess, das bzw. der nicht mehr reagiert, zu identifizieren und sofort zu beenden. Denken Sie daran, dass die meisten Funktionen der grafischen Benutzeroberfläche von Mac OS X eine Befehlszeilenentsprechung haben. Wenn Ihnen nur noch der Zugriff auf die Befehlszeile zur Verfügung steht, sollten Sie mit allen gängigen Befehlen vertraut sein.

1 Wechseln Sie zu Ihrem Terminal-Fenster und drücken Sie die Tastenkombination „ctrl-C". um das Befehlszeilenprogramm top zu beenden.

2 Geben Sie den folgenden Befehl ein:

client17:~ chris$ `ps`

Der Befehl ps zeigt eine Liste aller gerade ausgeführten Prozesse und deren Prozess-IDs (PIDs) an. Standardmäßig zeigt der Befehl ps nur die Befehlszeilenprozesse an, deren Eigentümer Sie sind. Die ax-Parameter weisen diesen Befehl an, alle Prozesse anzuzeigen.

3 Geben Sie den folgenden Befehl ein:

client17:~ chris$ `ps ax`

Sie erhalten eine wesentlich längere Auflistung.

Lektion 6.1 Programm-Umgebungen

Suchen Sie jetzt nach dem Prozess „Dock" und notieren Sie sich die zugehörige PID. Das ist die Prozess-ID für Ihr Dock. Sie können die Prozessliste auch selbst durchlesen, aber auch auf nur mäßig ausgelasteten Systemen ist diese Vorgehensweise fehleranfällig und zeitaufwändig.

Sie können stattdessen auch den Befehl grep zum Auffinden des Dock-Prozesses verwenden.

4 Geben Sie den folgenden Befehl ein:

```
client17:~ chris$ ps ax | grep Dock
```

Es wird eine Liste mit fünf Spalten angezeigt. Die erste Spalte enthält die Prozess-ID und die letzte enthält den Befehl. Suchen Sie den Befehl „Dock" (Tipp: das ist nicht der Befehl grep) und notieren Sie sich dessen PID. Wenn Sie neugierig sind, können Sie sich auf der man-Seite für ps nachsehen, welche Informationen die anderen Spalten enthalten.

Achten Sie während der nachfolgenden Schritte genau auf das Dock, um die Effekte Ihrer Befehle nachzuvollziehen.

5 Geben Sie den folgenden Befehl ein:

```
client17:~ chris$ kill [Dock PID]
```

Das Dock wird zunächst ausgeblendet und dann sofort wieder angezeigt.

Wenn Sie den Dock-Prozess beenden, wird das Dock auf dem Bildschirm ausgeblendet. Da das Dock jedoch Bestandteil des launchd-Prozesses ist (wenn Sie möchten, können Sie dies in der Aktivitätsanzeige sehen, indem Sie in der Symbolleiste auf „Alle Prozesse, hierarchisch" klicken), prüft dieser immer, ob der Dock-Prozess vorhanden ist. Stellt launchd fest, dass der Prozess „Dock" nicht ausgeführt wird, startet launchd das Dock automatisch neu.

6 Drücken Sie in der Befehlszeile zweimal auf die Aufwärtspfeiltaste. Hierdurch sollte der Befehl ps ax | grep ausgewählt werden. Ist dies nicht der Fall, blättern Sie mithilfe der Aufwärts- und Abwärtspfeile in Ihrer Befehlsliste, bis Sie den Befehl gefunden haben. Drücken Sie den Zeilenschalter, wenn Sie ihn gefunden haben.

Die Shell merkt sich Ihre Befehle und ermöglicht es Ihnen, diese durch Drücken des Aufwärts- bzw. Abwärtspfeils erneut aufzurufen.

Suchen Sie nach dem Prozess „Dock" und vergleichen Sie die Prozess-ID mit der, die Sie vorhin notiert haben.

Wenn der Prozess „Dock" neu gestartet wird, wird ihm eine neue Prozess-ID (PID) zugeteilt. Denken Sie also daran, dass die meisten Prozesse immer wieder gestartet und gestoppt werden und die IDs sich daher ständig ändern.

7   Beenden Sie Terminal mit dem Befehl `killall`:

client17:~ chris$ `killall Terminal`

Mit dem Befehl `killall` können Sie einen Prozess nach Name und nicht nach Prozess-ID beenden. Da es mehrere Prozesse mit demselben Namen geben kann, sollten Sie bei der Verwendung von `killall` vorsichtig sein.

Das Programm „Terminal" wird beendet.

8   Melden Sie sich ab.

Lektion 6.1 Programm-Umgebungen

Übung 6.1.2
Fehlerbeseitigung bei Einstellungen

Übungsziele
- Wiederherstellen von Einstellungen
- Reparieren beschädigter Einstellungen
- Wechseln zwischen Benutzern zur Fehlerbeseitigung bei Einstellungen

Zusammenfassung

Die meisten Programmeinstellungen für die einzelnen Benutzer werden im Ordner „Library" des jeweiligen Benutzers erstellt und gesichert. Durch die getrennte Verwaltung dieser Einstellungen wird das Beheben von Programmproblemen erleichtert. Sie lernen Einstellungen vorzunehmen und wiederherzustellen und sehen was passiert, wenn eine Einstellungsdatei aus dem Ordner „~/Library/Preferences" entfernt wird.

Wiederherstellen von Einstellungen

Sie werden die Funktionsweise von Einstellungen kennenlernen, indem Sie TextEdit-Einstellungen ändern, Einstellungen aus dem Ordner „Preferences" bewegen, die Original-Einstellungsdatei wiederherstellen und die Wiederherstellung der Einstellungen prüfen.

1   Melden Sie sich als „Chris Johnson" an.

2   Öffnen Sie TextEdit.

3   Geben Sie im angezeigten Fenster Text ein.

4   Wählen Sie „TextEdit" > „Einstellungen".

5   Klicken Sie im Bereich „Neues Dokument" auf die Taste „Reiner Text".

   Hierdurch wird das Standardformat von TextEdit von „Formatierter Text" in „Reiner Text" geändert. Diese Einstellung wird in der Einstellungsdatei (einer Einstellungsliste oder plist-Datei) für TextEdit gespeichert.

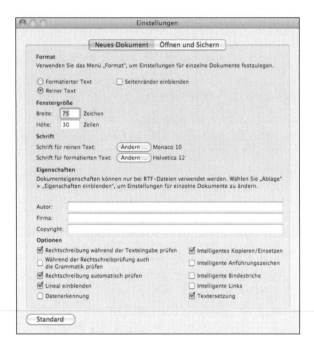

6   Klicken Sie im Abschnitt „Schrift" für die Einstellung „Schrift für reinen Text" auf die Taste „Ändern" und legen Sie als Größe „14" anstatt „10" fest.

7   Schließen Sie das Fenster „Einstellungen".

Die Änderung der Schriftgröße für die Schrift für reinen Text sorgt für ein besseres Erkennen der Einstellungsänderungen.

8   Beenden Sie TextEdit. Klicken Sie im Dialogfenster zum Sichern der Datei auf „Nicht sichern".

9   Öffnen Sie TextEdit erneut und geben Sie Text ein, um zu überprüfen, ob in TextEdit die neuen Einstellungen für reinen Text korrekt übernommen wurden.

Anhand des geänderten Fensterlayouts (z. B. kein Lineal), Schriftstils und Schriftgröße des eingegebenen Texts können Sie erkennen, dass die Einstellung für reinen Text funktioniert.

10   Beenden Sie TextEdit. Klicken Sie im Dialogfenster zum Sichern der Datei auf „Nicht sichern".

Sie können die Taste „Nicht sichern" in diesem Dialogfenster auch auswählen, indem Sie die Tastenkombination „Befehl-D" drücken.

11 Öffnen Sie im Finder den Ordner „~/Library/Preferences".

Sie gelangen auch zu diesem Ordner, indem Sie „Befehl-Umschalt-G" drücken, wodurch das Fenster „Gehe zum Ordner" angezeigt wird. Geben Sie ~/L ein und drücken Sie dann die Tabulatortaste, um den Pfad zum Ordner „Library" Ihres Benutzerordners automatisch vervollständigen zu lassen. Geben Sie dann /Preferences ein. Wenn Sie ausreichend Text eingegeben haben, dass ein Ordner eindeutig identifiziert werden kann, wird durch Drücken der Tabulatortaste der Rest des Ordnernamens vervollständigt.

12 Navigieren Sie zur Datei „com.apple.TextEdit.plist" und bewegen Sie die Datei auf den Schreibtisch. Wenn das Fenster in der Spaltendarstellung angezeigt wird, können Sie auf die beiden vertikalen Linien (die wie ein gedrehtes Gleichheitszeichen aussehen) unten rechts in der Spalte klicken, um diese so zu vergrößern, dass die vollständigen Dateinamen angezeigt werden.

13 Öffnen Sie TextEdit wieder und geben Sie Text im Fenster ein.

An der Schriftart des eingegebenen Texts erkennen Sie, dass die Einstellung wieder auf formatierten Text zurückgesetzt wurde. Dies können Sie auch in den TextEdit-Einstellungen überprüfen.

14 Beenden Sie TextEdit. Klicken Sie im Dialogfenster zum Sichern der Datei auf „Sichern". Benennen Sie die Datei test und sichern Sie sie auf dem Schreibtisch.

15 Stellen Sie die Einstellungsdatei vom Schreibtisch aus wieder her, indem Sie sie in „~/Library/Preferences" bewegen. Ersetzen Sie die neuere Datei bei Aufforderung.

16 Öffnen Sie TextEdit erneut und geben Sie Text ein, um zu überprüfen, ob die Einstellungen für reinen Text wiederhergestellt wurden.

Am Fenster und an der geänderten Schriftart und -größe des eingegebenen Texts erkennen Sie, dass die Einstellung für reinen Text wiederhergestellt wurde.

17 Beenden Sie TextEdit. Klicken Sie im Dialogfenster zum Sichern der Datei auf „Nicht sichern".

Reparieren beschädigter Einstellungen

Mac OS X verfügt über einige integrierte Funktionen zum Beseitigen von beschädigten Einstellungsdateien. Sie werden erfahren, was geschieht, wenn eine Einstellungsdatei beschädigt wurde. Da Einstellungen für Benutzer im Ordner „Library" des entsprechenden Benutzerordners gesichert sind und somit separat von den Einstellungen anderer Benutzer, kann es bei der Fehlerbeseitigung hilfreich sein, den Benutzer zu wechseln.

1 Beenden Sie TextEdit, wenn das Programm geöffnet ist.

2 Öffnen Sie das Programm „Terminal" und verwenden Sie als Arbeitsverzeichnis „~/Library/Preferences".

3 Öffnen Sie „com.apple.TextEdit.plist" mit dem Befehl nano.

nano zeigt eine lange Zeile an, die mit bplist00 beginnt und zahlreiche merkwürdige Zeichen enthält. Dies ist der binäre Code der Datei mit der Einstellungsliste. Möglicherweise sehen Sie zwei weitere Codierungen XML und OPENSTEP. Das OPENSTEP-Format wird kaum noch verwendet. Das XML-Format kann einfacher manuell bearbeitet werden.

Sie werden nun die binäre Einstellungsdatei beschädigen. Suchen Sie auf den man-Seiten von defaults und plutil nach Befehlen zum Ändern von Einstellungslisten.

4 Geben Sie an einer beliebigen Stelle nach bplist00 einige Zeichen ein.

5 Beenden Sie nano und sichern Sie die Datei. Hierdurch wird die Originaldatei überschrieben.

Sie haben die binäre Einstellungsliste nun beschädigt, die die TextEdit-Einstellungen enthält.

6 Verwenden Sie ls und grep, um die Einstellungsdatei von TextEdit anzuzeigen.

`client17:Preferences chris$ ls -l | grep TextEdit`

Beachten Sie besonders die Größe der Datei (die Zahl vor dem Datum).

7 Öffnen Sie TextEdit.

8 TextEdit sollte zu den Standardeinstellungen zurückgekehrt sein.

9 Drücken Sie im Terminal-Fenster auf den Aufwärtspfeil und führen Sie den vorherigen Befehl erneut aus.

Folgendes ist passiert. Entweder hat das System Ihre beschädigte com.apple.TextEdit.plist gelöscht oder es hat sie ignoriert. Ein gutes Anzeichen dafür, dass das System eine beschädigte Einstellungsdatei repariert hat, besteht darin, dass das Programm zu seinen Standardeinstellungen zurückgekehrt ist.

10 Wählen Sie in TextEdit „TextEdit" > „Einstellungen".

11 Legen Sie in den Einstellungen für „Neues Dokument" das Format „Reiner Text" und die Schriftgröße 14 Punkt fest.

12 Beenden Sie TextEdit.

13 Verwenden Sie in Terminal den Aufwärtspfeil, um den vorherigen Befehl erneut auszuführen.

TextEdit hat seine Einstellungsdatei erneut erstellt und die von Ihnen verursachte Beschädigung entfernt.

14 Melden Sie alle angemeldeten Benutzer ab.

Übung 6.1.3
Launch Services und Übersicht

Übungsziele
- Auswählen eines Programms zum Öffnen einer Datei
- Fehlerbeseitigung bei fehlenden Programmen
- Verwenden der Funktion „Übersicht"

Zusammenfassung
In einer der vorherigen Übungen haben Sie die Launch Services kennengelernt und erfahren, woher Mac OS X weiß, welche Programme zum Öffnen welcher Dateien verwendet werden sollen. In dieser Übung lernen Sie die verschiedenen Methoden kennen, mit denen Sie Programme für das Öffnen von Dateien auswählen – etwa, um eine Datei ein Mal mit einem anderen Programm zu öffnen, da das Standardprogramm nicht verfügbar ist. Sie verwenden außerdem die Funktion „Übersicht" von Mac OS X, mit der Sie die Inhalte gängiger Dateitypen anzeigen können, auch wenn kein passendes Programm zum Öffnen der Datei vorhanden ist.

Auswählen eines Programms zum Öffnen einer Datei
Normalerweise weiß Mac OS X, welche Dateien mit welchen Programmen zu öffnen sind. Aber es kann vorkommen, dass Sie eine Datei mit einem anderen Programm öffnen wollen, wenn z. B. eine Datei mit einem Programm erstellt wurde, das nicht auf Ihrem Computer installiert ist. Oder Sie wollen eine Datei in einem einfacheren Programm öffnen, z. B. eine PDF-Datei in Vorschau anstatt in Acrobat Professional. Eine Standardinstallation von Mac OS X enthält zahlreiche Programme, mit denen die meisten gängigen Dateiformate geöffnet werden können.

Lektion 6.1 Programm-Umgebungen

1   Melden Sie sich als „Chris Johnson" an.

2   Sehen Sie im Ordner „Chapter6" der Unterrichtsmaterialien nach, wo sich die Datei „fw4.pdf" befindet und öffnen Sie sie.

    Die Datei wird im Programm „Vorschau" geöffnet.

3   Beenden Sie die Vorschau.

4   Gehen Sie erneut zur selben Datei und bewegen Sie die Datei auf das Safari-Symbol im Dock.

    Die Datei wird im Programm „Safari" geöffnet.

    Safari kann PDF-Dokumente lesen und anzeigen. Wenn Sie den Typ einer Datei kennen, finden Sie oft ein Programm unter den in Mac OS X mitgelieferten Programmen, das diesen Dateityp öffnen kann.

5   Beenden Sie Safari.

Fehlerbeseitigung bei fehlenden Programmen

In dieser Übung öffnen Sie eine Datei, wenn das Programm, mit dem die Datei erstellt wurde, nicht auf dem Computer installiert ist. Microsoft Office 2004 und die zugehörigen Programme wie Word und Excel sind auf diesem Computer nicht installiert. Da jedoch Word-Dokumente in Mac OS X automatisch mit TextEdit in Verbindung gebracht werden, wenn Word nicht installiert ist, können Sie eine Word-Datei dennoch öffnen.

1   Öffnen Sie den Ordner „Programme". Sie werden feststellen, dass Microsoft Office 2004 nicht installiert ist.

    Eine schnelle Methode zum Öffnen des Ordners „Programme" ist, im Finder „Befehl-Umschalt-A" zu drücken.

2   Öffnen Sie den Ordner „Chapter6" und suchen Sie die Datei „Pet Sitter Notes.doc".

    Wechseln Sie im Finder zur Spaltendarstellung und klicken Sie dann auf die Datei „Pet Sitter Notes.doc". Überprüfen Sie, ob in der Spalte mit den Dateiinformationen „Art" als natives Format „Microsoft Word" angezeigt wird.

3   Klicken Sie bei gedrückter Taste „ctrl" auf die Datei „Pet Sitter Notes.doc" und bewegen Sie den Zeiger im Kontextmenü auf „Öffnen mit".

Eine Liste der Programme, die möglicherweise zum Öffnen dieses Dokumenttyps geeignet sind, werden als Untermenü im Kontextmenü angezeigt. TextEdit ist als Standardprogramm angegeben.

4   Klicken Sie auf den Schreibtisch, um das Menü auszublenden.

5   Öffnen Sie die Datei „Pet Sitter Notes.doc" durch Doppelklicken.

Die Datei wird in TextEdit geöffnet, behält jedoch die Erweiterung „.doc" bei.

TextEdit" kann Word-Dokumente öffnen und sichern und ist damit ein guter Ersatz, wenn Sie eine Word-Datei öffnen müssen, das Programm „Word" jedoch nicht installiert ist. TextEdit unterstützt jedoch nicht das volle Funktionsspektrum der Word-Formatierung, sodass verschiedene Aspekte des Originaldokuments möglicherweise verloren gehen.

Lektion 6.1 Programm-Umgebungen

6   Beenden Sie TextEdit.

7   Wählen Sie im Finder „Gehe zu" > „Benutzte Ordner" > „Chapter6".

Der Befehl „Gehe zu" > „Benutzte Ordner" ist eine schnelle Methode, um zu einem der zehn zuletzt benutzten Ordner zu navigieren.

8   Wählen Sie im Ordner „Chapter6" die Datei „edu.mit.Kerberos" durch Doppelklicken aus.

Mac OS X kann nicht erkennen, um welchen Dateityp es sich handelt. Es liegen keine Informationen bezüglich Typ oder Erstellungsprogramm vor und keines der installierten Programme kann .Kerberos-Dateien öffnen.

9   Klicken Sie auf „Programm auswählen".

Daraufhin wird ein Fenster für den Ordner „Programme" geöffnet, in dem Sie ein Programm auswählen können, mit dem Sie das Öffnen der Datei versuchen können. In diesem Fall ist TextEdit die richtige Wahl. TextEdit kann alle reine Textdateien öffnen. Die Standardoption im Einblendmenü lautet „Empfohlene Programme". Sie können aber auch die Option „Alle Programme" wählen und ein anderes Programm ausprobieren, das von Mac OS X nicht als „empfohlen" betrachtet wird. Im Wesentlichen rät Mac OS X, welches Programm zum Öffnen der Datei geeignet ist.

10 Wählen Sie „TextEdit" und klicken Sie auf „Öffnen".

Die Datei wird im Programm „TextEdit" geöffnet. Beachten Sie, dass SubEthaEdit ebenfalls als empfohlenes Programm angeboten wird. Diese Datei ist jedoch nur eine Liste mit Eigenschaftsinformationen im Binärformat.

11 Schließen Sie TextEdit, ohne zu sichern.

Anzeigen von Datei-Inhalten mit der Funktion „Übersicht"

Die Übersicht ist eine einfache integrierte Funktion zum Anzeigen von Dateien. Mit dieser Funktion können Sie Dateien ansehen, ohne ein Programm öffnen zu müssen. Die Übersicht verwendet Plug-Ins, die zahlreiche Datentypen erkennen und die Inhalte einer Datei im Nur-Lese-Format rendern können, damit diese in einer Vorschau angezeigt werden können.

1 Öffnen Sie den Ordner „Chapter6" und dann die Datei „Travel checklist.xls".

Die Datei wird im Programm „TextEdit" geöffnet. In Mac OS X 10.6 kann TextEdit zahlreiche Dateitypen öffnen. Das Erstellungsprogramm Microsoft Excel ist auf diesem Computer nicht installiert. Wäre Excel installiert, würde das Dokument damit geöffnet und nicht mit TextEdit.

Lektion 6.1 Programm-Umgebungen

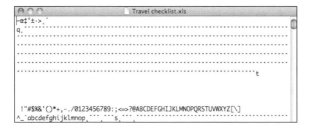

2 Beenden Sie TextEdit.

3 Wählen Sie im Ordner „Chapter6" die Datei „Travel checklist.xls" durch einmaliges Klicken aus.

4 Klicken Sie in der Symbolleiste auf das Aktionsmenü (Zahnradsymbol) und wählen Sie „Übersicht von „Travel checklist.xls".

Wie Sie bereits wissen, können Sie die Leertaste zum Aktivieren der Übersicht verwenden. Die Übersicht ist auch im Finder-Menü „Ablage" verfügbar. In der Finder-Standardsymbolleiste befindet sich außerdem eine Taste „Übersicht".

Betrachten Sie die Inhalte der Datei. Die Titel im Excel-Arbeitsblatt unten sind als klickbare Tasten dargestellt, über die Sie die einzelnen Arbeitsblätter in diesem Dokument durchsehen können.

5 Klicken Sie auf die Pfeile, um zur bildschirmfüllenden Darstellung zu wechseln, und klicken Sie dann auf das „X", um die Übersicht zu schließen.

6 Melden Sie sich ab.

6.2 Boot Camp

Der Wechsel zu Mac-Computern mit Intel-Prozessor bedeutet nicht nur einfach schnellere Computer, sondern auch, dass auf Mac-Computern Betriebssysteme ausgeführt werden können, die für andere Intel-basierte Computer entwickelt wurden. Am wichtigsten ist jedoch, dass Sie Microsoft Windows auf Mac-Computern ausführen können. Die in Mac OS X integrierte Boot Camp-Technologie macht die Installation von Windows auf Ihrem Mac sehr einfach. In dieser Übung wird Boot Camp vorgestellt und Sie lernen die Schritte kennen, die für die Konfiguration von Windows auf Ihrem Mac erforderlich sind.

Boot Camp verstehen

Software zur einfachen Repartionierung des Macintosh-Systemvolumes

Windows-Treiber für Mac-Hardware als ein einziges Installationspaket

Installationspaket für Windows-Treiber versteckt auf der Mac OS X-Installations-DVD

Zur Zeit unterstützt:
- Windows XP SP2+
- Windows Vista (32- und 64-Bit)
- Knowledge Base Artikel HT1899, „Boot Camp: Systemanforderungen für Microsoft Windows"

Ausführliche Anleitungen finden Sie unter „Informationen über Boot Camp" in Lektion 6 von *Apple Training Series: Mac OS X Support Essentials v10.6*.

Lektion 6.2 Boot Camp

Boot Camp-Voraussetzungen

Intel Mac

Minimum 10 GB freier Festplattenspeicher

Erfüllt Windows-Voraussetzungen

Aktuellste Version von Mac OS X

Aktuellste Firmware-Updates

Mac OS X Installations-DVD

Windows-Vollinstallations-CD/DVD

Direkt angeschlossene Eingabegeräte

Ausführliche Anleitungen finden Sie unter „Boot Camp-Anforderungen" in Lektion 6 von *Apple Training Series: Mac OS X Support Essentials v10.6*.

Boot Camp konfigurieren

Windows-Partition erzeugen
- Boot Camp-Assistant
- Festplatten-Dienstprogramm

Windows-Installation starten
- In der Regel Formatierung des Volumes als NTFS notwendig
- Viel Spaß beim Windows-Installieren

Windows-Software aufsetzen
- Mac OS X-Installations-DVD einlegen, um das BootCamp-Installationspaket zu starten
- Windows-Updates

Ausführliche Anleitungen finden Sie unter „Konfigurieren von Boot Camp" in Lektion 6 von *Apple Training Series: Mac OS X Support Essentials v10.6*.

Boot Camp-Assistent

Primäre Funktion des Boot Camp-Assistenten ist die Repartionierung der Festplatte

Startet automatisch zur Windows-Installations-Disk

Kann auch zum einfachen Löschen der Windows-Partition verwendet werden

Ausführliche Anleitungen finden Sie unter „Der Boot Camp-Assistent" in Lektion 6 von *Apple Training Series: Mac OS X Support Essentials v10.6*.

Boot Camp-Mac-Treiber

Der Zauber von Boot Camp liegt in den Mac-Treibern

Die Treiber sind auf den Mac OS X-Installations-DVDs

Beinhalten alle Mac-spezifischen Treiber in einem Paket

Beinhaltet auch:
- Boot Camp-Kontrollpanel
- Apple-Software-Update für Windows

Ausführliche Anleitungen finden Sie unter „Installieren der Boot Camp-Treiber für Windows" in Lektion 6 von *Apple Training Series: Mac OS X Support Essentials v10.6*.

Lektion 6.2 Boot Camp

Wechsel zwischen den Systemen

Startup-Manager mit ⌥ (Wahltaste) beim Booten

Von Mac OS X: Startvolumen in den Systemeinstellungen wählen

Von Windows: Boot Camp-Kontrollpanel öffnen

Ausführliche Anleitungen finden Sie unter „Wechseln der Betriebssysteme" in Lektion 6 von *Apple Training Series: Mac OS X Support Essentials v10.6*.

> **Hinweis** Hierfür gibt es keine Übungen.

7

Konfiguration eines Netzwerks

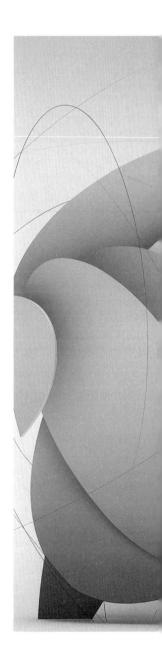

7.1	Konfigurieren von Mac OS X-Netzwerken
Übung 7.1.1	Überwachen der Netzwerkverbindungen
Übung 7.1.2	Konfigurieren von Netzwerkschnittstellen
Übung 7.1.3	Verwenden mehrerer Schnittstellen
Übung 7.1.4	Konfigurieren mehrerer Schnittstellen: VPN (optional)
Übung 7.1.5	Konfigurieren mehrerer Schnittstellen: Ethernet und AirPort (optional)
7.2	**Fehlerbeseitigung im Netzwerk**
Übung 7.2.1	Beseitigen von Netzwerkproblemen

Kapitel 7 Konfiguration eines Netzwerks

7.1 Konfigurieren von Mac OS X-Netzwerken

Damit Sie Mac OS X Netzwerke effizient verwalten und Fehler ggf. schnell finden und beseitigen können, empfiehlt es sich, sich mit den wichtigsten Netzwerktechnologien in groben Zügen vertraut zu machen. Im ersten Teil dieser Lektion werden Sie die Grundlagen von TCP/IP-Netzwerken kennenlernen. Anschließend erfahren Sie, wie Mac OS X-Netzwerkinstallationen, -schnittstellen und -protokolle konfiguriert werden. Sie werden sowohl mit einfachen als auch komplexen Konfigurationstechniken vertraut gemacht, die die breite Palette der Netzwerktechnologien von Mac OS X umfasst.

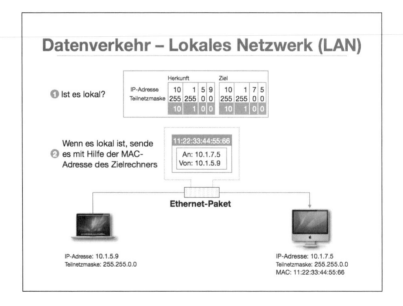

Ausführliche Anleitungen finden Sie unter „Netzwerkbetrieb" in Lektion 7 von *Apple Training Series: Mac OS X Support Essentials v10.6*.

Lektion 7.1 Konfigurieren von Mac OS X-Netzwerken

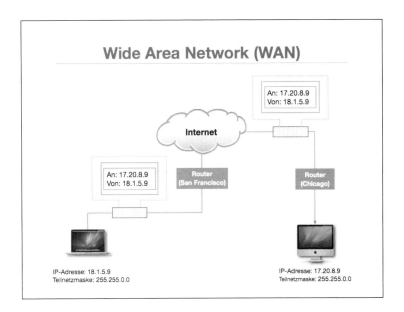

Ausführliche Anleitungen finden Sie unter „Netzwerkbetrieb" in Lektion 7 von *Apple Training Series: Mac OS X Support Essentials v10.6*.

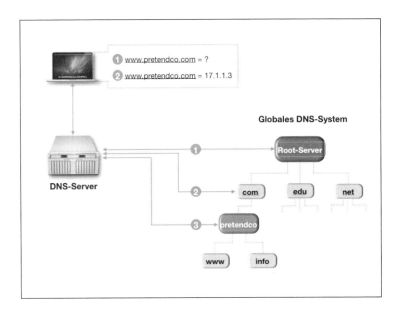

Ausführliche Anleitungen finden Sie unter „DNS-Dienst" in Lektion 7 von *Apple Training Series: Mac OS X Support Essentials v10.6*.

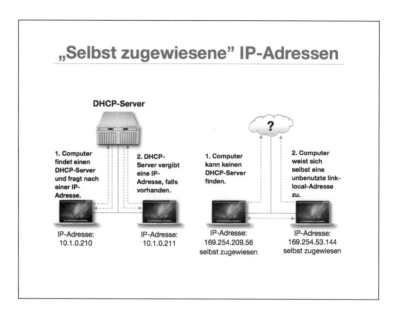

Ausführliche Anleitungen finden Sie unter „DHCP (Dynamic Host Configuration Protocol)" in Lektion 7 von *Apple Training Series: Mac OS X Support Essentials v10.6*.

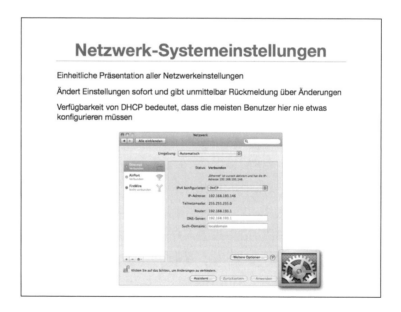

Ausführliche Anleitungen finden Sie unter „Einfache Netzwerkkonfiguration" in Lektion 7 von *Apple Training Series: Mac OS X Support Essentials v10.6*.

Lektion 7.1 Konfigurieren von Mac OS X-Netzwerken

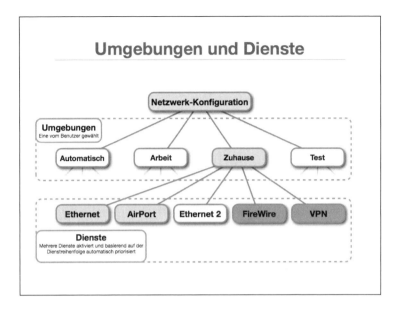

Ausführliche Anleitungen finden Sie unter „Verwenden von Netzwerkumgebungen" in Lektion 7 von *Apple Training Series: Mac OS X Support Essentials v10.6*.

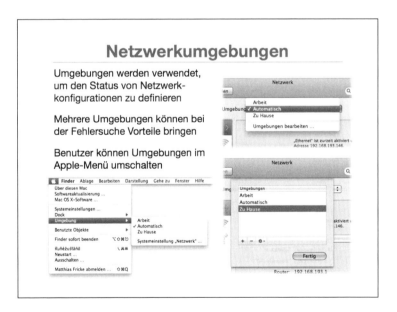

Ausführliche Anleitungen finden Sie unter „Verwenden von Netzwerkumgebungen" in Lektion 7 von *Apple Training Series: Mac OS X Support Essentials v10.6*.

Kapitel 7 Konfiguration eines Netzwerks

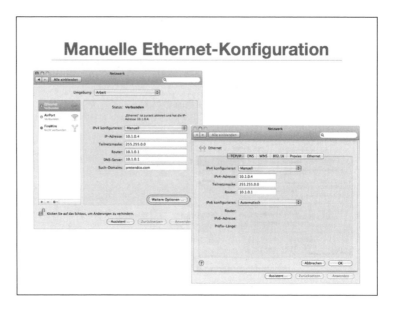

Ausführliche Anleitungen finden Sie unter „Verwenden von Hardware-Netzwerkschnittstellen" in Lektion 7 von *Apple Training Series: Mac OS X Support Essentials v10.6*.

Ausführliche Anleitungen finden Sie unter „Verwenden von Hardware-Netzwerkschnittstellen" in Lektion 7 von *Apple Training Series: Mac OS X Support Essentials v10.6*.

Lektion 7.1 Konfigurieren von Mac OS X-Netzwerken

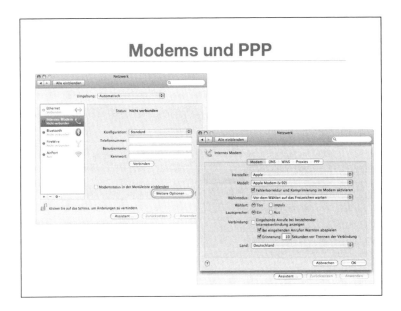

Ausführliche Anleitungen finden Sie unter „Verwenden von Hardware-Netzwerkschnittstellen" in Lektion 7 von *Apple Training Series: Mac OS X Support Essentials v10.6*.

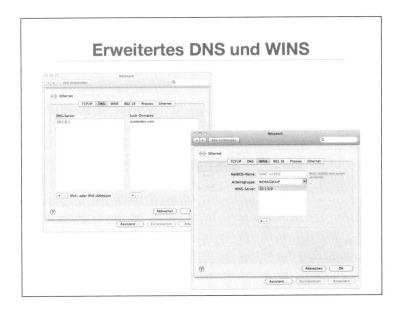

Ausführliche Anleitungen finden Sie unter „Verwenden von Netzwerkprotokollen" in Lektion 7 von *Apple Training Series: Mac OS X Support Essentials v10.6*.

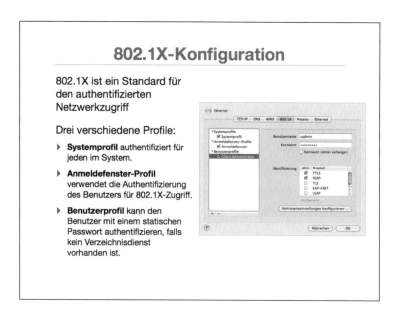

Ausführliche Anleitungen finden Sie unter „Verwenden von Netzwerkprotokollen" in Lektion 7 von *Apple Training Series: Mac OS X Support Essentials v10.6*.

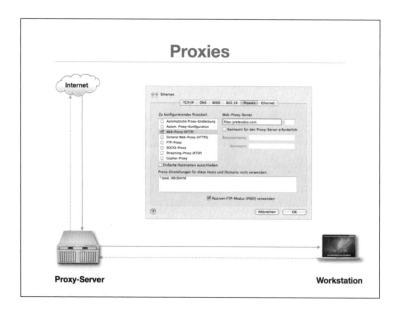

Ausführliche Anleitungen finden Sie unter „Verwenden von Netzwerkprotokollen" in Lektion 7 von *Apple Training Series: Mac OS X Support Essentials v10.6*.

Lektion 7.1 Konfigurieren von Mac OS X-Netzwerken

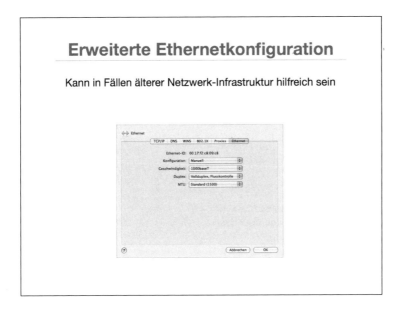

Ausführliche Anleitungen finden Sie unter „Verwenden von Netzwerkprotokollen" in Lektion 7 von *Apple Training Series: Mac OS X Support Essentials v10.6*.

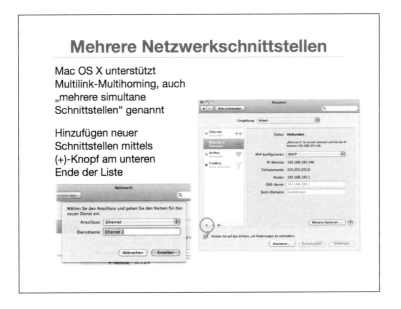

Ausführliche Anleitungen finden Sie unter „Verwenden von Hardware-Netzwerkschnittstellen" in Lektion 7 von *Apple Training Series: Mac OS X Support Essentials v10.6*.

Kapitel 7 Konfiguration eines Netzwerks

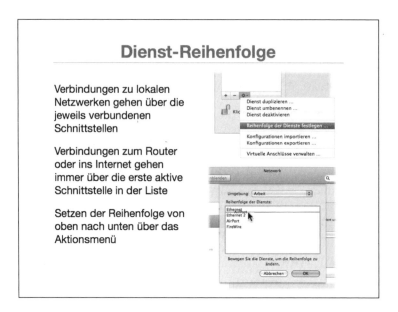

Ausführliche Anleitungen finden Sie unter „Verwenden von Hardware-Netzwerkschnittstellen" in Lektion 7 von *Apple Training Series: Mac OS X Support Essentials v10.6*.

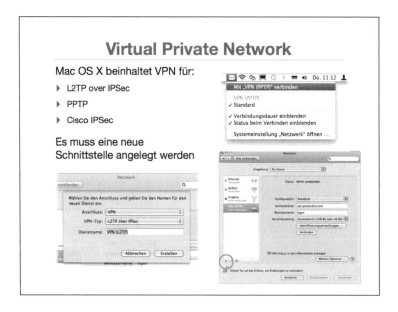

Ausführliche Anleitungen finden Sie unter „Verwenden virtueller Netzwerkschnittstellen" in Lektion 7 von *Apple Training Series: Mac OS X Support Essentials v10.6*.

Lektion 7.1 Konfigurieren von Mac OS X-Netzwerken

Übung 7.1.1
Überwachen von Netzwerkverbindungen

Übungsziel
- Anzeigen von Netzwerkverbindungen mithilfe der Systemeinstellung „Netzwerk"

Zusammenfassung

In dieser Übung trennen Sie Ihre Ethernetverbindung zum Netzwerk und beobachten, wie sich dies auf die Systemeinstellung „Netzwerk" auswirkt. Die Systemeinstellung „Netzwerk" wird dynamisch aktualisiert, wenn sich die Netzwerkverbindungen verändern, und kann so wirkungsvoll bei der Diagnose von Verbindungsproblemen eingesetzt werden. In dieser Aufgabe wird demonstriert, wie über die Systemeinstellung „Netzwerk" Informationen zur Fehlerbeseitigung gesammelt werden können.

Verwenden des Bereichs für den Netzwerkstatus zum Überwachen der Verbindungen

Der Bereich „Netzwerkstatus" in der Systemeinstellung „Netzwerk" zeigt den Status aller aktiven konfigurierten Netzwerkschnittstellen an. Von Benutzern eingerichtete Verbindungen wie PPP und VPN sind ebenfalls aufgelistet. Benutzer können den Bereich „Netzwerkstatus" anzeigen, um ihre aktiven Verbindungen nach Priorität zu überprüfen.

1 Melden Sie sich als „Client Administrator" an.

2 Öffnen Sie die Systemeinstellungen und klicken Sie auf „Netzwerk".

Links im Fenster wird der Status Ihrer Netzwerkverbindungen angezeigt.

Die Statusanzeige neben „Ethernet" leuchtet grün und die Meldung „Verbunden" wird angezeigt. Auf Computern mit mehreren Ethernetanschlüssen wird oben in der Liste u. U. „Ethernet 1" oder „Ethernet 2" angezeigt.

Rechts im Fenster wird der Status beschrieben: „Verbunden" und „Ethernet ist derzeit aktiv und hat eine zugewiesene IP-Adresse".

> **Hinweis** Wenn Sie andere aktive Dienste verwenden, deaktivieren Sie sie, indem Sie sie in der Liste auswählen und „Dienst deaktivieren" aus dem Aktionsmenü (Zahnradsymbol) unter der Dienstliste auswählen. Klicken Sie danach auf „Anwenden".

3 Trennen Sie das Ethernetkabel von Ihrem Computer und beobachten Sie die Statusanzeige neben Ihrem Etherneteintrag.

Lektion 7.1 Konfigurieren von Mac OS X-Netzwerken

> **Hinweis** Je nach Konfiguration des Seminarraum-Servers ist es u. U. einfacher, Ihren Computer vom Switch zu trennen. Es spielt keine Rolle, welches Ende des Ethernetkabels herausgezogen wird. Wählen Sie das Kabelende, das Sie in dieser Übung am leichtesten erreichen.

Die Ethernet-Statusanzeige wechselt von grün zu rot und als Status wird rechts im Fenster die Meldung „Kabel nicht verbunden" angezeigt.

Wenn Ihr Ethernetkabel mit einem inaktiven Anschluss verbunden ist, z. B. einem defekten Switch oder einem Switch ohne Strom, werden Sie ein ähnliches Verhalten beobachten.

Schließen Sie das Kabel noch nicht wieder an.

Übung 7.1.2
Konfigurieren von Netzwerkschnittstellen

Übungsziele
- Überprüfen der von DHCP bereitgestellten Netzwerkeinstellungen
- Erstellen einer neuen Netzwerkumgebung
- Konfigurieren einer statischen IP-Adresse

Zusammenfassung
In einigen Netzwerkkonfigurationen ist kein DHCP-Server (Dynamic Host Configuration Protocol) vorhanden oder er ist möglicherweise ausgefallen. In diesem Fall weist sich ein Mac mit Mac OS X, der für den Empfang einer IP-Adresse über DHCP konfiguriert ist, selbst eine IP-Adresse zu, um den Netzwerkzugang bereitzustellen.

Deaktivieren des DHCP-Diensts (durch Kursleiter)
Nun wird Ihr Kursleiter den DHCP-Dienst auf dem Seminarraum-Server deaktivieren. Informieren Sie Ihren Kursleiter, wenn Sie bereit sind. Warten Sie, bis Ihr Kursleiter Ihnen mitteilt, dass der DHCP-Dienst deaktiviert ist.

1 Teilen Sie dem Kursleiter mit, wenn Sie bereit sind, dass DHCP deaktiviert wird.

2 Nachdem Ihr Kursleiter Ihnen bestätigt hat, dass der DHCP-Dienst nun deaktiviert ist, verbinden Sie das Ethernetkabel wieder mit Ihrem Computer.

Beobachten Sie den Netzwerkstatus. Zunächst wird die Meldung angezeigt, dass die Netzwerkverbindung mit Ihrer alten IP-Adresse hergestellt wird. Nach kurzer Zeit werden jedoch die Meldung „Keine IP-Adresse" und der

Verbindungsstatus „Unbekannt" angezeigt. Nach einer längeren Verzögerung wird mit Ihrer alten DHCP-Adresse wieder zum Status „Verbunden" gewechselt. Dies kann eine Minute und länger dauern.

Die Lease-Zeit Ihrer Adresse ist noch gültig, daher wird zu Ihrer alten Adresse zurückgewechselt, obwohl der DHCP-Dienst nicht mehr verfügbar ist. Der Computer behält seine IP-Adresse, bis die Lease-Dauer abgelaufen ist. Danach wechselt er zu einer selbst zugewiesenen (lokalen) Adresse. Dieses sind die 169.254.*x.y*-Adressen, die Sie möglicherweise bereits gesehen haben. Statt zu warten, bis der automatische Wechsel erfolgt (kann im Durchschnitt 30 Minuten in diesem Unterrichtsraum dauern), können Sie den Computer anweisen, sich selbst eine IP-Adresse zuzuweisen.

3   Heben Sie den Schutz der Netzwerkeinstellungen auf (falls erforderlich).

4   Sobald eine aktive Ethernetverbindung und eine IP-Adresse vom DHCP-Server angezeigt werden (im Bereich von 10.1.0.200- 10.1.0.250), klicken Sie auf „Weitere Optionen" rechts unten im Fenster.

5 Geben Sie in das Feld „DHCP-Client-ID" Folgendes ein: testn (wobei *n* Ihre Teilnehmernummer ist.)

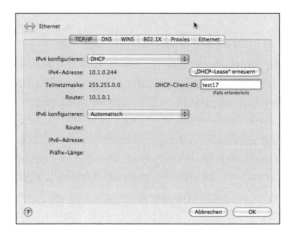

6 Klicken Sie auf „DHCP-Lease erneuern".

7 Wenn Sie in einem Dialogfenster gefragt werden, ob die Änderung angewendet werden soll, klicken Sie auf die Taste „Anwenden".

8 Klicken Sie auf „OK".

9 Wenn das Dialogfenster „Weitere Optionen" geschlossen wird, klicken Sie auf „Anwenden" (falls verfügbar).

Nach kurzer Zeit werden im Statusfeld die Meldung „Verbunden" und eine selbst zugewiesene IP-Adresse angezeigt.

Versuch, das Netzwerk zu verwenden

Überprüfen Sie anhand der folgenden Schritte, ob Ihr Computer weiterhin auf andere Computer im Netzwerk zugreifen kann:

1 Wählen Sie im Finder die Option „Gehe zu" > „Mit Server verbinden".

2 Stellen Sie im Dialogfenster „Mit Server verbinden" die Verbindung zum Server mainserver.local her.

3 Klicken Sie auf „Verbinden".

Sie werden aufgefordert, sich für „mainserver" zu authentifizieren. Auf diese Weise wird sichergestellt, dass Sie eine Verbindung zu „mainserver" hergestellt haben.

4 Klicken Sie auf „Abbrechen".

Obwohl Sie eine selbst zugewiesene IP-Adresse haben, können Sie weiterhin mit anderen Computern im Netzwerk kommunizieren. Bonjour ermöglicht die Suche nach Namen mit der Erweiterung „.local" mithilfe von mDNS (Multicast-DNS) und erleichtert die Verbindung zu Ihren lokalen Ressourcen.

Erstellen einer neuen Umgebung mit einer statischen IP-Adresse

Sie konfigurieren nun eine neue Umgebung „Static" mit einer statischen IP-Adresse. Die IP-Adresse für Ihren Computer lautet in diesem Fall 10.1.*n*.2, wobei *n* Ihre Teilnehmernummer ist. Der Teilnehmer 17 würde z. B. 10.1.17.2 verwenden.

1 Öffnen Sie (falls erforderlich) die Systemeinstellung „Netzwerk".

2 Wählen Sie aus dem Einblendmenü „Umgebung" die Option „Umgebungen bearbeiten".

3 Klicken Sie auf die Taste „Hinzufügen" (+), um eine neue Umgebung einzurichten.

4 Benennen Sie die neue Umgebung Static.

5. Klicken Sie auf „Fertig".

6. Wechseln Sie in die neue Umgebung „Static", falls sie nicht bereits ausgewählt ist.

7. Klicken Sie auf „Anwenden".

8. Wählen Sie (falls nötig) „Ethernet" im Fensterbereich links aus.

9. Wählen Sie aus dem Einblendmenü „IPv4 konfigurieren" die Option „Manuell" aus.

10. Geben Sie die folgenden Informationen ein (ersetzen Sie dabei *n* durch Ihre Teilnehmernummer):

    - IP-Adresse: 10.1.*n*.2/16

    - Wenn Sie die Tabulatortaste drücken, werden Teilnetzmaske (255.255.0.0) und Router (10.1.0.1) ausgefüllt.

    - DNS-Server: 10.1.0.1

    - Suchdomänen: pretendco.com

Sie verwenden einen Kurzbefehl, um die Informationen für Teilnetzmaske und Router einzugeben. 10.1.*n*.2/16 ist die CIDR-Notation (kurz für *Classless Interdomain Routing*). Hiermit werden IP-Adresse und Teilnetzmaske festgelegt, indem die Anzahl der Bits (1er) in der Teilnetzmaske angegeben werden. Mit der CIDR-Notation entspricht ein /16 Teilnetz einer Teilnetzmaske 255.255.0.0 (binär 11111111 11111111 00000000 00000000). Sobald IP-Adresse und Teilnetzmaske festgelegt sind, können weitere Informationen ermittelt werden.

Es wird auch angenommen, dass das Standard-Gateway (Router) die erste verwendbare Adresse im Teilnetz ist. Zwar ist dies in der Regel korrekt, jedoch nicht zwingend so. Einige Netzwerkadministratoren platzieren den Standardrouter an die letzte verwendbare Adresse im Teilnetz. Als Gateway kann jede Adresse im Teilnetz verwendet werden, sodass Sie die Routerinformationen möglicherweise ändern müssen, um die Konfiguration Ihres Netzwerks wiederzugeben.

Die Adressierung teilt dem Computer nichts über die DNS-Umgebung mit, sodass Sie diese Informationen nach wie vor manuell eingeben müssen.

11 Deaktivieren Sie andere Dienste (Schnittstellen), die möglicherweise Teil der Umgebung „Static" sind.

12 Klicken Sie auf „Anwenden".

13 Beenden Sie die Systemeinstellungen.

Testen des Internetzugriffs mit Safari

Sie haben Ihren Computer jetzt so konfiguriert, dass er im Netzwerk des Seminarraums korrekt funktioniert. Nun überprüfen Sie mit Safari, ob Sie auf die Website des Seminarraums zugreifen können.

1 Öffnen Sie Safari.

2 Geben Sie Folgendes in die Adresszeile ein:

`http://mainserver.pretendco.com`

Drücken Sie den Zeilenschalter.

Wenn Safari versucht, eine Seite zu laden, die sich außerhalb Ihres Netzwerks befindet, müssen Sie nicht bis zum Beenden des Vorgangs oder bis zur Zeitüberschreitung warten. Abschließend sollte die Website des Seminarservers zu sehen sein.

3 Wählen Sie „Safari" > „Cache leeren".

Der Browsercache kann das Testen von Websites erschweren, da es oft unklar ist, ob die Anzeige neu vom Server geladen wurde oder aus dem Browsercache stammt.

4 Klicken Sie auf „Leeren".

5 Beenden Sie Safari.

6 Melden Sie sich ab.

Übung 7.1.3
Verwenden mehrerer Schnittstellen

Übungsziele
- Festlegen der aktuellen Netzwerkkonfiguration
- Funktionsweise von Diensten und Umgebungen

Zusammenfassung
Die Netzwerkdienste und -umgebungen bieten einfache Möglichkeiten, den Zugriff auf das Netzwerk zu konfigurieren und eine Konfiguration von anderen zu isolieren. Sie werden mit zwei verschiedenen Diensten arbeiten, die an derselben physischen Schnittstelle konfiguriert sind, um auf das Netzwerk zuzugreifen und um zu sehen, wie mehrere Dienste zusammenarbeiten. Sie werden Umgebungen verwenden, um diese neuen Dienste einzurichten, ohne Ihre vorhandene Konfiguration zu beeinträchtigen.

Erstellen einer neuen Umgebung
Umgebungen fassen auf praktische Art und Weise Ihre Netzwerkeinstellungen zusammen. Es empfiehlt sich, eine neue Umgebung zu erstellen, wenn Sie Ihre Netzwerkeinstellungen ändern müssen. Nachdem eine neue Umgebung erstellt wurde, können Sie ganz einfach zwischen Ihren Umgebungen wechseln. Dazu steht das Untermenü „Umgebungen" zur Verfügung.

1. Melden Sie sich als „Client Administrator" an.
2. Öffnen Sie die Systemeinstellung „Netzwerk"
3. Heben Sie den Schutz der Netzwerkeinstellungen auf (falls erforderlich), indem Sie Name und Kennwort eingeben.
4. Wählen Sie aus dem Einblendmenü „Umgebung" die Option „Umgebungen bearbeiten".

Lektion 7.1 Konfigurieren von Mac OS X-Netzwerken

5   Wählen Sie die Umgebung „Static" aus und wählen Sie anschließend die Option „Umgebung duplizieren" aus dem Aktionsmenü (Zahnradsymbol) unter der Liste mit den Umgebungen.

6   Benennen Sie die neue Umgebung von „Static Kopie" in „Multi-homed" (bitte zwei Wörter mit Bindestrich) um.

7   Klicken Sie auf „Fertig".

8   Wechseln Sie zur Umgebung „Multi-homed", falls erforderlich.

9   Klicken Sie auf „Anwenden".

10 Wählen Sie „Ethernet" in der Liste der Dienste auf der linken Seite aus. (Wenn Sie einen Mac mit mehreren Ethernetanschlüssen verwenden, wählen Sie „Ethernet 1" bzw. „Ethernet 2" aus, abhängig davon, an welchem Anschluss das Ethernetkabel angeschlossen ist.)

11 Wählen Sie aus dem Aktionsmenü „Dienst umbenennen" aus.

12 Geben Sie `With DNS` als Name ein und klicken Sie auf „Umbenennen".

13 Klicken Sie auf „Anwenden".

14 Klicken Sie auf die Taste „Hinzufügen" (+).

15 Wählen Sie „Ethernet" (oder „Ethernet 1" bzw. „Ethernet 2", abhängig davon, an welchem Anschluss das Ethernetkabel angeschlossen ist) aus dem Einblendmenü „Anschluss" aus.

16 Benennen Sie den Dienst `Without DNS`.

17 Klicken Sie auf „Erstellen".

Ein Dienst ist eine Konfiguration, die einer Schnittstelle zugewiesen wurde. Eine Schnittstelle ist eine physische oder virtuelle Möglichkeit, den Computer mit anderen Computern im Netzwerk zu verbinden.

18 Wählen Sie den Dienst „Without DNS" aus und konfigurieren Sie ihn wie folgt:

- IPv4 konfigurieren: Manuell
- IP-Adresse: `10.1.n.3/16` (wobei *n* Ihre Teilnehmernummer ist)
- DNS-Server: Bitte leer lassen
- Suchdomänen: Bitte leer lassen

19 Klicken Sie auf „Anwenden".

Für beide Dienste sollte jetzt eine grüne Statusanzeige zu sehen sein.

Lektion 7.1 Konfigurieren von Mac OS X-Netzwerken

20 Öffnen Sie Safari.

21 Verwenden Sie die Adresszeile und geben Sie Folgendes ein: http://mainserver.pretendco.com/.

Die Website von Mainserver wird geladen.

22 Wählen Sie in der Systemeinstellung „Netzwerk" die Option „Reihenfolge der Dienste festlegen" aus dem Aktionsmenü (Zahnradsymbol).

23 Bewegen Sie den Dienst „Without DNS" über „With DNS" und klicken Sie auf „OK".

24 Klicken Sie auf „OK".

25 Wechseln Sie zu Safari zurück, wählen Sie „Safari" > „Cache leeren" und klicken Sie dann auf „Leeren".

26 Laden Sie die Seite „mainserver.pretendco.com" erneut.

Anschließend wird die Meldung angezeigt, dass Safari die Site nicht laden konnte, da der Computer nicht mit dem Internet verbunden ist. Dies bedeutet, dass der Computer keinen DNS-Nameserver finden kann, um den Namen aufzulösen.

Der Dienst „Without DNS" wird nun vorrangig vor dem Dienst „With DNS" verwendet (da er in der Liste weiter oben steht). Da für den Dienst „Without DNS" kein Nameserver konfiguriert wurde, kann er die Website „mainserver.pretendco.com" nicht finden und zeigt deshalb die Fehlermeldung an.

27 Wählen Sie „Umgebung" > „Static" aus dem Menü „Apple" aus.

28 Laden Sie die Seite in Safari. Jetzt wird die Seite geöffnet, da für die Umgebung „Static" DNS-Einstellungen festgelegt wurden, die mit dem (einzigen) Dienst mit höchster Priorität verknüpft sind.

29 Melden Sie sich ab.

Lektion 7.1 Konfigurieren von Mac OS X-Netzwerken

Übung 7.1.4
Konfigurieren mehrerer Schnittstellen: VPN (optional)

Übungsziel
- Verbinden mit dem Seminarraum-Server mithilfe von VPN

Zusammenfassung
VPN-Verbindungen (Virtual private networks) werden im Regelfall eingesetzt, um per Fernzugriff auf ein Netzwerk zuzugreifen. Mit einer VPN-Verbindung stellen Sie eine verschlüsselte „Tunnelverbindung" über das öffentliche Internet zu dem entfernten Netzwerk her. Durch die Verschlüsselung sind Ihre Daten während der Übertragung geschützt. Mac OS X 10.6 unterstützt drei VPN-Typen: PPTP (Point-to-Point Tunneling Protocol), L2TP (Layer 2 Tunneling Protocol) über IPSec (Internet Protocol Security) und Cisco IPSec.

Konfigurieren eines VPN-Diensts für die Verbindung zum Seminarraum-Server

In dieser Übung werden Sie eine VPN-Verbindung zum Seminarraum-Server herstellen. Mit einer VPN-Verbindung können Sie den sicheren entfernten Zugriff auf lokale Netzwerkressourcen bereitstellen oder sogar bestimmte interne Ressourcen vor anderen Netzwerk-Clients schützen. Sie werden sehen, wie Mac OS X mehrere Netzwerkverbindungen und deren Priorität beim Zugriff auf Netzwerkressourcen verarbeitet.

1. Melden Sie sich als „Client Administrator" an und öffnen Sie die Systemeinstellung „Netzwerk".

2. Falls die Umgebung „Static" nicht aktiviert ist, wählen Sie sie aus und klicken Sie auf „Anwenden".

3. Klicken Sie auf „Hinzufügen" (+) unter der Dienstliste, um einen neuen Dienst hinzuzufügen.

4. Wählen Sie „VPN" aus dem Einblendmenü „Anschluss" aus.

5 Wählen Sie „L2TP über IPSec" aus dem Einblendmenü „VPN-Typ" und klicken Sie auf „Erstellen".

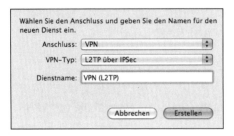

6 Wählen Sie den VPN-Dienst aus der Dienstliste aus.

7 Geben Sie mainserver.pretendco.com als Serveradresse ein.

8 Geben Sie als Benutzernamen Folgendes ein: studentnummer (wobei *nummer* Ihre Teilnehmernummer in Worten ist, also z. B. studentsiebzehn).

9 Markieren Sie das Feld „VPN-Status in der Menüleiste anzeigen".

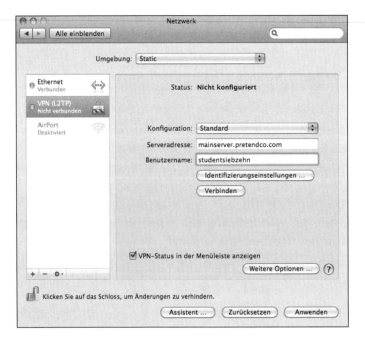

10 Klicken Sie auf „Anwenden".

11 Klicken Sie auf die Taste „Identifizierungseinstellungen" und legen Sie die Einstellungen wie folgt fest:

Lektion 7.1 Konfigurieren von Mac OS X-Netzwerken

- Kennwort: student
- Schlüssel („Shared Secret"): apple

12 Klicken Sie auf „OK".

13 Klicken Sie unten in der Dienstliste auf das Aktionsmenü (Zahnrad) und wählen Sie „Reihenfolge der Dienste festlegen".

14 Klicken Sie auf „VPN (L2TP)" und bewegen Sie den Eintrag über den Eintrag „Ethernet". Klicken Sie dann auf „OK".

15 Klicken Sie auf „Anwenden", um die Reihenfolge der Dienste und die neuen Einstellungen zu aktivieren.

Nun können Sie eine Verbindung über VPN herstellen.

16 Nun auf „Verbinden" klicken.

Die Statusreihenfolge für VPN und Ethernet ändert sich.

Überprüfen der VPN-Verbindung

Sie sind über VPN mit dem Seminarraum-Netzwerk verbunden und greifen nun auf eine Netzwerkressource zu, auf die bis jetzt nicht zugegriffen werden konnte.

1 Öffnen Sie Safari.

2 Verwenden Sie die Adressleiste, um Folgendes einzugeben:
   internal.pretendco.com.

   Sie haben gerade eine interne Website geöffnet. Sie überprüfen nun, dass Sie nur von einer VPN-Verbindung darauf zugreifen konnten.

3 Wählen Sie aus dem Menü „VPN" die Option „Verbindung zu VPN (L2TP)" trennen".

4 Wechseln Sie zu Safari zurück und wählen Sie „Safari" > „Cache leeren" und klicken Sie im dann angezeigten Fenster auf „Leeren".

5 Laden Sie die interne Website erneut.

   Die Website wird nicht geladen. Stattdessen sehen Sie die Fehlermeldung, dass der Server, auf dem sich diese Seite befindet, nicht antwortet.

6 Beenden Sie Safari und die Systemeinstellungen.

7 Melden Sie sich ab.

Lektion 7.1 Konfigurieren von Mac OS X-Netzwerken

Übung 7.1.5
Konfigurieren mehrerer Schnittstellen: Ethernet und AirPort (optional)

Übungsziele
- Verbinden mit dem AirPort-Netzwerk
- Konfigurieren der Dienstreihenfolge für verfügbare Netzwerkschnittstellen

Zusammenfassung
Es ist eine gängige Methode, die Internetverbindung über ein drahtloses Netzwerk herzustellen. In Ihrem Seminarraum muss ein drahtloses Netzwerk eingerichtet sein und Ihr Computer benötigt eine AirPort-Schnittstelle, damit Sie die folgende Übung nachvollziehen können. Bitte fragen Sie Ihren Kursleiter, wie Sie dabei vorgehen sollen.

Konfigurieren von Ethernet und AirPort

1 Melden Sie sich als „Client Administrator" an und öffnen Sie die Systemeinstellung „Netzwerk".

2 Aktivieren Sie den AirPort-Dienst mithilfe des Aktionsmenüs (Zahnradsymbol).

3 Aktivieren Sie AirPort (falls erforderlich) und stellen Sie sicher, dass das Feld „AirPort-Status in der Menüleiste anzeigen" markiert ist. Wenn Sie gefragt werden, ob Ihre Einstellungen angewendet werden sollen, bestätigen Sie dieses.

Kapitel 7 Konfiguration eines Netzwerks

4 Klicken Sie auf „Anwenden", wenn die Taste verfügbar ist.

5 Fragen Sie den Kursleiter, welches Netzwerk Sie auswählen sollen und wie das Kennwort lautet (falls nötig).

Wenn das drahtlose Netzwerk nicht geschützt ist, werden Sie automatisch mit dem Netzwerk verbunden.

Wird die Netzwerkverbindung nicht automatisch hergestellt, können Sie die Verbindung zu einem Netzwerk mithilfe des Einblendmenüs „Netzwerkname" herstellen. (Die gängigere Methode für die Verbindung mit drahtlosen Netzwerken erfolgt allerdings über das AirPort-Statusmenü in der Menüleiste.)

6 Klicken Sie auf das Statusmenü „AirPort" in der Menüleiste.

Bitte beachten Sie, dass mehrere Netzwerke zur Auswahl stehen, zu denen Sie möglicherweise eine Verbindung herstellen können. Netzwerke mit einem Schlosssymbol neben dem Namen erfordern eine Authentifizierung. Neben dem Schlosssymbol wird ein Symbol für die Signalstärke angezeigt. In der obersten Zeile wird der allgemeine AirPort-Status angezeigt. Im Normalfall wird hier „Ein" angezeigt, jedoch werden Sie auch sehen, dass gelegentlich die Meldung „Suche nach drahtlosen Netzwerken" angezeigt wird.

Lektion 7.1 Konfigurieren von Mac OS X-Netzwerken

Geben Sie ggf. das Kennwort ein, das Sie vom Kursleiter erhalten haben, um auf das Netzwerk zuzugreifen.

7   Wenn die AirPort-Statusanzeige in der Systemeinstellung „Netzwerk" grün dargestellt wird, öffnen Sie Safari.

Die Standardwebseite kann in diesem Fall nicht geladen werden.

8   Geben Sie im Feld „Adressfeld" http://external.pretendco.com ein und drücken Sie den Zeilenschalter.

Nun wird die Seite geladen.

9   Klicken Sie in der Systemeinstellung „Netzwerk" auf das Aktionsmenü (Zahnradsymbol) unter der Dienstliste.

10 Wählen Sie „Reihenfolge der Dienste festlegen".

11 Bewegen Sie den Eintrag „AirPort" über den Eintrag „Ethernet" und klicken Sie auf „OK".

12 Klicken Sie auf „Anwenden".

Beachten Sie, dass der Dienst „AirPort" an den Anfang der Dienstliste bewegt wird.

13 Öffnen Sie ein neues Fenster in Safari.

Die Standardwebseite wird geladen.

14 Geben Sie im Feld „Adressfeld" `http://mainserver.pretendco.com` ein und drücken Sie den Zeilenschalter.

Die Website kann nicht geladen werden. Die Fehlermeldung „Safari kann den Server nicht finden." wird angezeigt. Der Grund dafür ist, dass der DNS-Server, der die Informationen über die Website mit dem Namen „name mainserver.pretendco.com" bereitstellt, nicht im Internet verfügbar ist.

15 Geben Sie in der Adresszeile die IP-Adresse für „mainserver" ein (`10.1.0.1`) und drücken Sie den Zeilenschalter.

Die Website wird nun geladen. Ihr Computer ist noch immer über den Ethernetdienst mit der Adresse 10.1.0.0/16 verbunden. Ressourcen in diesem Netzwerk sind weiterhin verfügbar.

16 Beenden Sie Safari.

17 Wählen Sie in der Systemeinstellung „Netzwerk" die Option „Reihenfolge der Dienste festlegen".

18 Bewegen Sie den Eintrag „Ethernet" über den Eintrag „AirPort" und klicken Sie auf „OK".

19 Deaktivieren Sie den AirPort-Dienst mithilfe des Aktionsmenüs (Zahnradsymbol).

20 Klicken Sie auf „Anwenden".

21 Melden Sie sich ab.

Frage 1 Was geschieht mit dem DNS-Dienst, wenn die Dienstpriorität geändert wird?

Lektion 7.2 Fehlerbeseitigung im Netzwerk

Fehlerbeseitigung im Netzwerk

7.2

Nachdem Sie wissen, wie die Mac OS X-Netzwerkfunktionen konfiguriert werden, erfahren Sie nun, wie gängige Fehler im Netzwerkbetrieb beseitigt werden können. Die meisten Netzwerke sind relativ komplex aufgebaut und bestehen aus vielen verschiedenen Komponenten und Systemen, wodurch die Fehlerbeseitigung gelegentlich recht kompliziert sein kann. Mit dieser Lektion werden verschiedene Strategien für die Fehlerdiagnose in Netzwerken erläutert, die Ihnen helfen sollen, die Fehlerquelle auf einen von drei Aspekten einzugrenzen: lokaler Rechner, Netzwerk oder Server. Viele Netzwerkfehler lassen sich effizient beseitigen, wenn Sie darüber nachdenken, wie jeder dieser drei Aspekte Ihr Problem verursachen könnte. Am Ende dieser Lektion werden Sie außerdem spezielle Werkzeuge für die Diagnose und Beseitigung von Netzwerkfehlern kennenlernen, die mit Mac OS X geliefert werden.

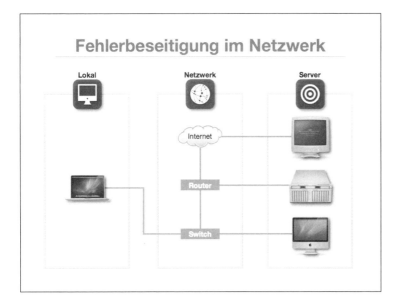

Ausführliche Anleitungen finden Sie unter „Fehlerbeseitigung im Netzwerk" in Lektion 7 von *Apple Training Series: Mac OS X Support Essentials v10.6*.

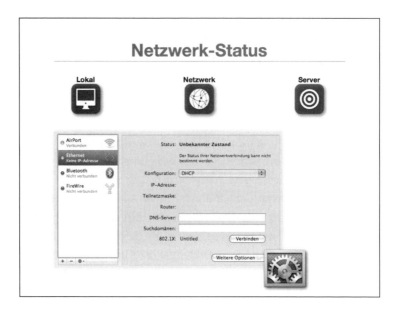

Ausführliche Anleitungen finden Sie unter „Fehlerbeseitigung im Netzwerk" in Lektion 7 von *Apple Training Series: Mac OS X Support Essentials v10.6*.

Ausführliche Anleitungen finden Sie unter „ Fehlerbeseitigung im Netzwerk" in Lektion 7 von *Apple Training Series: Mac OS X Support Essentials v10.6*.

Lektion 7.2 Fehlerbeseitigung im Netzwerk

Ausführliche Anleitungen finden Sie unter „Fehlerbeseitigung im Netzwerk" in Lektion 7 von *Apple Training Series: Mac OS X Support Essentials v10.6*.

Ausführliche Anleitungen finden Sie unter „Fehlerbeseitigung im Netzwerk" in Lektion 7 von *Apple Training Series: Mac OS X Support Essentials v10.6*.

Ausführliche Anleitungen finden Sie unter „Fehlerbeseitigung im Netzwerk" in Lektion 7 von *Apple Training Series: Mac OS X Support Essentials v10.6*.

Ausführliche Anleitungen finden Sie unter „Fehlerbeseitigung im Netzwerk" in Lektion 7 von *Apple Training Series: Mac OS X Support Essentials v10.6*.

Lektion 7.2 Fehlerbeseitigung im Netzwerk

Ausführliche Anleitungen finden Sie unter „Fehlerbeseitigung im Netzwerk" in Lektion 7 von *Apple Training Series: Mac OS X Support Essentials v10.6*.

Ausführliche Anleitungen finden Sie unter „Fehlerbeseitigung im Netzwerk" in Lektion 7 von *Apple Training Series: Mac OS X Support Essentials v10.6*.

Kapitel 7   Konfiguration eines Netzwerks

Übung 7.2.1
Beseitigen von Netzwerkproblemen

Übungsziele
- Überprüfen der Netzwerkeinstellungen
- Ausführen von ping-Anfragen und Port-Scans mit dem Netzwerkdienstprogramm

Zusammenfassung
Probleme mit der Netzwerkverbindung können recht komplex sein. Wenn Sie sich jedoch mit den Softwarewerkzeugen in Mac OS X vertraut gemacht haben, können Sie die Diagnose und Beseitigung von Fehlern im Regelfall schnell und effizient ausführen. In dieser Übung starten Sie ein Skript, das einen Netzwerkfehler simuliert. Sie verwenden für die Fehlerbeseitigung das Netzwerkdienstprogramm und die Netzwerkdiagnose. Wenn Sie die Probleme diagnostiziert haben, dokumentieren Sie sie und beheben dann die Fehler. Um zu überprüfen, dass die Fehler behoben wurden, werden Sie sich eine andere Website ansehen. Während der Fehlerbeseitigung werden Sie Näheres über das lokale Teilnetzwerk erfahren, lernen wie DNS IP-Adressen für Domain-Namen zuweist und sich mit vielen im Netzwerkdienstprogramm enthaltenen Funktionen vertraut machen. Außerdem erfahren Sie, wie Sie die Informationen, die diese Werkzeuge über Ihre Netzwerkumgebung ermitteln, interpretieren und Probleme mit der Netzwerkkommunikation lösen.

Ändern der Netzwerkeinstellungen
Sie führen zunächst ein Skript aus, das Ihre Netzwerkeinstellungen ändert.

1 Melden Sie sich als Adminstrator an. Vergewissern Sie sich, dass alle anderen Benutzer abgemeldet und keine Programme gestartet sind.

2 Vergewissern Sie sich, dass die Umgebung „Static" ausgewählt ist (auswählbar unter „Apple" > „Umgebung") und dass Sie nicht mit einem drahtlosen Netzwerk verbunden sind.

Lektion 7.2 Fehlerbeseitigung im Netzwerk

3   Öffnen Sie das Programm „NetworkChallenge" unter
    „/Benutzer/Für alle Benutzer/StudentMaterials/Chapter7".

    Falls das Programm „NetworkChallenge" eine Fehlermeldung
    anzeigt, folgen Sie diesen Anleitungen, bevor Sie hier
    fortfahren.

4   Öffnen Sie Safari.

5   Geben Sie im Feld „Adressfeld" http://external.pretendco.com
    ein und drücken Sie den Zeilenschalter.

    Der Browser versucht, die Verbindung zum Server
    herzustellen. Nach einer Verzögerung wird dieser Vorgang
    abgebrochen. Wenn das Skript korrekt ausgeführt wurde,
    wird eine Fehlermeldung wie diese angezeigt: „Safari kann die
    Verbindung zum Proxy-Server nicht herstellen".

Vor der Analyse dieses Fehlers soll zunächst das
Dienstprogramm „Netzwerkdiagnose" genauer betrachtet
werden.

6   Beenden Sie Safari.

7   Öffnen Sie die Systemeinstellung „Netzwerk".

8   Klicken Sie auf die Taste „Assistent" unten im Fenster.

9   Klicken Sie im daraufhin angezeigten Dialogfenster auf die
    Taste „Diagnose".

Bei der Netzwerkdiagnose werden Ihre Netzwerkeinstellungen gescannt und das Programm versucht, auf das Netzwerk zuzugreifen. Für die Ethernetverbindung und die Netzwerkeinstellungen werden grüne Anzeigen eingeblendet, für die ISP-Einstellungen ist jedoch eine rote Anzeige zu sehen. Nach einer Minute werden die Anzeigen für Internet und Server ebenfalls rot dargestellt, um auf weitere Fehler hinzuweisen.

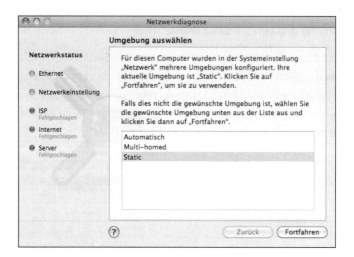

10 Beenden Sie die Netzwerkdiagnose.

Mit der Netzwerkdiagnose können Sie Probleme im Zusammenhang mit Ihrer Netzwerkverbindung lösen. Jetzt werden Sie aber zunächst genauere Techniken zur Fehlerbeseitigung verwenden, um Ihr Netzwerkproblem zu diagnostizieren.

Als erstes müssen Sie herausfinden, welchen Proxyserver Safari verwenden will.

11 Wählen Sie in der Systemeinstellung „Netzwerk" den aktiven Ethernetdienst in der Dienstliste aus.

12 Klicken Sie auf „Erweitert".

13 Klicken Sie auf „Proxies". Sie werden feststellen, dass ein Webproxy aktiviert ist.

14 Klicken Sie auf den Eintrag „Webproxy" in der Protokollliste (klicken Sie jedoch nicht auf das Markierungsfeld, da hierdurch die Proxyeinstellung deaktiviert wird).

Sie sehen, dass Ihr Mac für die Verwendung eines Webproxy auf „mainserver.pretendco.com" Port 90 konfiguriert ist. Der erste Schritt bei der Fehlerbeseitigung besteht also darin herauszufinden, wie der Kontakt zum Proxyserver hergestellt wird.

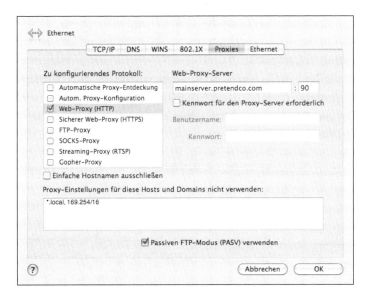

15 Klicken Sie auf „Abbrechen", um das Dialogfenster mit den erweiterten Einstellungen zu schließen, lassen Sie die Systemeinstellung „Netzwerk" jedoch weiterhin geöffnet.

Testen der Netzwerkverbindung zum Seminarraum mit Ping

Diese Übung führt Sie durch die Schritte, die erforderlich sind, um festzustellen, ob ein Computer mithilfe von Ping erreicht werden kann.

1 Öffnen Sie das Netzwerkdienstprogramm unter „/Programme/Dienstprogramme".

2 Klicken Sie auf „Ping".

3 Geben Sie in das Feld „Geben Sie die Netzwerkadresse für das „Ping" ein" den Domain-Namen des Proxyservers ein, den Sie erreichen wollen (`mainserver.pretendco.com`).

Kapitel 7 Konfiguration eines Netzwerks

4   Geben Sie 5 in das Feld „Nur ... Pings senden" ein und vergewissern Sie sich, dass die Option ausgewählt ist.

5   Klicken Sie auf „Ping".

Nach einer Minute wird die Meldung angezeigt, dass es nicht möglich war, den Namen „mainserver.pretendco.com" aufzulösen. Dies bedeutet, dass es nicht möglich war, den Namen „mainserver.pretendco.com" mithilfe von DNS zu finden („aufzulösen") und einer IP-Adresse zuzuordnen, um die Ping-Anfrage zu senden. Somit wissen wir, dass der Name „external.pretendco.com" im Seminarraum gültig ist, da wir ihn zuvor bereits verwendet haben, und folglich etwas mit dem DNS-Server nicht stimmt.

Leider erfahren wir auf diese Weise nicht wirklich, wo der Fehler liegt, da es sehr schwierig sein kann, den Unterschied zwischen einem DNS-Fehler und einem Netzwerkfehler zu erkennen. Auch wenn nur die DNS-Auflösung nicht funktioniert, kann dies wie ein Netzwerkfehler aussehen, da beinahe jeder Netzwerkzugriff mit einer DNS-Suche beginnt (und davon abhängt). Doch auch, wenn die Netzwerkverbindung vollständig unterbrochen ist, werden in der Regel alle Versuche, auf das Netzwerk zuzugreifen, bei der DNS-Suche scheitern. Das einzig sichtbare Symptom sind also DNS-Fehler.

Lektion 7.2 Fehlerbeseitigung im Netzwerk

> **Hinweis** Jetzt könnten Sie mit der Suchfunktion (Lookup) im Netzwerkdienstprogramm die DNS-Suche direkt prüfen, aber dadurch erfahren Sie nichts, was Sie nicht bereits durch den Ping-Fehler wissen.

Eine gute Methode, zwischen einem reinen DNS-Problem und einem Netzwerkfehler zu unterscheiden, besteht darin, auf einen Server über seine numerische IP-Adresse zuzugreifen. Auf diese Weise wird die DNS-Suche umgangen und die Verbindung auch dann hergestellt, wenn die DNS-Suche nicht funktioniert.

6 Geben Sie in das Feld „Geben Sie die Netzwerkadresse für das „Ping" ein" die numerische IP-Adresse von mainserver ein: 10.1.0.1.

7 Klicken Sie auf „Ping".

Jetzt wird die Meldung „Keine Verbindung zum Host" angezeigt."

Dieser Fehler weist darauf hin, dass die Ping-Anfrage nicht erkennen konnte, wie die Testpakete an den anderen Computer gesendet werden sollen. Befindet sich der andere Computer im gleichen Teilnetz, bedeutet dies, dass Ihr Computer den anderen Computer nicht finden konnte. Wenn sich der andere Computer in einem anderen Teilnetz befindet, bedeutet die Meldung in der Regel, dass kein Router gefunden wurde, über den die Pakete gesendet werden konnten.

Da sich der Server „mainserver" in diesem Fall im gleichen Netzwerksegment wie Ihr Computer befindet, weist die Fehlermeldung darauf hin, dass etwas Grundlegendes mit Ihrer Netzwerkverbindung nicht in Ordnung ist. Sie müssen Ihre Netzwerkverbindung und die Netzwerkeinstellungen überprüfen.

> **Hinweis** In einer komplexeren Netzwerkstruktur, in der sich der Computer, den Sie testen wollen, nicht im gleichen Netzwerksegment wie Ihr Computer befindet, empfiehlt es sich, die Funktion „Trace" des Netzwerkdienstprogramms zu verwenden, um weitere Informationen über die Route zu erhalten, über die Ihr Computer versucht, den anderen Computer zu erreichen. In diesem Fall (der Computer befindet sich im gleichen Netzwerksegment) sind die durch Trace ermittelten Informationen nicht sonderlich aufschlussreich.

8   Wechseln Sie in das Fenster „Systemeinstellungen" und prüfen Sie, ob die Statusanzeige für Ethernet grün dargestellt wird. Dies bedeutet, dass Ihr Computer eine aktive Verbindung zum Netzwerk des Seminarraums hat. Während hierdurch noch nicht sichergestellt ist, dass Ethernetkabel und -verbindung korrekt funktionieren, ist dies ein sehr guter Hinweis darauf, dass die physische Verbindung in Ordnung ist und dass Sie die Fehlersuche nun mit dem Prüfen der Netzwerkeinstellungen fortsetzen können.

Überprüfen Ihrer Netzwerkeinstellungen

In einer vorherigen Übung haben Sie bekannte gültige Netzwerkeinstellungen eingegeben. Jetzt wäre ein guter Zeitpunkt, Ihre aktuellen Einstellungen mit den zuvor vorgenommenen zu vergleichen. Notiéren Sie die Unterschiede in der folgenden Tabelle.

Lektion 7.2 Fehlerbeseitigung im Netzwerk

Gültige Netzwerkeinstellungen	Aktuelle Netzwerkeinstellungen
IP-Adresse:	IP-Adresse:
Teilnetzmaske:	Teilnetzmaske:
Router:	Router:
DNS-Server:	DNS-Server:
Suchdomänen:	Suchdomänen:

Frage 2 Welche Unterschiede gibt es?

Netzwerke benötigen die Teilnetzinformationen, um die Netzwerkarchitektur zu definieren, etwa welche Hosts lokal und welche entfernt installiert sind. Bei den funktionierenden Netzwerkeinstellungen lautet die Teilnetzmaske 255.255.0.0 (ein /16-Teilnetz). Dies ermöglicht es, dass eine größere Anzahl IP-Adressen im lokalen Netzwerk erreicht werden kann als die etwas eingeschränktere Teilnetzmaske 255.255.255.0 (ein /24-Teilnetz). Die entscheidende Abweichung in den Netzwerkeinstellungen lag in den Informationen für den Router und die Teilnetzmaske. Ihre aktuellen Einstellungen teilen dem Computer mit, dass sich der Computer mit der Adresse 10.1.0.1 in einem anderen Teilnetz als Ihr Computer befindet. (Nur die Adressen 10.1.n.0–255 befinden sich in Ihrem Teilnetz.) Damit Pakete die Adresse 10.1.0.1 erreichen, müssen sie über einen Router mit der Adresse 10.1.n.1 gesendet werden, der nicht existiert.

Teilnetz- und Routerfehler sind bei den meisten mit DHCP konfigurierten Computern unüblich, sie können jedoch leicht bei manuell konfigurierten Computern gemacht werden. Sie können auch zu recht mysteriösen Symptomen führen, etwa, dass Verbindungen zu einigen Computern funktionieren, aber zu anderen nicht. Wenn derartige mysteriöse Netzwerkprobleme auftreten, empfiehlt es sich immer, die Netzwerkeinstellungen genau zu überprüfen.

Prüfen wir nun, ob für den Zugriff auf diese Server lediglich diese Informationen geändert werden müssen.

Kapitel 7 Konfiguration eines Netzwerks

1 Geben Sie in der Systemeinstellung „Netzwerk" die folgenden Informationen für die Umgebung „Static" ein (ersetzen Sie dabei *n* durch Ihre Teilnehmernummer):

- IP-Adresse: 10.1.*n*.2
- Teilnetzmaske: 255.255.0.0
- Router: 10.1.0.1
- DNS-Server: 10.1.0.1
- Suchdomains: pretendco.com

2 Klicken Sie auf „Anwenden".

3 Beenden Sie die Systemeinstellungen.

4 Senden Sie mit dem Netzwerkdienstprogramm erneut eine Ping-Anfrage an „mainserver.pretendco.com".

Jetzt funktioniert es, das heißt, Sie haben die Verbindung zum Seminarraum-Netzwerk durch eine erfolgreiche Fehlerbeseitigung wiederhergestellt. Gehen Sie die einzelnen Schritte erneut durch und überlegen Sie, wie dies in Ihrer Computerumgebung funktionieren könnte. Versuchen Sie nun, auf den ursprünglich angeforderten Server zuzugreifen.

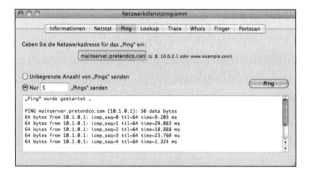

5 Senden Sie mit dem Netzwerkdienstprogramm erneut eine Ping-Anfrage an „external.pretendco.com".

Dies funktioniert jetzt ebenfalls. Damit haben Sie eine korrekt funktionierende Netzwerkverbindung zwischen Ihrem Computer sowie dem Proxyserver und Ihrem Ziel hergestellt.

Lektion 7.2 Fehlerbeseitigung im Netzwerk

Testen des Internetzugriffs mit Safari

Die verwendeten Programme setzen voraus, dass bestimmte Netzwerkkomponenten korrekt funktionieren. Im letzten Schritt haben Sie Ihre Netzwerkeinstellungen korrigiert. Im nächsten Schritt verwenden Sie Safari, um den Browser mit Ihren aktuellen Netzwerkeinstellungen zu testen.

1 Öffnen Sie gegebenenfalls Safari.

2 Geben Sie im Feld „Adressfeld" http://external.pretendco.com ein und drücken Sie den Zeilenschalter.

Die Website wird nicht geladen, was darauf hinweist, dass weiterhin ein Problem mit der Verbindung zum Proxyserver besteht, obwohl Sie soeben erfolgreich eine Ping-Anfrage an die Adresse gesendet haben. Sie setzen die Fehlerbeseitigung nun also fort, wobei Sie wissen, dass die Verbindung zum Server korrekt funktioniert und vermutlich ein Problem mit den Proxyeinstellungen vorliegt. Dies ist ein guter Ansatzpunkt.

3 Geben Sie im Feld „Adressfeld" http://mainserver.pretendco.com ein und drücken Sie den Zeilenschalter.

Diese Adresse kann ebenfalls nicht geladen werden.

Frage 3 Warum können die Websites nicht geladen werden?

4 Beenden Sie Safari.

Bestimmen der geöffneten Ports auf einem mit dem Netzwerk verbundenen System

In dieser Übung verwenden Sie „Portscan", um die geöffneten Ports auf dem Proxyserver zu bestimmen.

1 Klicken Sie im Netzwerkdienstprogramm auf „Portscan".

> **Hinweis** Bei vielen Netzwerkangriffen wird „Portscan"
> eingesetzt. Deshalb wird Ihre Fehlerbeseitigung u. U. als
> Angriff auf diesen Computer interpretiert. Bevor Sie Ports
> auf einem Zielcomputer scannen, bitten Sie den Eigen-
> tümer des Computers oder den Serveradministrator um
> Erlaubnis, diesen Test zu starten. Generell gilt: Führen Sie
> den Befehl „Portscan" nur bei Computern aus, für die Sie
> die entsprechende Berechtigung besitzen. Viele Umge-
> bungen halten automatische Gegenmaßnahmen bereit.
> Wenn Sie einen Server einfach scannen, wird Ihr Computer
> oder Ihre IP-Adresse möglicherweise auf einer Schwarzliste
> verzeichnet, sodass Sie nicht erfahren werden, ob Sie ein
> Problem erfolgreich behoben haben oder nicht.

2 Geben Sie die Serveradresse `mainserver.pretendco.com` in das Feld für die IP-Adresse ein.

3 Wählen Sie die Option „Nur Ports durchsuchen von" aus und legen Sie als Bereich 1 bis 1024 fest.

4 Klicken Sie auf „Scannen".

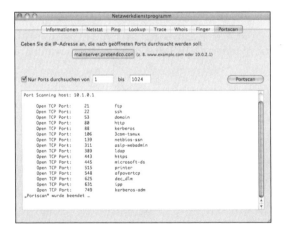

5 Beobachten Sie während des Scanvorgangs, wie die geöffneten Ports ermittelt werden.

Ein „bekannter Port" ist ein Netzwerkport, der üblicherweise für einen bestimmten Dienst verwendet wird. Ein bekannter Port für HTTP ist beispielsweise TCP 80 und der Port für AFP ist TCP 548. Diese Ports werden industrieweit verwendet, um

Lektion 7.2 Fehlerbeseitigung im Netzwerk

die Kompatibilität zwischen den Implementationen derselben Protokolle durch verschiedene Hersteller zu gewährleisten. Wenn Sie testen wollten, ob auf einem Computer ein HTTP-(Web-)Server läuft, würden Sie einen Portscan ausführen und prüfen, ob TCP-Port 80 geöffnet ist oder nicht. Mail verwendet unter anderem die TCP-Ports 25, 110 und 143. HTTPS (SSL secured web service) verwendet normalerweise den TCP-Port 443. Wenn HTTPS-Anfragen also nicht verarbeitet werden, ist Port 443 möglicherweise blockiert oder nicht aktiv.

Eine Auflistung vieler von Apple-Produkten verwendeter „bekannter" Ports finden Sie im Apple Knowledge Base-Artikel Nr. TS1629.

6   Bitte merken Sie sich, dass die Proxyeinstellungen auf Ihrem Computer für den Proxydienst an Port 90 des Servers „mainserver.pretendco.com" definiert sind. Beachten Sie dann, dass Port 90 keiner der offenen TCP-Ports ist, die während des Portscans gefunden wurden.

    Eine Reihe von Punkten kann dieses Problem verursachen: Der Proxydienst auf dem Server „mainserver" könnte gestört oder ausgeschaltet sein, eine Firewall könnte den Zugriff blockieren oder die Einstellungen auf Ihrem Computer könnten einfach nicht richtig sein.

    In diesem Fall sind die Proxyeinstellungen falsch, der Server „mainserver" arbeitet nicht als Webproxy und ein Proxyserver wird im Seminarraumnetzwerk nicht benötigt.

7   Öffnen Sie die Systemeinstellung „Netzwerk".

8   Wählen Sie den Ethernetdienst aus und klicken Sie auf „Weitere Optionen".

9   Klicken Sie auf „Proxies".

10 Entfernen Sie die Markierung aus dem Feld „Web Proxy".

11 Prüfen Sie die Einstellungen in den anderen Bereichen, indem Sie auf die Tasten oben im Fenster klicken (TCP/IP, DNS, WINS, 802.1X, Ethernet), um festzustellen, ob weitere falsche Einstellungen vorliegen. Dies sollte nicht der Fall sein.

12 Klicken Sie auf „OK".

13 Klicken Sie auf „Anwenden" und schließen Sie die Systemeinstellungen.

14 Öffnen Sie Safari.

15 Geben Sie in Safari im Feld „Umgebung" `http://mainserver.pretendco.com` ein und drücken Sie den Zeilenschalter.

Die Webseite wird erfolgreich geladen.

16 Probieren Sie nun die Adresse der Zielwebsite aus. Geben Sie im Feld „Adressfeld" `http://external.pretendco.com` ein und drücken Sie den Zeilenschalter.

Diese Webseite wird jetzt ebenfalls erfolgreich geladen. Sie versuchen nicht mehr, Ihren HTTP-Netzwerkverkehr über einen nicht existierenden Proxyserver zu leiten und Ihre Netzwerkeinstellungen (IP-Adresse, Teilnetzmaske, Router und DNS-Informationen) sind jetzt für Ihr Netzwerk korrekt angegeben.

Ein Proxyserver kann verschiedene Aufgaben erledigen. Hierzu gehören:

- Speichern Ihrer Webinhalte im Cache, sodass sie schneller geladen werden und der Netzwerkverkehr über die Router reduziert wird
- Steuern des Zugriffs auf Websites und andere Internetsites, die Ihr Netzwerkadministrator über Weißlisten, Schwarzlisten oder Filter für Inhalte blockieren will
- Reduzieren von Informationen, die von möglichen Angreifern abgefangen werden könnten, um die interne Struktur Ihres Netzwerks auszuspionieren

In vielen Umgebungen werden Proxyserver transparent für den Benutzer konfiguriert. Wenn eine umfassende Prüfung aller anderen Netzwerkparameter bei der Fehlerbeseitigung nicht weiterhilft, vergessen Sie nicht, die Proxyeinstellungen zu prüfen. Praktischerweise weist Safari in einer Fehlermeldung darauf hin.

17 Melden Sie sich ab.

8

Netzwerkdienste

8.1 Dateifreigabedienste

Übung 8.1.1   Verbinden mit freigegebenen Dateien
Übung 8.1.2   Konfigurieren der Dateifreigabe
Übung 8.1.3   Konfigurieren der Webfreigabe (optional)

8.2 Hostfreigabedienste und Sicherheit

Übung 8.2.1   Verbinden mit entfernten Hosts
Übung 8.2.2   Konfigurieren der Personal Application Firewall (optional)

8.3 Verzeichnisdienste

Übung 8.3.1   Verwenden der Netzwerkverzeichnisdienste

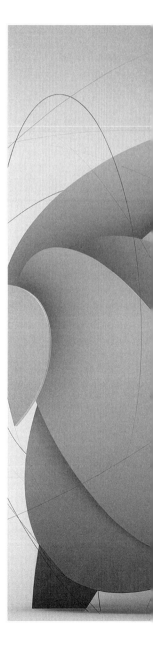

8.1 Dateifreigabedienste

In der vorherigen Lektion ging es um die grundlegende Funktionalität des Netzwerks, nun kommt mit den Netzwerkdiensten sozusagen der praktische Teil an die Reihe. Schließlich richtet man eine Netzwerkverbindung mit der Absicht ein, bestimmte Dienste oder Ressourcen im Netzwerk freizugeben und für andere bereitzustellen. Diese Lektion liefert zunächst eine Einführung in die Client-Technologien für Netzwerkdienste, die in Mac OS X integriert sind. Vorrangig geht es in dieser Lektion jedoch darum, wie Mac OS X über mehrere standardmäßige Dateifreigabedienste sowohl auf Dateien zugreifen als auch diese für den Zugriff durch andere freigeben kann. Außerdem untersuchen wir, wie Mac OS X Dateien auch via Webfreigabe bereitstellen kann.

Ausführliche Anleitungen finden Sie unter „Netzwerkdienste" in Lektion 8 von *Apple Training Series: Mac OS X Support Essentials v10.6*.

Lektion 8.1 Dateifreigabedienste

Ausführliche Anleitungen finden Sie unter „Verwenden von Netzwerkprogrammen" in Lektion 8 von *Apple Training Series: Mac OS X Support Essentials v10.6*.

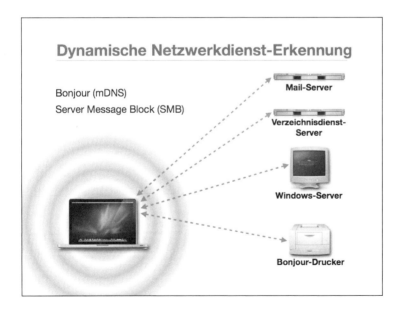

Ausführliche Anleitungen finden Sie unter „Netzwerkdienste" in Lektion 8 von *Apple Training Series: Mac OS X Support Essentials v10.6*.

Kapitel 8 Netzwerkdienste

Ausführliche Anleitungen finden Sie unter „Verwenden von Dateifreigabediensten" in Lektion 8 von *Apple Training Series: Mac OS X Support Essentials v10.6*.

Ausführliche Anleitungen finden Sie unter „Verwenden von Dateifreigabediensten" in Lektion 8 von *Apple Training Series: Mac OS X Support Essentials v10.6*.

Lektion 8.1 Dateifreigabedienste

Ausführliche Anleitungen finden Sie unter „Verwenden von Dateifreigabediensten" in Lektion 8 von *Apple Training Series: Mac OS X Support Essentials v10.6*.

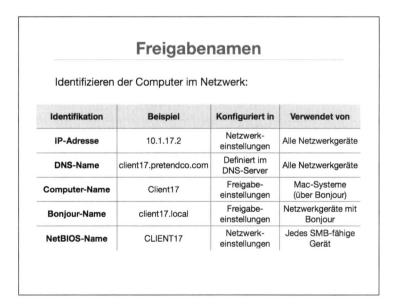

Ausführliche Anleitungen finden Sie unter „Host-Netzwerkidentifikation" in Lektion 8 von *Apple Training Series: Mac OS X Support Essentials v10.6*.

Ausführliche Anleitungen finden Sie unter „Verwenden von Dateifreigabediensten" in Lektion 8 von *Apple Training Series: Mac OS X Support Essentials v10.6*.

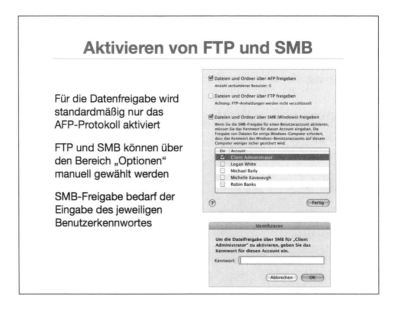

Ausführliche Anleitungen finden Sie unter „Verwenden von Dateifreigabediensten" in Lektion 8 von *Apple Training Series: Mac OS X Support Essentials v10.6*.

Lektion 8.1 Dateifreigabedienste

Ausführliche Anleitungen finden Sie unter „Standardzugriff auf Dateifreigabedienste" in Lektion 8 von *Apple Training Series: Mac OS X Support Essentials v10.6*.

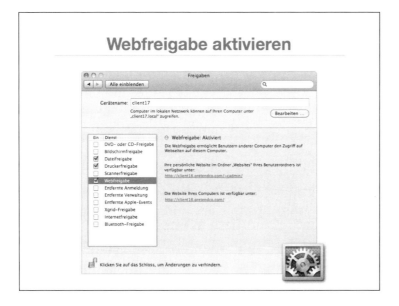

Ausführliche Anleitungen finden Sie unter „Konfigurieren der Webfreigabe" in Lektion 8 von *Apple Training Series: Mac OS X Support Essentials v10.6*.

Kapitel 8 Netzwerkdienste

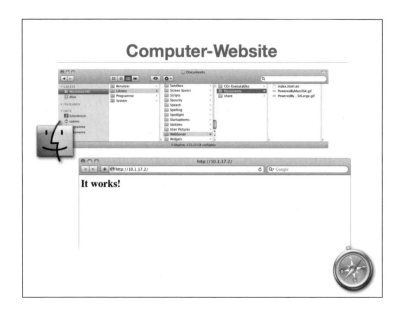

Ausführliche Anleitungen finden Sie unter „Konfigurieren der Webfreigabe" in Lektion 8 von *Apple Training Series: Mac OS X Support Essentials v10.6*.

Ausführliche Anleitungen finden Sie unter „Konfigurieren der Webfreigabe" in Lektion 8 von *Apple Training Series: Mac OS X Support Essentials v10.6*.

Lektion 8.1 Dateifreigabedienste

Übung 8.1.1
Zugriff auf freigegebene Dateien

Übungsziel
- Verbinden mit freigegebenen Volumes über AFP und SMB

Zusammenfassung
Viele Protokolle können zum Übertragen von Dateien über Netzwerke und das Internet verwendet werden. Einige der effizientesten Protokolle sind jedoch dahingehend optimiert, Dateisysteme gemeinsam zu nutzen. Hierzu zählen AFP und SMB. In dieser Übung verwenden Sie den Finder und den Befehl „Mit Server verbinden" im Finder-Menü „Gehe zu", um eine Verbindung zu den freigegebenen AFP- und SMB-Volumes auf einem anderen Computer herzustellen, eine Datei von diesem Volume auf Ihren Schreibtisch zu kopieren sowie eine Datei zurück auf das aktivierte Volume zu kopieren. Abschließend deaktivieren Sie das Volume.

Verbinden mit einem AFP-Volume über die Seitenleiste

Im Folgenden aktivieren Sie über die Seitenleiste ein AFP-Volume auf dem Schreibtisch.

1. Melden Sie sich als „Chris Johnson" an.
2. Wählen Sie in einem Finder-Fenster „mainserver" im Bereich „Freigaben" in der Seitenleiste aus.

Kapitel 8 Netzwerkdienste

Ihr Computer nimmt Kontakt zu „mainserver" auf und versucht, sich als Gast anzumelden.

3 Klicken Sie auf die Taste „Verbinden als".

4 Authentifizieren Sie sich bei Aufforderung als student*n* (wobei *n* Ihre Teilnehmernummer ist) und geben Sie als Kennwort student ein. Drücken Sie anschließend den Zeilenschalter.

Damit sind Sie unter Ihrem Teilnehmeraccount mit „mainserver" verbunden.

Im Finder-Fenster werden alle Ordner angezeigt, auf die Sie Zugriff haben.

Lektion 8.1 Dateifreigabedienste

Jetzt wollen wir uns ansehen, was im Ordner „Users" auf dem Server angezeigt wird.

5 Öffnen Sie die Finder-Einstellung („Finder" > „Einstellungen" oder Tastenkombination „Befehl-,") und markieren Sie die Option „Verbundene Server", sofern sie nicht bereits markiert ist.

Aktivierte Servervolumes werden auf Ihrem Schreibtisch angezeigt.

6 Schließen Sie im Finder das Fenster „Einstellungen".

7 Öffnen Sie den Ordner „Users".

Hier können Sie auch mehrere Benutzerordner sehen. Der Ordner wird im Finder angezeigt und ein neues Symbol für ein Netzwerkvolume erscheint auf dem Schreibtisch.

8 Öffnen Sie den Ordner „david".

Sie können sehen, dass auf dem Server bereitgestellte Benutzerordner die gleichen Berechtigungen aufweisen wie die lokalen Benutzerordner.

9 Bewegen Sie das Schreibtischsymbol „Users" (Benutzer) in den Papierkorb.

Das Symbol „Papierkorb" verwandelt sich beim Bewegen in ein Auswurfsymbol. Das zeigt an, dass das Volume bei dem Vorgang nicht gelöscht, sondern nur ausgeworfen bzw. deaktiviert wird.

Kopieren von Dateien auf ein Netzwerkvolume

Sie verwenden den Finder zum Kopieren von Dateien auf eine aktivierte AFP-Freigabe (Apple Filing Protocol).

1 Stellen Sie die Verbindung zu „mainserver" wie in den zuvor beschriebenen Schritten über die Seitenleiste her. Aktivieren Sie diesmal die Freigabe „Public" (Öffentlich).

Im Ordner „Public" sehen Sie eine Datei (copy.txt) und zwei Ordner (DropBox und SMB_DropBox) zusammen mit dem Ordner „StudentMaterials". Beachten Sie die Markierung auf den beiden Ordnern, die anzeigt, dass nur Schreibzugriff auf diese Ordner besteht.

2 Bewegen Sie eine Kopie von „copy.txt" auf Ihren Schreibtisch.

3 Falls erforderlich, geben Sie sich selbst (chris) Lese-/Schreibzugriff auf diese Kopie. Dazu verwenden Sie das Finder-Fenster „Informationen".

4 Benennen Sie die Kopie von „copy.txt" wie folgt um:

`student.afp.n.txt`

(wobei *n* Ihre Teilnehmernummer ist).

Lektion 8.1 Dateifreigabedienste

Sie können eine Datei umbenennen, indem Sie sie auswählen und dann den Zeilenschalter drücken, oder einmal auf den Dateinamen klicken und vor Eingabe des neuen Dateinamens einen Moment warten.

5   Bewegen Sie die umbenannte Datei von Ihrem Schreibtisch auf den Ordner „DropBox" auf dem aktivierten Volume „Public" (Öffentlich).

Für den Ordner „DropBox" ist nur der Schreibzugriff festgelegt. Sie werden daher in einem Dialogfenster darauf hingewiesen, dass Sie das Ergebnis dieser Aktion nicht werden sehen können.

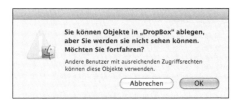

6   Klicken Sie auf „OK".

7   Trennen Sie die Verbindung zu „mainserver" (deaktivieren Sie „Public") durch Klicken auf das Auswurfsymbol neben „mainserver" im Bereich „Freigaben" in der Seitenleiste des Finder.

Verbinden mit einem SMB-Volume über die Funktion „Mit Server verbinden"

Im Folgenden verwenden Sie die Funktion „Mit Server verbinden" (im Finder), um ein SMB-Volume auf dem Schreibtisch zu aktivieren.

Kapitel 8 Netzwerkdienste

1 Wählen Sie im Finder die Option „Gehe zu" > „Mit Server verbinden".

2 Geben Sie in das Feld „Serveradresse" `smb://mainserver.pretendco.com/Public` ein, um die Verbindung über das SMB-Protokoll herzustellen.

Die Funktion „Mit Server verbinden" kann mit mehreren Dateifreigabeprotokollen arbeiten, die Sie in gängigen URL-Adressen angeben können. Die Funktion „Mit Server verbinden" verwendet standardmäßig AFP. Wenn Sie ein anderes Protokoll verwenden möchten, müssen Sie dieses in der URL-Adresse angeben, so wie gerade eben geschehen.

3 Verwenden Sie die gleichen Accountdaten wie beim Verbinden über AFP und wählen Sie die Option „Kennwort im Schlüsselbund sichern" aus. Klicken Sie dann auf „Verbinden".

Das Volume wird aktiviert und Sie sehen die gleichen Dateien, die auch nach dem Verbinden über AFP angezeigt wurden. Das muss ja auch so sein: Sie sind mit dem gleichen Ordner auf dem Server verbunden!

4 Bewegen Sie eine Kopie von „copy.txt" auf Ihren Schreibtisch.

5 Falls erforderlich, geben Sie sich selbst (chris) Lese-/Schreibzugriff auf diese Kopie. Dazu verwenden Sie das Finder-Fenster „Informationen".

6 Benennen Sie copy.txt in student.smb.n.txt um. Dabei ist *n* Ihre Teilnehmernummer.

7 Bewegen Sie die umbenannte Datei in den Ordner „SMB_DropBox".

Auch hier werden Sie im gleichen Dialogfenster wie vorhin darauf hingewiesen, dass Sie die Ergebnisse der Aktion nicht sehen können.

8 Klicken Sie auf „OK".

9 Melden Sie sich ab.

Übung 8.1.2
Konfigurieren der Dateifreigabe

Übungsziele
- Aktivieren der Dateifreigabe über AFP und SMB
- Erstellen eines Benutzers für ausschließliche Freigabe
- Festlegen von Zugriffsrechten für freigegebene Objekte

Zusammenfassung
Nach Durchführung dieser Übung sind Sie in der Lage, einen Mac so zu konfigurieren, dass Sie Dateien über AFP und SMB freigeben können. Hierfür arbeiten Sie mit einem Übungspartner. Über die Systemeinstellungen konfigurieren Sie Ihren Computer für die Dateifreigabe über AFP und SMB. Anschließend überprüfen Sie, ob Sie auf den Computer des anderen Seminarteilnehmers zugreifen können. Außerdem aktivieren Sie die Zugriffsrechte für die persönliche Dateifreigabe.

Aktivieren der Dateifreigabe
Sie aktivieren nun die Dateifreigabe und überprüfen Ihren Gerätenamen in der Systemeinstellung „Freigaben".

1   Melden Sie sich als „Chris Johnson" an.

2   Öffnen Sie die Systemeinstellungen und klicken Sie auf „Freigaben".

    Der Gerätename sollte bereits client*n* lauten, wobei *n* Ihre Teilnehmernummer ist.

3   Klicken Sie auf das Schlosssymbol und authentifizieren Sie sich als „Client Administrator".

4   Aktivieren Sie das Markierungsfeld „Dateifreigabe".

    Es sollte „Dateifreigabe: Aktiviert" angezeigt werden.

Lektion 8.1 Dateifreigabedienste

Benutzer mit Accounts können nun auf Ihren Computer zugreifen, indem sie über das Netzwerk eine Verbindung zu Ihrem Computer herstellen.

5   Nachdem der Dienst gestartet wurde, wird die Meldung „Unter [Adressangaben] können Benutzer anderer Computer auf freigegebene Ordner auf diesem Computer ... zugreifen" angezeigt.

6   Klicken Sie auf „Optionen".

7   Stellen Sie sicher, dass die Option „Dateien und Ordner über AFP freigeben" markiert ist.

8   Wählen Sie „Dateien und Ordner über SMB (Windows) freigeben" aus.

9   Wählen Sie „Client Administrator" aus.

Sie werden aufgefordert, das Accountkennwort einzugeben. Dabei handelt es sich um das Kennwort des Client-Administrators.

10 Geben Sie das Kennwort für „cadmin" ein und klicken Sie auf „OK".

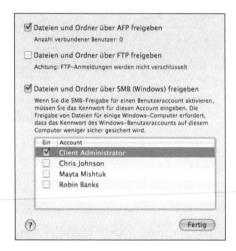

11 Klicken Sie auf „Fertig".

12 Schließen Sie die Systemeinstellungen.

Überprüfen der AFP-Dateifreigabe

In diesem Teil arbeiten Sie mit einem Partner zusammen. In dieser Übung wird Ihr Übungspartner über AFP eine Verbindung zu Ihrem Computer herstellen.

1 Der andere Seminarteilnehmer soll auf seinem Computer „Gehe zu" > „Mit Server verbinden" auswählen.

2 Als Serveradresse soll Ihr Übungspartner Ihren DNS-Namen „client*n*.pretendco.com" eingeben, wobei *n* Ihre Teilnehmernummer ist). Er kann auch Ihre IP-Adresse verwenden.

```
afp://clientn.pretendco.com
```

Wenn für „Mit Server verbinden" nichts angegeben wird, gilt als Standardeinstellung AFP.

3 Der Partner soll sich nun als Gast anmelden.

Eine Liste mit aktivierbaren Dateifreigaben wird angezeigt. Ihr Übungspartner sieht eine Freigabe des Ordners „Öffentlich" für jeden Benutzer auf Ihrem Computer, der keinen FileVault-Benutzerordner besitzt. Benutzer mit FileVault-Benutzerordnern sind auch nach Anmeldung nicht sichtbar. Mayta wird ebenfalls ausgelassen. Wie Sie sich erinnern werden, wurde der Benutzerordner von Mayta durch Wiederherstellen von Martas Benutzerordner erstellt. Bei diesem Prozess wird nicht der Ordner „Öffentlich" für die Dateifreigabe konfiguriert, deshalb ist der Ordner auch nicht in der Liste enthalten.

Wenn Sie als regulärer Benutzer verbunden sind, sehen Sie auch Ihren eigenen Benutzerordner als Freigabe, von den anderen Benutzern erscheint jeweils nur der Ordner „Öffentlich".

Administratoren sehen die gleichen Optionen wie reguläre Benutzer und zusätzlich alle aktivierten Volumes (einschließlich FileVault-Benutzerordner, allerdings haben sie keine Berechtigung zur Einsichtnahme in die Benutzerordner selbst).

Wenn Sie als FileVault-Benutzer eine Verbindung herstellen, wird eine Option für Ihren Benutzerordner angezeigt. Nach dem Aktivieren müssen Sie die Sparsebundle-Image-Datei öffnen, in der sich Ihr eigentlicher Benutzerordner befindet. Sie müssen erneut das Kennwort angeben, um diese verschlüsselte Image-Datei zu öffnen.

Es gelten normale Dateisystemberechtigungen. Durch das Aktivieren des Volumes erhalten Sie also nicht automatisch freien Zugriff darauf.

Kapitel 8 Netzwerkdienste

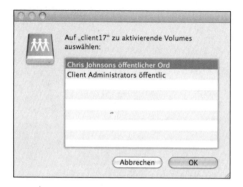

4 Wählen Sie Chris Johnsons Ordner „Öffentlich".

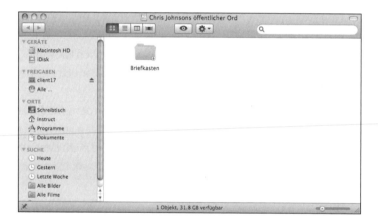

5 Der andere Teilnehmer soll nun versuchen, einen Ordner in Ihrem Ordner „Öffentlich" zu erstellen.

Frage 1 Welche Meldung wird bei diesem Versuch angezeigt?

Frage 2 Die Netzwerkordner „Öffentlich" welcher Benutzer wurden nicht angezeigt?

6 Trennen Sie die Verbindung zu Chris' Ordner „Öffentlich".

Lektion 8.1 Dateifreigabedienste

Erstellen eines Benutzers für die gemeinsame Nutzung und Ändern von Zugriffsrechten

In der folgenden Übung erstellen Sie einen Benutzer mit den Zugriffsrechten „Nur Freigabe" und ändern die Zugriffsrechte für einen Ordner in Chris Johnsons Ordner „Öffentlich", um die Zusammenarbeit im Netzwerk zu vereinfachen.

1 Öffnen Sie die Systemeinstellungen und klicken Sie auf „Benutzer".

2 Klicken Sie auf das Schlosssymbol und authentifizieren Sie sich als „Client Administrator".

3 Klicken Sie auf die Taste „Hinzufügen" (+), um einen neuen Account mit den folgenden Informationen zu erstellen.

- Neuer Account: Nur Freigabe
- Vollständiger Name: Sharon Schtuff
- Accountname: sharon
- Kennwort: sharon
- Bestätigen: sharon

4 Klicken Sie nochmals auf die Taste „Hinzufügen" (+) und erstellen Sie eine Gruppe namens Accounting.

Gruppen können zum Ordnen und Verwalten von Benutzern und zum Steuern der Zugriffsberechtigungen verwendet werden.

5 Fügen Sie Chris Johnson und Sharon Schtuff zur Gruppe hinzu. Dazu klicken Sie auf die jeweiligen Markierungsfelder neben den Namen.

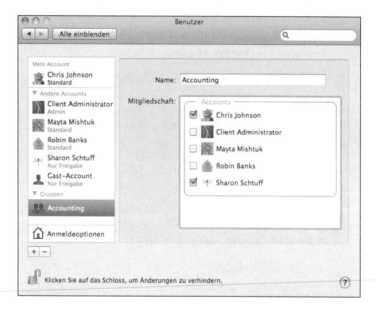

6 Schließen Sie die Systemeinstellungen.

7 Öffnen Sie den Ordner „Öffentlich" von Chris Johnson. (Er befindet sich innerhalb seines Benutzerordners.)

8 Erstellen Sie den neuen Ordner AccountingProjects.

9 Wählen Sie den Ordner aus und drücken Sie die Tastenkombination „Befehl-I", um das Fenster „Informationen" zu öffnen.

10 Öffnen Sie „Freigabe & Zugriffsrechte", falls erforderlich.

11 Notieren Sie sich, wie die Zugriffsrechte eingestellt sind.

12 Klicken Sie ggf. auf das Schlosssymbol rechts unten im Informationsfenster und authentifizieren Sie sich als „Client Administrator".

Sie können nun die Standardzugriffsrechte für diesen Ordner anpassen. Nehmen Sie die Einstellungen sehr sorgfältig vor.

13 Klicken Sie auf „staff" (die Gruppe) und anschließend auf die Taste „Entfernen" (–), um die Zugriffsrechte für den Ordner „AccountingProjects" für diese Gruppe zu entfernen.

Damit wird „staff" aus der Gruppe entfernt und die Gruppenzugriffsrechte werden auf „Keine Rechte" gesetzt. Da allerdings jedem Dateisystemobjekt eine Gruppe zugeordnet sein muss, werden Sie bei Verwendung der Befehlszeile feststellen, dass die Gruppe „staff" durch die Gruppe „wheel" ersetzt wurde. „Wheel" ist eine Systemgruppe, der standardmäßig „root" als einziges Mitglied angehört.

14 Setzen Sie die Zugriffsrechte für „everyone" (Jeder) auf „Keine Rechte".

15 Klicken Sie auf die Taste „Hinzufügen" (+), um die Zugriffsrechte für die Gruppe „Accounting" auf den Ordner „AccountingProjects" festzulegen.

16 Wählen Sie „Accounting" und klicken Sie auf „Auswählen".

17 Setzen Sie die Zugriffsrechte der Accounting-Gruppe auf „Lesen & Schreiben".

18 Öffnen Sie das Programm „Terminal" und verwenden Sie den Befehl ls -le um festzustellen, welche Änderungen im Fenster „Informationen" vorgenommen wurden.

Beachten Sie, dass keine Zugriffsrechte für die Gruppe oder für „everyone" (Jeder) vergeben wurden und dass die Gruppe auf „wheel" gesetzt wurde. Die Accounting-Gruppe erhielt die Zugriffsrechte für den Ordner über einen Eintrag für Zugriffssteuerung.

19 Schließen Sie im Finder das Fenster „Informationen".

Lektion 8.1   Dateifreigabedienste

Überprüfen des Accounts und der Zugriffsrechte für „Nur Freigabe"

Der andere Teilnehmer greift nun als „Sharon Schtuff" auf Ihren Ordner „Öffentlich" zu. Dort befindet sich ein Dokument, auf das Sie beide zugreifen können.

1 Der andere Teilnehmer soll nun die aktivierten AFP-Volumes auswerfen.

2 Ihr Übungspartner soll „Befehl-K" drücken.

   Dieser Tastaturkurzbefehl öffnet das Fenster „Mit Server verbinden".

3 Ihr Übungspartner gibt in das Feld „Serveradresse" afp:// clientn.local ein, wobei das *n* für Ihre Teilnehmernummer steht. Das ist der Bonjour-Name Ihres Computers. Natürlich könnte hier auch der normale Domain-Name, den Sie weiter oben verwendet hatten, angegeben werden.

4 Klicken Sie auf „Verbinden".

5 Der Übungspartner soll als registrierter Benutzer „Sharon Schtuff" (sharon) eine Verbindung herstellen.

6 Wählen Sie Chris Johnsons Ordner „Öffentlich" aus und klicken Sie auf „OK".

   Chris' Ordner „Öffentlich" wird geöffnet und Sie können die Ordner „Briefkasten" und „AccountingProjects" darin sehen. Die Zugriffsrechte für den Ordner „Briefkasten" lauten „Nur schreiben". Das heißt, wenn Sie ein Dokument dorthin bewegen, kann es nicht angezeigt oder wieder hinausbewegt werden.

7 Öffnen Sie den Ordner „AccountingProjects".

8 Kopieren Sie „PretendcoForecast.xls" aus dem Ordner „Chapter8" im Ordner „StudentMaterials" in den Ordner „AccountingProjects".

9 Öffnen Sie an Ihrem Computer den Ordner „Accounting-Projects" und wählen Sie das Dokument „PretendcoForecast.xls" aus.

10 Drücken Sie die Leertaste.

11 Das Dokument wird in der Übersicht geöffnet, auch wenn Sie Microsoft Excel gar nicht installiert haben.

12 Schließen Sie an beiden Rechnern alle geöffneten Finder-Fenster sowie das Übersichtsfenster. (Der Tastaturkurzbefehl hierfür lautet „Befehl-Wahl-W".)

13 Der Übungspartner soll nun seine Verbindung zu Ihrem Computer trennen.

Überprüfen der SMB-Dateifreigabe

Ihr Übungspartner stellt nun mit Ihrem Computer eine Verbindung her, um die SMB-Verbindung zu testen.

1 Der Übungspartner wählt „Gehe zu" > „Mit Server verbinden".

2 Als Serveradresse soll Ihr Übungspartner smb://10.1.*n*.2 eingeben, wobei *n* Ihre Teilnehmernummer ist (nicht diejenige des Partners). Natürlich könnten Sie auch den DNS-Namen oder den Bonjour-Namen verwenden.

3 Klicken Sie auf „Verbinden".

Lektion 8.1 Dateifreigabedienste

4   Der Übungspartner soll als registrierter Benutzer „Client Administrator" eine Verbindung herstellen und auf „Verbinden" klicken.

Zusätzlich zu den Freigabeordnern „Öffentlich" werden die Freigabe „cadmin" und alle zusätzlichen aktivierten Volumes angezeigt. Genauso verhält sich auch ein Administratoraccount unter AFP.

5   Wählen Sie „cadmin" aus und klicken Sie auf „OK".

Ihr Übungspartner kann nun auf den gesamten Benutzerordner Ihres Client Administrators zugreifen.

6   Sie und Ihr Übungspartner sollen jeweils alle aktivierten Freigabevolumes auswerfen und sich abmelden.

Übung 8.1.3
Konfigurieren der Webfreigabe (optional)

Übungsziele
- Aktivieren der Webfreigabe
- Anpassen der Standard-Websitedateien

Zusammenfassung

Sie können die Apache-Webserversoftware, die zum Lieferumfang von Mac OS X gehört, dazu verwenden, eine Website auf Ihrem Computer zu verwalten. Wenn die Software aktiviert ist, können Sie auf die im Ordner „Websites" eines Benutzerordners abgelegten Webseiten unter http://<Computername oder -adresse>/~benutzername/ zugreifen. Webseiten, die unter „/Library/WebServer/Dokumente" abgelegt sind, finden Sie unter http://<Computername oder -adresse>/.

In der folgenden Übung arbeiten Sie wieder mit einem Partner. Sie aktivieren die Webfreigabe auf Ihrem Computer und Ihr Übungspartner stellt dann von seinem Computer aus die Verbindung her. Sie ersetzen die standardmäßige Haupt-Website und Chris Johnsons persönliche Website mit Webdokumenten, die in den Unterrichtsmaterialien bereitgestellt werden.

Aktivieren der Webfreigabe

Aktivieren Sie zunächst die Webfreigabe auf Ihrem Computer.

1 Melden Sie sich als „Chris Johnson" an.

2 Öffnen Sie die Systemeinstellung „Freigaben".

3 Klicken Sie auf das Schlosssymbol und authentifizieren Sie sich als „Client Administrator".

4 Klicken Sie auf das Markierungsfeld vor „Webfreigabe", falls es noch nicht aktiviert ist.

Rechts sehen Sie die URL-Adressen der Website Ihres Computers und Ihrer persönlichen Website. Dies sind die aktiven Links zur Standardwebsite Ihres Computers und zur Website des aktiven Benutzers.

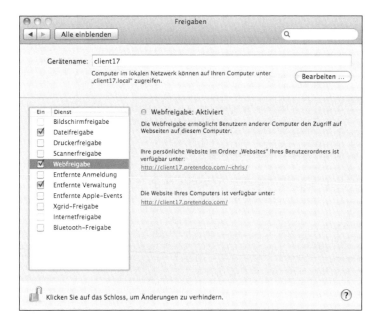

5 Klicken Sie auf den zweiten Link, um die Website des Computers anzuzeigen. Safari wird automatisch geöffnet und zeigt die Standardwebseite an.

Sie können auf die Website nicht nur durch Klicken auf den Link zugreifen. Sie haben auch die Möglichkeit, den DNS-Namen, den Bonjour-Namen oder die statische IP-Adresse im Adressfeld des Browsers einzugeben (denken Sie daran, anstelle von *n* Ihre Teilnehmernummer einzugeben):

http://client*n*.pretendco.com

http://client*n*

http://client*n*.local

http://10.1.*n*.2

Nun müsste eine Webseite mit dem Text „It works!" angezeigt werden. Das ist die standardmäßige Startseite des Apache Webservers. Diese Seite ist in einer Apache-Distribution enthalten, damit Sie sehen, dass der Server betriebsbereit ist.

Es wird natürlich davon ausgegangen, dass Sie diese Seite durch Ihre eigene Startseite ersetzen.

6 Probieren Sie die anderen Adressformate aus. Sie sollten alle funktionieren.

7 Zeigen Sie auf Ihrem Computer die persönliche Webseite von Chris Johnson an, indem Sie die Adresse in einem der folgenden Formate angeben:

http://client*n*.pretendco.com/~chris/

http://client*n*/~chris/

http://client*n*.local/~chris/

http://10.1.*n*.2/~chris/

Es sollte die folgende Webseite angezeigt werden (der Fenstertitel lautet „Ihre Website").

8 Probieren Sie die anderen Adressformate aus. Sie sollten alle funktionieren.

Lektion 8.1 Dateifreigabedienste

Installieren neuer Webdokumente

Sie werden zwei Gruppen von Webdokumenten installieren, die vorab für Sie erstellt wurden. Zuerst installieren Sie Chris Johnsons persönliche Startseite und danach eine Reihe von Dokumenten für die Haupt-Site des Computers.

1 Navigieren Sie - immer noch als Chris Johnson angemeldet – mit dem Finder zu „Chapter8" der Unterrichtsmaterialien.

2 Kopieren Sie „chris.zip" nach „~/Sites".

Der Ordner „Sites" ist der Platz für Ihre persönlichen Webdokumente.

3 Öffnen Sie „chris.zip" in Ihrem Ordner „Sites" durch Doppelklicken.

4 Bewegen Sie „chris.zip", „Images" und die Datei „index.html" in den Papierkorb.

5 Bewegen Sie den Inhalt von ~/Sites/chris nach ~/Sites.

6 Bewegen Sie „chris" in den Papierkorb.

7 Testen Sie nun Ihre neue Site, indem Sie sie in Safari laden: http://client*n*.pretendco.com/~chris.

8 Melden Sie „Chris Johnson" ab und melden Sie sich als „Client Administrator" an.

Die Haupt-Website des Computers kann nur von einem Administrator geändert werden.

9 Kopieren Sie aus „Chapter8" der Unterrichtsmaterialien „pretendco.zip" auf Ihren Schreibtisch.

10 Öffnen Sie „pretendco.zip" durch Doppelklicken.

11 Öffnen Sie den neuen Ordner „pretendco" auf Ihrem Schreibtisch durch Doppelklicken.

Damit wird ein neues Finder-Fenster geöffnet.

12 Navigieren Sie in einem anderen Finder-Fenster zu „/Library/WebServer".

13 Benennen Sie den Ordner „Documents" in „OldDocuments" um.

14 Erstellen Sie einen neuen Ordner „Documents" in „/Library/WebServer".

15 Bewegen Sie den Inhalt des Ordners „pretendco" auf Ihrem Schreibtisch (der Ordnerinhalt sollte in einem anderen Finder-Fenster sichtbar sein) in den Ordner „Documents", den Sie soeben in „/Library/WebServer" erstellt haben.

16 Wählen Sie die Ordner „Documents" und „OldDocuments" aus. Dazu halten Sie die Befehlstaste gedrückt, während Sie auf die beiden Ordner klicken.

17 Verwenden Sie die Option „Ablage" > „Informationen" (oder die Tastenkombination „Befehl-I") zum Öffnen der Fenster „Informationen" für beide Ordner.

18 Stellen Sie sicher, dass der Bereich „Freigabe & Zugriffsrechte" für beide Ordner sichtbar ist.

Beachten Sie, dass die beiden Ordner unterschiedliche Zugriffsrechte aufweisen. Damit andere Administratoren dieses Computers möglichst einfach Webdokumente ändern können, sollten Sie der Admin-Gruppe Lese- und Schreibzugriff gewähren. Damit andere Benutzer keine Änderungen an den Dokumenten vornehmen können, sollten diese „Nur-Lese"-Zugriff erhalten.

19 Klicken Sie auf das Schlosssymbol im Bereich „Freigabe & Zugriffsrechte" des neuen Ordners „Documents" und identifizieren Sie sich als „Client Administrator".

20 Legen Sie für die admin-Gruppe Lese- und Schreibzugriff fest.

21 Wählen Sie aus dem Aktionsmenü die Option „Auf alle Unterobjekte anwenden" aus.

Damit gelten die obigen Zugriffsrechte auf den gesamten Inhalt von „
/Library/WebServer/Documents". Ein Dialogfenster wird angezeigt, das Sie zur Bestätigung dieser Aktion auffordert.

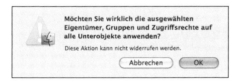

22 Klicken Sie auf „OK".

23 Schließen Sie die beiden Informationsfenster.

24 Testen Sie die Aktualisierung der Webdokumente. Dazu laden Sie http://client*n*.pretendco.com in Safari.

25 Melden Sie sich ab.

8.2 Hostfreigabedienste und Sicherheit

Mac OS X-Netzwerkdienste gehen über das einfache Freigeben von Dateien weit hinaus. In dieser Lektion werden wir andere Methoden der Freigabe von Ressourcen für Macintosh-Computer untersuchen. Der Schwerpunkt dieser Lektion liegt dabei auf dem Steuern von Macintosh-Computern per Fernzugriff via Netzwerk-Bildschirmfreigabe oder das entfernte Anmelden über die Befehlszeile. In dieser Lektion lernen Sie auch, wie Sie die Netzwerkressourcen Ihres Mac mithilfe der integrierten Personal Application Firewall schützen können. Und schließlich erfahren Sie einiges über allgemeine Verfahren der Fehlerbeseitigung bei Netzwerkdiensten, die Ihnen helfen werden, Probleme mit der Freigabe von Dateien und Hostfunktionen zu diagnostizieren.

Ausführliche Anleitungen finden Sie unter „Verwenden der Mac OS X-Bildschirmfreigabe" in Lektion 8 von *Apple Training Series: Mac OS X Support Essentials v10.6*.

Lektion 8.2 Hostfreigabedienste und Sicherheit

Ausführliche Anleitungen finden Sie unter „Verwenden der Mac OS X-Bildschirmfreigabe" in Lektion 8 von *Apple Training Series: Mac OS X Support Essentials v10.6*.

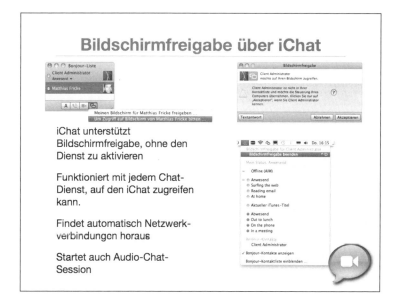

Ausführliche Anleitungen finden Sie unter „Verwenden der iChat 5-Bildschirmfreigabe" in Lektion 8 von *Apple Training Series: Mac OS X Support Essentials v10.6*.

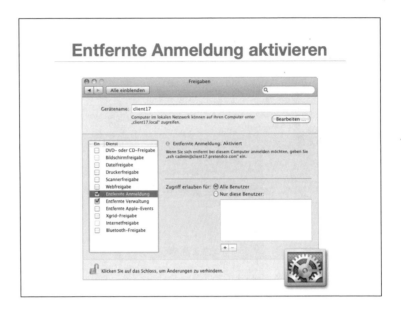

Ausführliche Anleitungen finden Sie unter „Anmelden per Fernzugriff" in Lektion 8 von *Apple Training Series: Mac OS X Support Essentials v10.6*.

Ausführliche Anleitungen finden Sie unter „Anmelden per Fernzugriff" in Lektion 8 von *Apple Training Series: Mac OS X Support Essentials v10.6*.

Lektion 8.2 Hostfreigabedienste und Sicherheit

Ausführliche Anleitungen finden Sie unter „Freigeben einer Internetverbindung" in Lektion 8 von *Apple Training Series: Mac OS X Support Essentials v10.6*.

Ausführliche Anleitungen finden Sie unter „Verwenden von Hostfreigabediensten" in Lektion 8 von *Apple Training Series: Mac OS X Support Essentials v10.6*.

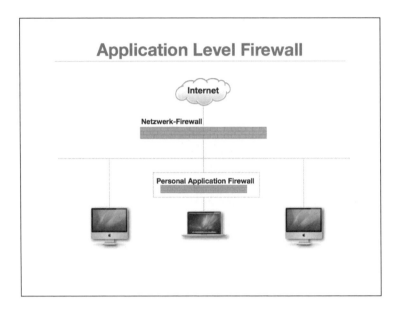

Ausführliche Anleitungen finden Sie unter „Sicherheit für Netzwerkdienste" in Lektion 8 von *Apple Training Series: Mac OS X Support Essentials v10.6*.

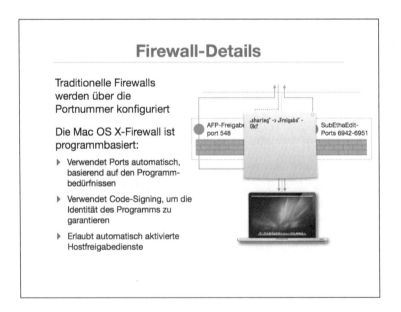

Ausführliche Anleitungen finden Sie unter „Sicherheit für Netzwerkdienste" in Lektion 8 von *Apple Training Series: Mac OS X Support Essentials v10.6*.

Lektion 8.2 Hostfreigabedienste und Sicherheit

Ausführliche Anleitungen finden Sie unter „Sicherheit für Netzwerkdienste" in Lektion 8 von *Apple Training Series: Mac OS X Support Essentials v10.6*.

Ausführliche Anleitungen finden Sie unter „Sicherheit für Netzwerkdienste" in Lektion 8 von *Apple Training Series: Mac OS X Support Essentials v10.6*.

Fehlerbeseitigung bei Netzwerkdiensten

Generelle Fehlerbehebungstechniken für das Netzwerk

Protokolldateien mit der Konsole prüfen

Kennen der Zeitüberschreitungsprobleme von SMB

Verbindungsassistent in Mail und iChat verwenden

Dateifreigabe
- Aktivität des zuständigen Protokolls überprüfen
- Netzwerkverbindung zwischen den Computern prüfen
- Überprüfen der Zugriffsrechte

Firewall und Router können Dienste beeinträchtigen

Ausführliche Anleitungen finden Sie unter „Fehlerbeseitigung bei Netzwerkdiensten" in Lektion 8 von *Apple Training Series: Mac OS X Support Essentials v10.6*.

Lektion 8.2 Hostfreigabedienste und Sicherheit

Übung 8.2.1
Verbinden mit entfernten Hosts

Übungsziele

- Aktivieren der Bildschirmfreigabe für den Zugriff auf den Computer via Bildschirmfreigabe (VNC)
- Herstellen der Verbindung zum Computer via Bildschirmfreigabe
- Aktivieren der entfernten Anmeldung für den SSH-Zugriff auf den Computer
- Verbinden mit einem Computer über SSH

Zusammenfassung

Mac OS X stellt zwei Dienste bereit, über die Sie den Computer per Fernzugriff steuern können. Die Bildschirmfreigabe (oder VNC - Virtual Network Computing) ermöglicht das entfernte Steuern der Bildschirmanzeige eines Computers, so als würden Sie vor dem Computer sitzen. Der Bildschirm des entfernten Computers wird in einem Fenster auf Ihrem lokalen Computer angezeigt, und Ihre Mausbewegungen, Klicks und Tastenanschläge usw. werden an den entfernten Rechner gesendet. Das entfernte Anmelden (SSH oder Secure Shell) ermöglicht das Anmelden an einem entfernten Computer über die Befehlszeile. Danach können Sie Befehle an dem entfernten Computer ausführen, so als hätten Sie an diesem Computer ein Terminal-Fenster geöffnet. In dieser Übung aktivieren und testen Sie beide Dienste.

Aktivieren der Bildschirmfreigabe

Sie melden sich als „Client Administrator" an und aktivieren die Bildschirmfreigabe.

1 Melden Sie sich als „Client Administrator" an.

2 Öffnen Sie die Systemeinstellung „Freigaben".

3   Klicken Sie auf das Markierungsfeld neben „Entfernte Verwaltung", falls diese Option nicht bereits ausgewählt ist.

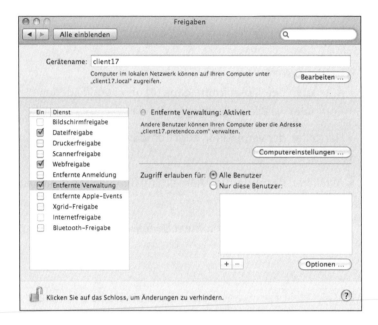

4   Achten Sie darauf, dass „Alle Benutzer" für die Option „Zugriff erlauben für" ausgewählt ist.

5   Klicken Sie auf „Optionen".

6   Stellen Sie sicher, dass alle Optionen ausgewählt sind. Ganz einfach geht das, wenn Sie bei gedrückter Wahltaste auf ein Markierungsfeld klicken, bis alle Markierungsfelder ausgewählt sind.

7   Schließen Sie die Systemeinstellungen.

Steuern der Bildschirmanzeige per Fernzugriff zum Aktivieren der entfernten Anmeldung

Ihr Übungspartner steuert Ihren Bildschirm mithilfe der Bildschirmfreigabe, um den Zugriff durch entferntes Anmelden (SSH) zu ermöglichen.

1 Bitten Sie Ihren Übungspartner, im Bereich „Freigaben" in der Seitenleiste des Finder Ihren Computer auszuwählen.

2 Der Übungspartner soll auf „Bildschirmfreigabe" klicken, sich als „Client Administrator" identifizieren und auf „Verbinden" klicken.

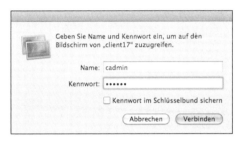

Die Bildschirmfreigabe beginnt, und Ihr Übungspartner sieht nun ein Fenster mit einem interaktiven Live-Bild Ihres Schreibtischs. Wenn Sie etwas auf Ihrem Schreibtisch bewegen, kann es der andere Benutzer sehen. Wenn andere Benutzer etwas auf Ihrem Schreibtisch bewegen, können Sie es sehen.

3 Ihr Übungspartner soll nun auf Ihrem Computer die Systemeinstellungen öffnen und auf „Freigaben" klicken.

Wenn Sie hierfür das Menü „Apple" oder das Dock verwenden, müssen Sie darauf achten, die entsprechenden Symbole innerhalb des Fensters auszuwählen und nicht die Symbole am Bildschirmrand.

Kapitel 8 Netzwerkdienste

4 Klicken Sie auf das Markierungsfeld, um die entfernte Anmeldung zu aktivieren.

Damit wird der SSH-Dienst auf Ihrem Computer aktiviert.

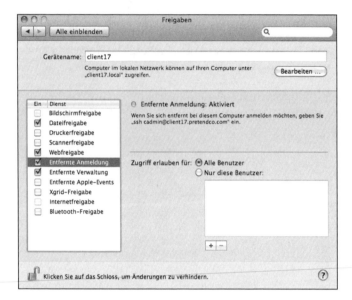

5 Der Übungspartner soll nun „Bildschirmfreigabe" > „Bildschirmfreigabe beenden" über das Menü auswählen.

6 Tauschen Sie die Rollen und wiederholen Sie diese Schritte.

Herstellen der Verbindung mit SSH im Programm „Terminal"

Sie und Ihr Übungspartner werden nun mit dem Programm „Terminal" eine Verbindung zum jeweils anderen Computer herstellen. Sie öffnen ein Terminal-Fenster und verwenden zum Herstellen der Verbindung den Befehl ssh. Bei Mac OS X werden die SSH-Dienste von Bonjour bereitgestellt. Terminal weiß, wie man nach diesen Diensten sucht. Anschließend stellen Sie mit der Terminal-Funktion „Neue entfernte Verbindung" eine SSH-Verbindung zu Ihrem Computer her. Sie und Ihr Übungspartner können diese Schritte gleichzeitig durchführen.

1 Ihr Übungspartner soll das Programm „Terminal" starten.

2. Bitten Sie den Übungspartner, mit dem Befehl ssh unter dem Namen „Chris Johnson" die Verbindung zu Ihrem Computer herzustellen:

```
client18:~ cadmin$ ssh chris@clientn
```

(wobei *n* Ihre Teilnehmernummer ist).

Hiermit teilt der Übungspartner der ssh-Funktion mit, dass er sich bei Client*n* als Benutzer „chris" anmelden möchte.

ssh merkt sich Informationen über alle Computer, zu denen Sie mit diesem Befehl eine Verbindung hergestellt haben. Befindet sich dieser Computer nicht in dieser Liste (das sollte auch nicht der Fall sein, denn Sie haben in diesem Seminar noch keine ssh-Verbindung zu diesem Computer hergestellt), reagiert ssh mit folgender Anzeige (die exakten numerischen Werte können variieren):

```
The authenticity of host 'client17' (10.1.17.2) can't be established.
RSA key fingerprint is 99:5b:55:ee:fb:97:3f:30:c8:b4:5a:62:c7:82:f3:af.
Are you sure you want to continue connecting (yes/no)?
```

3. Der Übungspartner muss yes eingeben und den Zeilenschalter drücken.

Ihr Übungspartner muss das Wort *yes* (ja) vollständig eingeben. ssh versucht sicherzustellen, dass Sie die Verbindung zu dem gewünschten Computer herstellen. Der Befehl besitzt keinen speziellen Mechanismus, um die Identität des gewünschten entfernten Computers zu ermitteln, deshalb muss der Benutzer gefragt werden. Idealerweise wird dieser „RSA key fingerprint" dem Benutzer vom Eigentümer des entfernten Computers mitgeteilt, sodass der Benutzer diese Information überprüfen bzw. bestätigen kann.

4. Anschließend fordert ssh vom Übungspartner das Kennwort des Benutzers „Chris". Der Übungspartner muss das Kennwort eingeben und den Zeilenschalter drücken. Am Bildschirm erfolgt während der Eingabe keine Rückmeldung.

Ihr Übungspartner sieht nun eine weitere Eingabeaufforderung.

5   Sie beide werden merken, dass sich die Eingabeaufforderung geändert hat und nun anzeigt, dass Sie als anderer Benutzer an einem anderen Computer angemeldet sind:

    `client17:~ chris$`

6   Bitten Sie den Übungspartner, zu „~/Public" als Arbeitsverzeichnis zu wechseln und eine Verzeichnisliste anzuzeigen.

7   Der Übungspartner müsste nun den Ordner „AccountingProjects" von Chris sehen.

8   Bitten Sie den Übungspartner, sich durch Eingabe von „ctrl-D", `exit` oder `logout` von Chris' Account abzumelden.

9   Der Partner soll „Shell" > „Neue entfernte Verbindung" über das Terminal-Menü auswählen.

10 Bitten Sie Ihren Partner, „Secure Shell" (ssh) aus der Dienstliste und Ihren Computer aus der Serverliste auszuwählen.

11 Der Übungspartner soll nun `chris` als Benutzernamen eingeben und „SSH-Protokoll 2" aus dem Einblendmenü auswählen.

> **Hinweis** Version 1 des SSH-Protokolls hat sich als anfällig in Sachen Sicherheit erwiesen. Es wird empfohlen, immer Version 2 zu verwenden.

Unter dem Textfeld und dem Einblendmenü sehen Sie den Befehl, den das Programm „Terminal" generiert. In Zukunft können Sie durch einfaches Eingeben dieses Befehls an der Eingabeaufforderung die Verbindung herstellen.

Lektion 8.2 Hostfreigabedienste und Sicherheit

12 Klicken Sie auf „Verbinden".

Daraufhin wird ein neues Terminal-Fenster geöffnet.

13 Setzen Sie das Herstellen der Verbindung wie oben fort und geben Sie Chris' Kennwort ein.

Ihr Übungspartner ist nun verbunden. ssh merkt sich jeden Namen, den Sie zum separaten Verbinden mit einem bestimmten Computer verwenden. Bisher wurde der DNS-Name verwendet. Diesmal wurde der Bonjour-Name verwendet.

14 Ihr Übungspartner soll nun bestätigen, dass an seinem Bildschirm der Ordner „AccountingProjects" angezeigt wird.

15 Ihr Übungspartner soll sich von der entfernten Verbindung abmelden und das Programm „Terminal" beenden.

16 Melden Sie sich ab.

Übung 8.2.2
Konfigurieren der Personal Application Firewall (optional)

Übungsziel
- Aktivieren und Konfigurieren der Mac OS X Personal Application Firewall

Zusammenfassung
Eine Firewall blockiert Netzwerkverkehr auf der Basis von Port-Nummern und Protokollen. Die Mac OS X-Firewall erlaubt den Netzwerkverkehr über Ports nur basierend auf Programm- und Dienstanforderungen. Dank der grafischen Oberfläche ist die integrierte Firewall von Mac OS X außerdem sehr einfach zu konfigurieren. In dieser Übung aktivieren Sie die Firewall und starten ein Programm, das auf das Netzwerk zugreift. Danach sehen Sie sich das Firewall-Protokoll an. Sie konfigurieren auch die erweiterte Option „Tarn-Modus" und versuchen, den Computer eines anderen Seminarteilnehmers mit dem Befehl „Ping" zu erreichen.

Aktivieren der Firewall und Ändern der Einstellungen
Aktivieren Sie nun den Firewall-Dienst.

1   Melden Sie sich als „Client Administrator" an.

2   Öffnen Sie die Systemeinstellungen und klicken Sie auf „Sicherheit".

3   Klicken Sie auf die Taste „Firewall".

4   Klicken Sie auf das Schlosssymbol und authentifizieren Sie sich, falls erforderlich.

5   Klicken Sie auf „Starten", um den Firewall-Dienst zu starten.

Lektion 8.2 Hostfreigabedienste und Sicherheit

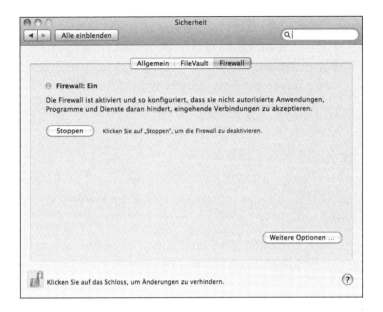

6   Klicken Sie auf „Weitere Optionen".

Beachten Sie, dass Dateifreigabe, Entfernte Anmeldung, Entfernte Verwaltung und Webfreigabe (sofern Sie die optionale Übung 8.1.3 durchgeführt haben) bereits mit „Eingehende Verbindungen erlauben" in der Liste stehen. Mac OS X geht davon aus, dass Sie bei Aktivierung eines Dienstes im Bereich „Freigaben" auch beabsichtigen, dass Benutzer die Verbindung zu diesen Diensten herstellen, und erlaubt deshalb automatisch den Zugriff auf diese Dienste durch die Firewall.

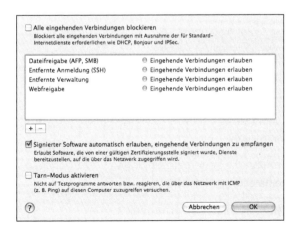

7 Klicken Sie auf „Abbrechen".

Sie haben keine Änderungen in diesem Dialogfenster vorgenommen. Es empfiehlt sich immer, Dialogfenster und andere Fenster mit Einstellungen mit „Abbrechen" zu verlassen, solange Sie keine Änderungen vornehmen.

8 Schließen Sie die Systemeinstellungen.

Testen der Firewall-Einstellungen

Nun werden Sie einige Leistungsmerkmale des Firewall-Diensts testen.

1 Öffnen Sie „SubEthaEdit" im Ordner „Programme". Weisen Sie das Programm an, nicht nach Aktualisierungen zu suchen, und schließen Sie die Fenster, die auf die Demodauer hinweisen.

SubEthaEdit besitzt eine Funktion, die eine gemeinsame Online-Bearbeitung eines Dokuments ermöglicht, das auf einem einzelnen Computer bereitgestellt wird. Um diesen Dienst bereitstellen zu können, muss das Programm in der Lage sein, einen Port für eingehende Verbindungen zu öffnen. Dies geschieht, wenn das Programm geöffnet wird. Der Firewall-Dienst gestattet dies standardmäßig nicht, daher wird der Benutzer gefragt, ob diese potenziell eingehende Verbindung zugelassen werden soll.

2 Klicken Sie auf „Erlauben" und authentifizieren Sie sich ggf. als „Client Administrator".

3 Öffnen Sie erneut die Systemeinstellungen und anschließend die Systemeinstellung „Sicherheit".

4 Klicken Sie auf „Firewall", falls erforderlich.

5 Klicken Sie auf das Schlosssymbol und authentifizieren Sie sich, falls erforderlich.

6   Klicken Sie auf „Weitere Optionen".

    Beachten Sie, dass SubEthaEdit zur Liste der zugelassenen Programme hinzugefügt wurde.

7   Öffnen Sie das Einblendmenü zum Eintrag „SubEthaEdit".

    Beachten Sie, dass Sie hier auch eingehende Verbindungen blockieren können.

    Beachten Sie außerdem, dass die Option „Signierter Software automatisch erlauben, eingehende Verbindungen zu empfangen" standardmäßig ausgewählt ist. Wäre SubEthaEdit ein signiertes Programm, wären Sie nicht dazu aufgefordert worden, dessen eingehende Verbindungen zu erlauben.

    Belassen Sie die Einstellungen von SubEthaEdit so, dass eingehende Verbindungen erlaubt sind.

8   Entfernen Sie die Markierung aus dem Feld „Signierter Software automatisch erlauben, eingehende Verbindungen zu empfangen".

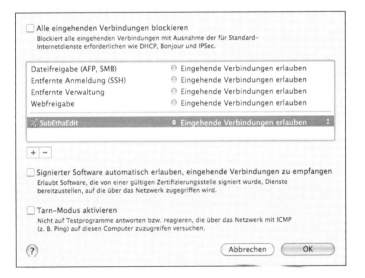

9   Klicken Sie auf „OK".

10 Schließen Sie die Systemeinstellungen.

11 Öffnen Sie iTunes (im Ordner „Programme").

12 Wenn die Lizenzvereinbarung zur iTunes-Software angezeigt wird, klicken Sie auf „Akzeptieren".

Wenn Sie iTunes soeben erstmals auf diesem Computer geöffnet haben, wird der iTunes-Konfigurationsassistent gestartet.

13 Akzeptieren Sie alle Standardwerte und klicken Sie in jeder Anzeige des Assistenten auf „Weiter". Klicken Sie auf „Fertig", wenn die Konfiguration beendet ist.

Das Hauptfenster von iTunes wird geöffnet.

14 Wählen Sie „iTunes" > „Einstellungen".

15 Klicken Sie auf das Symbol „Freigabe".

16 Klicken Sie auf das Markierungsfeld der Option „Meine Mediathek im lokalen Netzwerk freigeben".

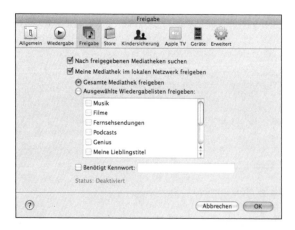

17 Klicken Sie auf „OK".

Lektion 8.2 Hostfreigabedienste und Sicherheit

18 Klicken Sie im Dialogfenster mit dem Hinweis auf den Schutz der Urheberrechte auf „OK".

In einem Dialogfenster werden Sie gefragt, ob iTunes eingehende Netzwerkverbindungen akzeptieren darf. Die meisten Apple-Programme sind signiert, wenn Sie aber die Firewall anweisen, signierten Programmen nicht zu vertrauen, erfordern auch Apple-Programme Ihre Zustimmung, damit eingehende Verbindungen akzeptiert werden.

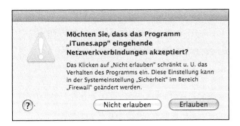

19 Klicken Sie auf „Erlauben".

20 iTunes hat außerdem festgestellt, dass die Firewall nicht dafür konfiguriert ist, das Programm passieren zu lassen. Sie haben das soeben korrigiert und könnten deshalb auf „Ignorieren" klicken. In Kürze benötigen Sie aber ohnehin die Systemeinstellungen, deshalb klicken Sie an dieser Stelle auf „Firewall-Einstellungen öffnen".

Wenn iTunes nicht dieses Dialogfenster anzeigt, öffnen Sie nun die Systemeinstellungen.

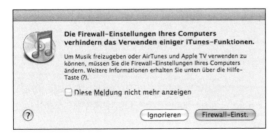

21 Klicken Sie im Bereich „Firewall" unter der Systemeinstellung „Sicherheit" auf „Weitere Optionen".

22 Öffnen Sie „Konsole" im Ordner „Dienstprogramme".

23 Wird die Seitenleiste mit der Protokollliste nicht angezeigt, klicken Sie auf „Protokollliste einblenden" in der Symbolleiste, um diese zu aktivieren.

24 Wählen Sie im Bereich „Protokolldateien" der Protokollliste links „/private/var/log" aus. Dies ist einer der Standardspeicherorte für Protokolle im System.

25 Klicken Sie auf das Dreiecksymbol neben der ausgewählten Pfadangabe und wählen Sie „appfirewall.log" aus.

26 Dies ist die Protokolldatei, in der der Firewall-Dienst seine Protokolldaten aufzeichnet. Wenn Sie die Datei durchblättern, sehen Sie ggf. diverse Nachrichten zum Erlauben und Verweigern von Verbindungen.

27 Bitten Sie Ihren Übungspartner, das Netzwerkdienstprogramm im Ordner „/Programme/Dienstprogramme" zu öffnen.

28 Der Partner sollte nun auf die Taste „Ping" klicken und eine Ping-Anfrage an Ihren Client zu senden:

```
clientn.pretendco.com
```

(dabei ist *n* Ihre Teilnehmernummer).

Ihr Übungspartner sollte nun erfolgreiche Ping-Anfragen sehen. Über „Pings" wird in der Protokolldatei „appfirewall.log" nichts angezeigt.

29 Wählen Sie an Ihrem Computer die Option „Tarn-Modus aktivieren" in den erweiterten Einstellungen der Firewall aus.

30 Klicken Sie auf „OK" und wechseln Sie wieder zur Konsole.

31 Bitten Sie den Partner, die Schritte zum Senden einer Ping-Anfrage zu Ihren Computern zu wiederholen.

Nun erhält der Partner „Request timeout"-Nachrichten, und Sie sehen mindestens eine Nachricht „Deny ICMP" in der Datei „appfirewall.log".

Lektion 8.2 Hostfreigabedienste und Sicherheit

> **Hinweis** Der Tarn-Modus ist zwar eine großartige Sicherheitsfunktion, beeinträchtigt allerdings die Fehlersuche bei Netzwerkproblemen. Wenn ein Gerät nicht auf eine Ping-Anfrage reagiert, sollten Sie nicht nur die Kabelverbindungen überprüfen, sondern auch die Firewall-Einstellungen.

32 Stoppen Sie den Firewall-Dienst auf Ihrem Computer.

Frage 3 Warum ist es sinnvoll, eine Firewall auf dem Computer zu aktivieren, auch wenn bereits eine Netzwerk-Firewall eingerichtet ist?

33 Melden Sie sich ab.

8.3 Verzeichnisdienste

Die Verzeichnisdienste stellen Ihrem Mac die Informationen bereit, die er zum Identifizieren bzw. Authentifizieren verschiedener Ressourcen (z. B. Benutzer, Gruppen und Computer) benötigt. Verzeichnisdienste dienen vorwiegend zum Bereitstellen einer einheitlichen Identifikation, Authentifizierung und Verwaltung von Benutzern innerhalb der Hosts und Ressourcen in einem Netzwerk. Mac OS X implementiert die Verzeichnisdienste mittels einer Technologie, die unter der Bezeichnung „Open Directory" bekannt ist. In dieser Lektion untersuchen wir allgemeine Konzepte des Verzeichnisdiensts und lernen, wie Open Directory diese Ressourcen für Ihren Macintosh-Computer verfügbar macht. In dieser Lektion werden sowohl Konfiguration als auch Fehlerbeseitigung für das „Open Directory"-System Ihres Mac beschrieben.

Open Directory-Überblick

- Benutzeraccounts
- Benutzergruppen
- Computeraccounts
- Computergruppen
- Netzwerkaktivierungen
- Verwaltete Einstellungen
- Informationen für Gemeinschaftsdienste

Ausführliche Anleitungen finden Sie unter „Die Verzeichnisdienste" in Lektion 8 von *Apple Training Series: Mac OS X Support Essentials v10.6*.

Lektion 8.3 Verzeichnisdienste

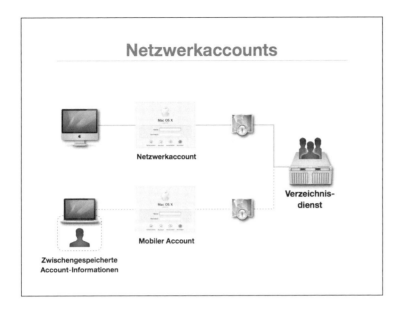

Ausführliche Anleitungen finden Sie unter „Die Verzeichnisdienste" in Lektion 8 von *Apple Training Series: Mac OS X Support Essentials v10.6*.

Ausführliche Anleitungen finden Sie unter „Konfigurieren von Netzwerkverzeichnisdiensten" in Lektion 8 von *Apple Training Series: Mac OS X Support Essentials v10.6*.

Kapitel 8 Netzwerkdienste

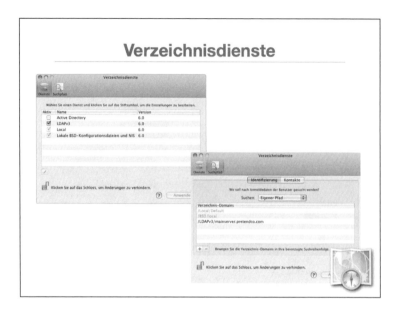

Ausführliche Anleitungen finden Sie unter „Konfigurieren von Netzwerkverzeichnisdiensten" in Lektion 8 von *Apple Training Series: Mac OS X Support Essentials v10.6*.

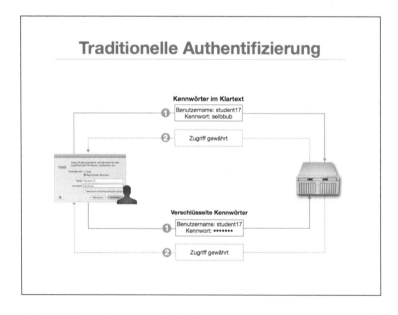

Ausführliche Anleitungen finden Sie unter „Verwalten von Netzwerkkennwörtern" in Lektion 8 von *Apple Training Series: Mac OS X Support Essentials v10.6*.

Lektion 8.3 Verzeichnisdienste

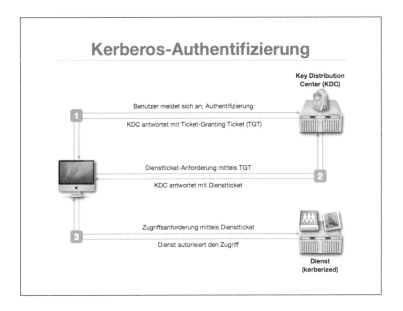

Ausführliche Anleitungen finden Sie unter „Die Kerberos-Authentifizierung" in Lektion 8 von *Apple Training Series: Mac OS X Support Essentials v10.6*.

Ausführliche Anleitungen finden Sie unter „Überprüfen der Kerberos-Authentifizierung" in Lektion 8 von *Apple Training Series: Mac OS X Support Essentials v10.6*.

Fehlerbeseitigung bei Verzeichnisdiensten

Konfiguration überprüfen:

- Verzeichnisdienst-Verbindung und -Konfiguration überprüfen
- Kerberos-Authentifizierung mit Ticket Viewer überprüfen
- Verzeichnisdienst-Protokolle mittels Konsole überprüfen

Probleme mit dem Account:

- Versuchen, mit einem anderen Benutzeraccount anzumelden
- Benutzeraccount-Kennwort zurücksetzen
- Falls Netzwerk-Benutzerordner verwendet werden, Freigaben überprüfen

Ausführliche Anleitungen finden Sie unter „Fehlerbeseitigung bei den Verzeichnisdiensten" in Lektion 8 von *Apple Training Series: Mac OS X Support Essentials v10.6*.

Lektion 8.3 Verzeichnisdienste

Übung 8.3.1
Verwenden der Netzwerkverzeichnisdienste

Übungsziele
- Verbinden mit einem Open Directory-Server über die Systemeinstellung „Benutzer"
- Anmelden an einem Computer über einen Netzwerkaccount
- Verstehen der Gesamtauthentifizierung (SSO- Single Sign-On)
- Trennen einer Verbindung zu einem LDAP-Verzeichnis

Zusammenfassung

In einer Netzwerkumgebung muss ein Macintosh-Computer u. U. auf einen Open Directory-Server zugreifen, um Systeminformationen wie Benutzeraccounts oder Netzwerkressourcen abzurufen. Wenn DHCP nicht für die Bereitstellung der Adresse des Open Directory-Servers konfiguriert ist, oder wenn Ihr Clientcomputer nicht für die Verwendung der von DHCP bereitgestellten Informationen konfiguriert ist, müssen Sie über die Systemeinstellung „Benutzer" oder das Verzeichnisdienstprogramm die Adresse des Servers manuell angeben. In dieser Übung konfigurieren Sie Ihren Computer über die Systemeinstellung „Benutzer", um Benutzerinformationen vom Seminarraum-Server „mainserver" zu erhalten. Sie melden sich dann mit einem Account, der auf dem Server existiert, an. Nachdem Sie den Benutzeraccount getestet haben, konfigurieren Sie Ihren Computer neu, sodass er nicht mehr den Seminarraum-Verzeichnisserver verwendet.

Binden Ihres Computer an den Verzeichnisserver des Seminarraums

Damit Ihr Computer die Informationen des Verzeichnisservers im Seminarraum nutzen kann, müssen Sie Informationen über den Server angeben. Dieser Prozess wird auch als „Binden" bezeichnet. Das einfache Binden erfolgt über die Systemeinstellung „Benutzer".

Kapitel 8 Netzwerkdienste

1 Melden Sie sich als „Client Administrator" an.

2 Klicken Sie in einem Finder-Fenster auf Ihren Benutzerordner in der Seitenleiste.

3 Klicken Sie bei gedrückter Befehlstaste auf den Namen des Ordners in der Titelleiste des Finder-Fensters.

   Damit wird der Pfad zum angezeigten Ordner eingeblendet. Beachten Sie, dass sich der Ordner „Benutzer" auf der lokalen Festplatte „Macintosh HD" Ihres Computers „client*n*" befindet. Sobald die Bindung an den Verzeichnisdienst erfolgt ist, befindet sich der Ordner in einem Ordner namens „mainserver .pretendco.com", der wiederum im Ordner „Servers" liegt. Das zeigt an, dass der Benutzerordner von mainserver.pretendco.com aus aktiviert wurde.

4 Öffnen Sie die Systemeinstellungen.

5 Wenn Sie die optionale VPN-Übung in der vorherigen Lektion durchgearbeitet haben, verwenden Sie die Systemeinstellung „Netzwerk" zum Entfernen (Taste „–") der L2TP VPN-Einstellungen. Vergessen Sie nicht auf „Anwenden" zu klicken.

6 Öffnen Sie die Systemeinstellung „Benutzer".

7 Klicken Sie auf das Schlosssymbol und authentifizieren Sie sich, falls erforderlich.

8 Klicken Sie auf „Anmeldeoptionen".

9 Klicken Sie neben „Netzwerk-Account-Server" auf „Verbinden".

10 Ein Dialogfenster wird angezeigt, in dem nach dem Namen Ihres Verzeichnisservers gefragt wird.

11 Geben Sie `mainserver.pretendco.com` ein.

   Nach kurzer Zeit verändert sich das Dialogfenster und teilt Ihnen mit, dass der Server VPN-Dienste anbietet.

Lektion 8.3 Verzeichnisdienste

Mac OS X ist in der Lage, mehrere Dienste (einschließlich VPN) für Ihren Account zu konfigurieren, sofern diese für Ihren Serveraccount konfiguriert sind. Diese Funktion ist allerdings nicht Gegenstand dieser Schulung, deshalb untersuchen wir sie hier nicht weiter. Wenn Sie weitere Informationen über die automatische Konfiguration wünschen, beachten Sie bitte das Kapitel über Netzwerkdienste im Referenzhandbuch.

12 Klicken Sie auf „Nur verbinden".

13 Wenn Sie zur Angabe von Administrator-Anmeldedaten aufgefordert werden, authentifizieren Sie sich als „Client Administrator".

Ihr Computer kommuniziert mit dem Server und konfiguriert sich selbst. Der Bereich „Netzwerk-Account-Server" sieht jetzt anders aus und zeigt an, dass die Bindung an den Seminarraum-Server besteht.

14 Melden Sie sich ab.

Beachten Sie, dass sich das Anmeldefenster verändert hat. Es enthält nun auch eine Option „Andere". Möglicherweise müssen Sie blättern, um die Option „Andere" anzuzeigen.

Testen der Verbindung

Sie haben gerade eine Bindung an „mainserver" vorgenommen und sollten nun in der Lage sein, sich an Ihrem Computer mit einem Benutzeraccount anzumelden, der auf dem Seminarraum-Server „mainserver" gesichert ist.

1 Klicken Sie zum Anmelden auf „Andere".

2 Geben Sie Ihre Anmeldedaten für das Netzwerk ein:

Name: student*n* (dabei ist *n* Ihre Teilnehmernummer)

Kennwort: student

Die Anmeldung wird etwas länger als gewöhnlich dauern, da Sie sich an einem Netzwerkbenutzeraccount anmelden, der durch den in der Systemeinstellung „Benutzer" festgelegten Netzwerk-Account-Server definiert ist. Ihre Anmeldung wird von mainserver.pretendco.com authentifiziert und es wird eine Verbindung zu einem Benutzerordner hergestellt, der von diesem Server aus freigegeben wird. Die Informationen zum Benutzeraccount werden via LDAP (Lightweight Directory Access Protocol) kommuniziert. Die Identifizierung erfolgt via Kerberos und der Benutzerordner wird via AFP aktiviert.

3 Öffnen Sie die Systemeinstellungen und klicken Sie auf „Benutzer".

Sie haben diesen Account nicht über die Systemeinstellungen erstellt. Er wird dennoch in der Systemeinstellung „Benutzer" angezeigt, solange Sie unter diesem Account angemeldet sind. Beachten Sie, dass er als Netzwerkaccount gekennzeichnet ist.

Lektion 8.3 Verzeichnisdienste

4   Klicken Sie auf „Alle einblenden".

5   Klicken Sie auf „Schreibtisch & Bildschirmschoner".

6   Wählen Sie ein neues Hintergrundbild für Ihren Schreibtisch aus.

7   Drücken Sie „Befehl-Umschalt-3", um ein Bildschirmfoto aufzunehmen.

Eine Datei namens „Bildschirmfoto <Datum und Uhrzeit>" wird auf dem Schreibtisch angezeigt.

8   Schließen Sie die Systemeinstellungen.

Gesamtauthentifizierung (SSO - Single Sign-On)

Bei der Anmeldung an Ihrem Netzwerk-Benutzeraccount authentifiziert der Server den Account mit der Technologie „Kerberos". Sie werden beim Besuchen von kennwortgeschützten Websites sehen, was sich im Hintergrund abspielt. Die Gesamtauthentifizierung (Single Sign-On) erlaubt den Zugriff auf geschützte Ressourcen wie Dateiserver und Websites ohne erneute Eingabe des Kennworts. Ein deutlicher Vorteil von Kerberos gegenüber anderen Authentifizierungsmethoden besteht darin, dass während des Authentifizierungsprozesses das Benutzerkennwort nicht über das Netzwerk übertragen wird - noch nicht einmal in verschlüsselter Form.

1 Öffnen Sie das Programm „Schlüsselbundverwaltung" im Ordner „Dienstprogramme".

2 Wählen Sie „Schlüsselbundverwaltung" > „Ticket-Viewer" (Tastenkombination „Befehl-Wahl-K").

Das Programm „Ticket-Viewer" wird geöffnet.

3 Beachten Sie, dass Sie bereits ein Ticket von MAINSERVER .PRETENDCO.COM haben und dass dieses nach ca. 10 Stunden erlischt. Das ist das Ticket, das Sie beim Anmelden erworben haben und mit dem weitere Tickets ausgegeben werden.

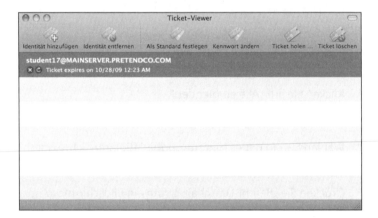

4 Öffnen Sie Safari.

5 Geben Sie https://mainserver.pretendco.com/protected/ in die Adresszeile ein.

6 Wenn Safari meldet, die Identität der Website lasse sich nicht bestätigen, klicken Sie auf „Fortfahren".

Die Seite wird geladen. Diese Seite verwendet Kerberos für die Authentifizierung.

7 Wechseln Sie in den Ticket-Viewer.

Lektion 8.3 Verzeichnisdienste

8 Beachten Sie, dass sich im Ticket-Viewer nichts verändert hat.

9 Öffnen Sie das Programm „Terminal".

10 Geben Sie den Befehl klist ein, um Ihre Kerberos-Tickets anzuzeigen.

client17:~ student17$ klist

Sie sollten nun Ihr Ticket-granting-Ticket (krbtgt) sowie ein HTTP-Ticket sehen. Ggf. sehen Sie auch ein AFP-Ticket (afpserver), je nachdem, wie der Server konfiguriert ist.

11 Melden Sie sich ab.

12 Melden Sie sich als „Chris Johnson" an.

13 Öffnen Sie Safari.

14 Geben Sie https://mainserver.pretendco.com/protected/ in die Adresszeile ein.

Wenn Safari meldet, die Identität der Website lasse sich nicht bestätigen, klicken Sie auf „Fortfahren".

Eine Fehlerseite wird angezeigt.

15 Öffnen Sie das Programm „Schlüsselbundverwaltung".

16 Öffnen Sie den Ticket-Viewer.

Sie haben gegenwärtig keine Tickets.

Frage 4 Warum haben Sie keine Tickets?

Anmelden an Ihrem Netzwerkbenutzeraccount auf einem anderen Computer

Nachdem ein anderer Seminarteilnehmer seinen Computer für das Verwenden von Netzwerkbenutzeraccounts konfiguriert hat, tauschen Sie nun mit ihm den Platz, sodass Sie beide von dem jeweils anderen Computer auf Ihren eigenen Netzwerkbenutzeraccount zugreifen können.

1. Tauschen Sie mit einem beliebigen Seminarteilnehmer den Platz.

2. Melden Sie sich am Computer des anderen Teilnehmers als student*n* an (wobei *n* Ihre Teilnehmernummer ist).

   Sie arbeiten zwar an einem anderen Computer, Sie sollten sich jedoch mit Ihrem Netzwerkbenutzeraccount anmelden können. Nach der Anmeldung sollte der Schreibtischhintergrund erscheinen, den Sie zuvor bei der ersten Anmeldung an Ihrem eigenen Computer ausgewählt haben. Auf Ihrem Schreibtisch sollte sich das zuvor erstellte Bildschirmfoto befinden.

3. Melden Sie sich ab.

4. Kehren Sie zurück an Ihren eigenen Seminarcomputer.

Entfernen der LDAP-Bindung

Derzeit ist Ihr Computer mit dem Verzeichnisserver „mainserver" verbunden. Wenn Ihr Computer keine Daten mehr von einem Verzeichnisdienst abrufen muss, kann die Bindung an den Server ganz einfach wieder getrennt werden. Sobald Sie die Bindung in einen Verzeichnisdienst nicht mehr benötigen, sollten Sie sie trennen, um mögliche Sicherheitsprobleme zu vermeiden.

1. Melden Sie sich als „Chris Johnson" an.

2. Öffnen Sie den Bereich „Benutzer" in den Systemeinstellungen.

3. Klicken Sie auf das Schlosssymbol und authentifizieren Sie sich als „Client Administrator".

4. Klicken Sie auf „Anmeldeoptionen".

5. Klicken Sie auf die Taste „Bearbeiten" neben „Netzwerk-Account-Server".

Lektion 8.3 Verzeichnisdienste

6 Wählen Sie „mainserver.pretendco.com".

7 Klicken Sie auf die Taste „Entfernen" (-).

8 Klicken Sie im Dialogfenster zur Bestätigung auf „Server nicht mehr verwenden".

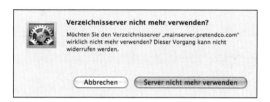

9 Klicken Sie auf „Fertig".

Sie können sich nun nicht mehr mit netzwerkbasierten Benutzeraccounts und Benutzerordnern an Ihrem Computer anmelden. Allerdings ist es immer noch möglich, mit diesen Accountnamen auf die Dienste unter „mainserver" zuzugreifen. Die Anmeldung an diesem Computer kann nur noch über einen lokalen Account erfolgen.

10 Melden Sie sich ab.

9

Peripheriegeräte und Drucken

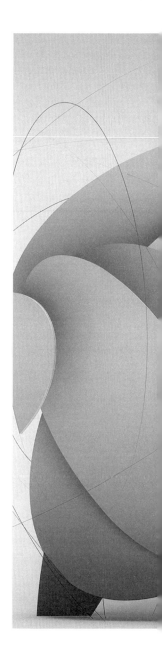

9.1 Verwalten von Peripheriegeräten

Übung 9.1.1 Verwalten von Peripheriegeräten
Übung 9.1.2 Verwenden von Bluetooth (optional)
Übung 9.1.3 Verwenden der Apple Remote-Fernbedienung (optional)

9.2 Verwalten von Druckern und Faxgeräten

Übung 9.2.1 Verwalten von Druckern
Übung 9.2.2 Fehlerbeseitigung bei Druckern
Übung 9.2.3 Erstellen eines PDF-Drucker-Plug-Ins (optional)

Kapitel 9 Peripheriegeräte und Drucken

9.1 Verwalten von Peripheriegeräten

Obwohl Apple die Plug&Play-Technologie mit dem ersten Mac-Betriebssystem eingeführt hat, kann es dennoch gelegentlich erforderlich sein, Fehler mit einem Peripheriegerät zu suchen und zu beseitigen. Ein Peripheriegerät ist ein Hardwaregerät, das für Ihren Mac bestimmte zusätzliche Funktionen bereitstellt. In dieser Lektion werden Sie zunächst die allgemeinen Peripherietechnologien kennenlernen, die von Mac OS X unterstützt werden. Ferner erfahren Sie, wie die unterschiedlichen Softwaretypen in Mac OS X für die Interaktion mit Peripheriegeräten ausgelegt sind. Dies ist wichtig, damit Sie Fehler mit Peripheriegeräten, die gelegentlich bei Mac-Systemen auftreten können, beheben können.

Ausführliche Anleitungen finden Sie unter „Informationen über Peripheriegeräte" in Lektion 9 von *Apple Training Series: Mac OS X Support Essentials v10.6*.

Lektion 9.1 Verwalten von Peripheriegeräten

Ausführliche Anleitungen finden Sie unter „Informationen über Peripheriegeräte" in Lektion 9 von *Apple Training Series: Mac OS X Support Essentials v10.6*.

Ausführliche Anleitungen finden Sie unter „Typen von Peripheriegeräten" in Lektion 9 der *Apple Training Series: Mac OS X Support Essentials v10.6*.

Synchronisieren

iSync
- Bietet Sync-Dienste für viele generische Bluetooth-Telefone
- Keine Unterstützung für Palm, Blackberry oder Windows Mobile

iTunes
- Bietet Sync-Dienste zu allen mobilen Apple-Geräten
- Bietet Sync-Dienste für Apple TV

MobileMe-Dienst
- Auf Mitgliedschaft basierender Internetdienst
- Primäre MobileMe-Konfiguration in Systemeinstellungen
- Integration in vielen Programmen

Ausführliche Anleitungen finden Sie unter „"Peripheriegeräte zum Synchronisieren" in Lektion 9 von *Apple Training Series: Mac OS X Support Essentials v10.6*.

Gerätetreiber

Können einfach ein **Programm** oder ein **Hintergrundprozess** sein:
- Können über launchd oder Anmeldeobjekte automatisch gestartet werden
- Können manuell gestartet werden

Einige sind **Plug-Ins** für Programme oder Dienste:
- Laufen üblicherweise nur, wenn das Programm oder der Dienst aktiv ist

Einige sind über **Erweiterungen** direkt ins System eingebunden:
- Eingebunden in der untersten Schicht des Systems
- Werden dynamisch geladen und entfernt

Ausführliche Anleitungen finden Sie unter „Fehlerbeseitigung mit Peripheriegeräten" in Lektion 9 von *Apple Training Series: Mac OS X Support Essentials v10.6*.

Lektion 9.1 Verwalten von Peripheriegeräten

Ausführliche Anleitungen finden Sie unter „Überprüfen von geladenen Erweiterungen" in Lektion 9 von *Apple Training Series: Mac OS X Support Essentials v10.6*.

Ausführliche Anleitungen finden Sie unter „Fehlerbeseitigung mit Peripheriegeräten" in Lektion 9 von *Apple Training Series: Mac OS X Support Essentials v10.6*.

Fehlerbehebung bei Geräten

Gerät mit dem System-Profiler überprüfen

Kabel überprüfen

Andere Anschlüsse probieren

Andere Geräte entfernen

Apples Software- und Treiberaktualisierung

Gerätetreiber aktualisieren

Neustart oder Ausschalten

An einem anderen bekanntermaßen gut funktionierenden Mac OS X-Computer testen

Ausführliche Anleitungen finden Sie unter „Fehlerbeseitigung mit Peripheriegeräten" in Lektion 9 von *Apple Training Series: Mac OS X Support Essentials v10.6*.

Lektion 9.1 Verwalten von Peripheriegeräten

Übung 9.1.1
Verwalten von Peripheriegeräten

Übungsziele
- Verwenden des System-Profilers zum Sammeln von Informationen über die am Computer angeschlossenen Geräte
- Verwenden des Festplattenmodus zum Verbinden mit anderen Computern und externen Volumes

Zusammenfassung
Diese Übung bietet Ihnen eine Einführung in Verbindungsbusse von Peripheriegeräten, die grundlegende Gerätekonfiguration sowie die Fehlerbeseitigung bei Geräten.

Anzeigen von USB-Geräten mit dem System-Profiler

In einer vorherigen Übung haben Sie mit dem System-Profiler Informationen zu Ihrer Festplatte angezeigt. Da der System-Profiler busorientiert ist, eignet er sich sehr gut zur Fehlerbeseitigung bei Peripheriegeräten. In dieser Übung verwenden Sie den System-Profiler, um angeschlossene USB-Geräte an einem bestimmten Bus zu identifizieren. Die meisten Mac-Computer besitzen mehrere USB-Anschlüsse und verwenden interne USB-Verbindungen für unterschiedliche Geräte. Es empfiehlt sich, dass Ihr Kursleiter diese Übung ausführt, wenn im Schulungsraum keine USB-Geräte vorhanden sind.

1 Melden Sie sich als „Client Administrator" an.

2 Öffnen Sie das Programm „System-Profiler" im Ordner „Dienstprogramme".

Der System-Profiler mit der Hardware-Übersicht wird geöffnet. Die Liste „Inhalt" links zeigt alle Berichte an, die der System-Profiler erstellen kann.

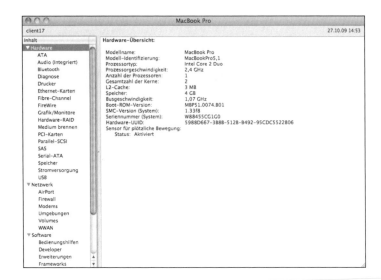

3 Klicken Sie unterhalb der Liste „Hardware" auf „USB", um die am USB-Bus angeschlossenen Geräte anzuzeigen.

USB ist ein gängiger Bus für Peripheriegeräte. Es wird häufig für Tastaturen, Mäuse, Trackpads, Drucker, Scanner, Speichergeräte und Digitalkameras verwendet.

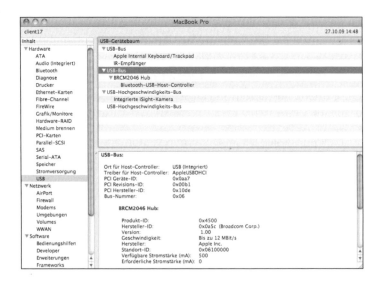

In diesem Beispiel zeigt der System-Profiler an, dass vier USB-Busse vorhanden sind und dass an drei Bussen Geräte angeschlossen sind.

Wenn ein Gerät über einen Hub angeschlossen ist, wird es unterhalb des Hubs eingerückt aufgelistet. Dieses Beispiel zeigt einen Hub mit einem angeschlossenen Bluetooth-USB-Host-Controller. Bei diesem Hub und Bluetooth-Controller handelt es sich um interne Geräte.

4   Wählen Sie die Maus oder ein anderes externes USB-Gerät im USB-Protokoll Ihres Computers aus.

Wenn Sie keine Maus oder ein anderes externen Gerät besitzen, kann Ihr Kursleiter diese Schritte demonstrieren.

Weitere Informationen zum Gerät werden im Bereich rechts unten angezeigt.

5   Sie sehen die USB-Informationen. Trennen Sie das Kabel der Maus vom Computer und stecken Sie es in einen anderen USB-Anschluss. Wählen Sie dann im Menü „Darstellung" die Option „Aktualisieren".

Der System-Profiler sucht nur dann nach Geräten, wenn er geöffnet ist und wenn Sie „Darstellung" > „Aktualisieren" wählen.

6   Suchen Sie die Maus im Protokoll und überprüfen Sie, ob sie noch an der gleichen Stelle aufgelistet ist.

Frage 1 *Was wäre, wenn die Maus (oder ein anderes Gerät) nicht in der Liste angezeigt würde?*

Kapitel 9 Peripheriegeräte und Drucken

7   Klicken Sie links in der Liste „Hardware" auf „Medium brennen",
    um Informationen zum optischen Laufwerk anzuzeigen.

    Frage 2 Nennen Sie die CD-Medienformate, die Ihr Computer
    brennen kann.

    _____

    _____

    _____

    Frage 3 Kann Ihr Computer DVDs brennen? Single oder Dual
    Layer?

    _____

    _____

8   Beenden Sie den System-Profiler.

Verwenden des System-Profilers mit dem Befehlszeilenprogramm

Die Entsprechung für den System-Profiler in der Befehlszeile lautet system_profiler. Dieses Programm kann ein vollständiges Protokoll in der Befehlszeile anzeigen. Sie können jedoch auch angeben, welche Informationen angezeigt werden sollen. In dieser Übung erstellen Sie ein Protokoll für einen einzelnen Verbindungstyp, indem Sie system_profiler in die Befehlszeile eingeben.

1   Öffnen Sie das Programm „Terminal" im Ordner „Dienstprogramme".

2   Zeigen Sie die man-Seite für system_profiler an:

    client17:~ cadmin$ `man system_profiler`

    Eine der Optionen auf der man-Seite lautet –listDataTypes. Diese Option ist hilfreich, wenn Sie nur die Ergebnisse für den Bus anzeigen möchten, bei dem Sie ein Problem beheben möchten. In diesem Beispiel werden nur die Geräte angezeigt, die über USB verbunden sind.

3 Geben Sie Folgendes in die Befehlszeile ein:

   `client17:~ cadmin$ system_profiler -listDataTypes`

4 Suchen Sie in den Ergebnissen den USB-Eintrag (SPUSBDataType).

5 Führen Sie `system_profiler` mit dem oben genannten Argument erneut aus.

   `client17:~ cadmin$ system_profiler SPUSBDataType`

   Der System-Profiler gibt nur Ergebnisse für die USB-Verbindungen aus.

   Sie können die über den Befehl `system_profiler` angezeigten Informationen auf die Infos beschränken, die Sie für bestimmte Situationen bei der Fehlerbeseitigung benötigen.

6 Beenden Sie Terminal.

Verbinden eines Computers im FireWire-Festplattenmodus

Sie können Ihren Computer über ein FireWire-Kabel mit einem anderen Mac verbinden und einen der Computer als externe Festplatte für den anderen Computer verwenden. Dies wird auch als Festplattenmodus (Target Disk Mode, oder TDM) bezeichnet. Im FireWire-Festplattenmodus kann ein Macintosh-Computer mit einem FireWire-Anschluss (der Zielcomputer) als externe Festplatte verwendet werden, die an einem anderen Computer (dem Host) angeschlossen wird. Nachdem ein Computer als FireWire-Festplatte gestartet wurde und für den Hostcomputer verfügbar ist, können Sie Dateien von diesem und auf dieses Volume wie von einem anderen externen Volume kopieren.

Welche Funktion hat der FireWire-Festplattenmodus? Sie können damit Sicherungskopien erstellen, Startprobleme beheben sowie das Festplatten-Dienstprogramm zum Reparieren von Festplatten/Volumes verwenden. Der FireWire-Festplattenmodus kann allerdings ein Sicherheitsrisiko darstellen, da der Benutzer festlegen kann, dass Eigentümer und Zugriffsrechte auf einem so angeschlossenen Gerät ignoriert werden sollen. Durch Festlegen eines Firmware-Kennworts kann verhindert werden, dass die Starteinstellungen für den Computer von einem Benutzer geändert werden können. Wenn ein Firmware-Kennwort definiert wurde, muss ein Benutzer dieses Kennwort eingeben, wenn der Computer im Festplattenmodus gestartet werden soll.

In dieser Übung arbeiten Sie mit einem Übungspartner zusammen und verwenden den FireWire-Festplattenmodus. Bestimmen Sie einen Computer als Hostcomputer und den anderen als Zielcomputer.

1   Wählen Sie auf dem Zielcomputer das Symbol „Macintosh HD" in der Finder-Seitenleiste oder auf dem Schreibtisch aus, wenn Festplatten angezeigt werden, und wählen Sie dann „Ablage" > „Informationen".

2   Löschen Sie im Feld „Name & Suffix" den Namen „Macintosh HD" und geben Sie den Namen Target HD ein. Schließen Sie dann das Informationsfenster.

Das Umbenennen der Festplatte macht die Unterscheidung mit den Laufwerken des Hostcomputers einfacher. Der FireWire-Festplattenmodus funktioniert natürlich mit jedem beliebigen Namen.

Lektion 9.1 Verwalten von Peripheriegeräten

3 Schalten Sie den Zielcomputer aus.

4 Verbinden Sie die beiden Computer mit einem FireWire-Kabel.

5 Halten Sie auf dem Zielcomputer die Taste „T" gedrückt und drücken Sie den Ein-/Ausschalter. Halten Sie die Taste „T" solange gedrückt, bis ein FireWire-Logo auf dem Bildschirm angezeigt wird.

6 Lassen Sie die Taste „T" los, wenn Sie das FireWire-Logo auf dem Bildschirm sehen. Auf dem Schreibtisch des Hostcomputers werden „Target HD" und die Backup-Volumes als externe FireWire-Festplatten angezeigt.

7 Wenn ein Dialogfenster mit der Frage angezeigt wird, ob Sie „Target HD" als Time Machine-Gerät verwenden möchten, klicken Sie auf „Abbrechen".

8 Öffnen Sie den System-Profiler und klicken Sie dann in der Liste links auf „FireWire".

9 Suchen Sie den Eintrag für die über den FireWire-Festplatten-modus angeschlossene Festplatte. Sehen Sie sich in der Liste die Informationen zur Festplatte an.

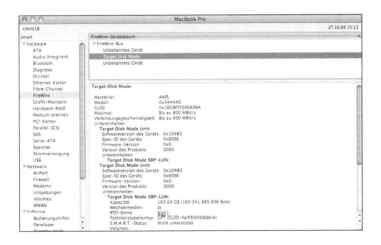

10 Beenden Sie den System-Profiler.

Übertragen von Daten im FireWire-Festplattenmodus

Wenn die Computer im FireWire-Festplattenmodus miteinander verbunden sind, können Sie Daten zwischen ihnen übertragen.

1 Klicken Sie auf dem Schreibtisch auf „Target HD" und wählen Sie dann „Ablage" > „Informationen".

2 Öffnen Sie im Informationsfenster ggf. den Bereich „Freigabe & Zugriffsrechte". Sehen Sie nach, ob unten im Fenster die Option „Eigentümer auf diesem Volume ignorieren" aktiviert ist. Wählen Sie diese Option aus, wenn dies nicht der Fall ist (oder klicken Sie auf das Schlosssymbol und authentifizieren Sie sich).

Wenn die Eigentümerrechte ignoriert werden, sind die normalen Zugriffsbeschränkungen auf die Daten aufgehoben, sodass Sie die Inhalte in den Benutzerordnern auf der Festplatte des Zielcomputers beliebig anzeigen können. Das System behandelt Sie nun so, als wären Sie der Eigentümer aller Objekte auf dem Volume. Eine Ausnahme stellen hier die FileVault-verschlüsselten Accounts wie der von Robin Banks dar. Der Grund dafür ist, dass ihr Benutzerordner in einer verschlüsselten Image-Datei enthalten ist. Sie benötigen weiterhin das entsprechenden Kennwort, um den Inhalt sehen zu können.

3 Navigieren Sie auf der Target HD zum Benutzerordner von Chris Johnson und dann zum Ordner „Öffentlich/Briefkasten".

4 Wählen Sie die Datei „Project.rtf" aus.

Frage 4 Können Sie sie auf Ihren Schreibtisch bewegen?

Lektion 9.1 Verwalten von Peripheriegeräten

5 Wenn der Kopiervorgang abgeschlossen ist, kehren Sie zum Informationsfenster zurück und deaktivieren Sie die Option „Eigentümer auf diesem Volume ignorieren" (möglicherweise müssen Sie hierzu auf das Schlosssymbol klicken und sich authentifizieren).

6 Navigieren Sie zur root-Ebene auf der Target HD und dann wieder zum Briefkasten von Chris.

Frage 5 Können Sie jetzt sehen, welche Objekte sich im Briefkasten von Chris befinden? Begründung?

7 Werfen Sie das Zielvolume aus.

8 Halten Sie den Ein-/Ausschalter gedrückt, um den Zielcomputer auszuschalten. Sobald er ausgeschaltet ist, trennen Sie das Kabel.

9 Starten Sie den Zielcomputer neu.

10 Melden Sie sich nach dem Neustart des Zielcomputers als „Client Administrator" an und benennen Sie „Target HD" wieder in „Macintosh HD" um. Verwenden Sie hierzu im Finder den Bereich „Name & Suffix" des Informationsfensters für das Volume.

11 Melden Sie sich ab.

Übung 9.1.2
Verwenden von Bluetooth (optional)

Übungsziel
- Aktivieren von Bluetooth-Verbindungen und Verwenden von Bluetooth zum Übertragen von Daten

Zusammenfassung
Bluetooth ist eine Technologie für die drahtlose Kommunikation über kurze Distanzen. Sie stellt so genannte PAN-Netzwerke (Personal Area Networks) bereit. Als moderne Schnittstellentechnologie ist sie sehr flexibel einsetzbar und verwendbar. In dieser Übung werden Sie einige der grundlegenden Funktionen von Mac OS X für die Arbeit mit Bluetooth-Geräten kennenlernen. Die meisten, wenn auch nicht alle, Mac-Computer werden mit bereits installiertem Bluetooth geliefert. Wenn die Geräte in Ihrem Seminarraum Bluetooth nicht unterstützen, kann Ihr Kursleiter die Verwendung von Bluetooth demonstrieren oder Sie überspringen dieser Übung.

Verbinden von Computern über Bluetooth
In dieser Übung stellen Sie über Bluetooth eine Verbindung zu einem anderen Computer her. Sind die Computer im Seminarraum mit Bluetooth ausgestattet, arbeiten Sie in dieser Übung mit einem Übungspartner zusammen. Bestimmen Sie, von welchem Computer aus die Verbindung initiiert wird und welcher Computer das Empfangsgerät darstellen soll.

1 Melden Sie sich als „Chris Johnson" an.

2 Klicken Sie in der Menüleiste auf das Bluetooth-Symbol und wählen Sie dann die Option „Systemeinstellung „Bluetooth" öffnen".

Wenn das Bluetooth-Symbol nicht in der Menüleiste angezeigt wird, können Sie auch die Systemeinstellungen öffnen und „Bluetooth" auswählen. Wenn das Bluetooth-Symbol nicht in der Menüleiste angezeigt wird und keine Systemeinstellung „Bluetooth" vorhanden ist, ist Bluetooth nicht installiert oder das System hat Probleme beim Erkennen der Bluetooth-Hardware.

3   Klicken Sie auf die Taste „Neues Gerät konfigurieren" und dann auf „Fortfahren".

Der Computer startet die Suche nach in der Nähe befindlichen Bluetooth-Geräten, die erkannt werden können.

4   Wenn der Name des Computers Ihres Übungspartners in der Liste angezeigt wird, wählen Sie ihn aus und klicken auf „Fortfahren".

Hierdurch wird versucht, Ihren Computer mit dem Computer Ihres Übungspartners logisch zu verbinden. Durch das Herstellen einer logischen Verbindung werden auf beiden Computern gleichzeitig die Authentifizierung und Verschlüsselung eingerichtet.

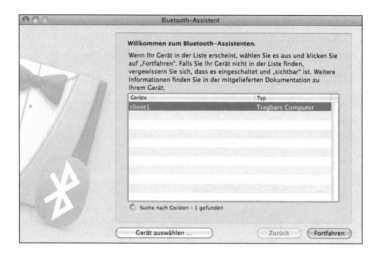

Mac OS X generiert einen Code und zeigt ihn auf Ihrem Computer an. Dieser sendet an den anderen Computer eine Anfrage zum Herstellen der Verbindung. Der andere Computer fordert Sie dann auf, denselben Code einzugeben. Anschließend sind beide Computer authentifiziert und können via Bluetooth miteinander kommunizieren.

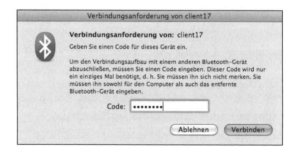

5 Auf dem Computer Ihres Übungspartners muss der auf Ihrem Bildschirm angezeigte Code eingegeben werden.

Nach der Eingabe des Codes konfigurieren sich die beiden Computer selbst für die Bluetooth-Verbindung. Auf Ihrem Computer wird angezeigt, wenn dieser Vorgang abgeschlossen ist.

Mac OS X lässt Ihnen etwas Zeit, den Vorgang abzuschließen. Wenn Sie zu lange warten, erhalten Sie eine Meldung, dass der Verbindungsversuch fehlgeschlagen ist. Klicken Sie auf „Zurück" und wiederholen Sie Schritt 4.

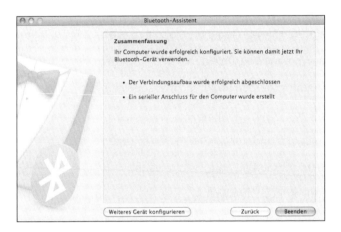

6   Klicken Sie auf „Beenden".

Auf beiden Computer wird jeweils der andere in der Liste der bekannten Bluetooth-Geräte angezeigt.

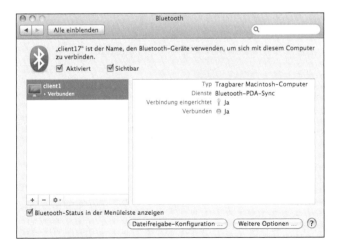

Senden einer Datei über Bluetooth

Sie haben soeben eine Bluetooth-Verbindung hergestellt. Nun verwenden Sie diese Verbindung, um eine Datei zwischen den Geräten zu übertragen.

1 Öffnen Sie auf dem Computer, auf dem die Datei empfangen werden soll, die Systemeinstellung „Freigaben".

2 Klicken Sie ggf. auf das Schloss, um sich zu authentifizieren.

3 Wählen Sie „Bluetooth-Freigaben" in der Liste der Dienste aus.

4 Überprüfen Sie die Optionen. Sie sollten wie folgt festgelegt sein:

Beim Empfang von Objekten: Aktion erfragen

Verbindungsaufbau nötig: Nicht ausgewählt

Empfangsordner: Downloads

Beim Zugriff anderer Geräte: Aktion erfragen

Verbindungsaufbau nötig: Ausgewählt

Zugriffsordner: Öffentlich

5 Klicken Sie auf das Markierungsfeld, um die Bluetooth-Freigabe zu aktivieren.

6 Klicken Sie auf dem Computer, der die Datei senden wird, auf das Bluetooth-Symbol in der Menüleiste und wählen Sie „Datei senden".

Lektion 9.1   Verwalten von Peripheriegeräten

7   Erstellen Sie in TextEdit in Ihrem Ordner „Dokumente" eine Datei mit dem Namen „My Document.rtf".

8   Navigieren Sie im Dialogfenster „Wählen Sie die zu sendende Datei aus" zu Chris' Ordner „Dokumente". Wählen Sie dort die Datei „My Document.rtf" aus und klicken Sie auf „Senden".

Sie werden gefragt, wohin die Datei gesendet werden soll.

9   Wenn Sie aufgefordert werden, ein Bluetooth-Gerät auszuwählen, wählen Sie den Computer aus, zu dem Sie die logische Verbindung hergestellt haben. Klicken Sie dann auf „Senden".

Der Computer versucht nun, die Datei zu senden. Auf dem sendenden Computer wird ein Statusbalken angezeigt und auf dem empfangenden Computer wird der Benutzer darauf aufmerksam gemacht, dass eine Datei empfangen wird, und gefragt, ob die Datei akzeptiert oder abgelehnt werden soll.

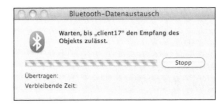

10 Klicken Sie am empfangenden Computer im Dialogfenster „Eingehende Dateiübertragung" auf die Taste „Empfangen".

Wenn die Datenübertragung abgeschlossen ist, verschwindet das Statusfenster auf dem sendenden Computer.

11 Klicken Sie auf dem empfangenden Computer im Dialogfenster „Eingehende Dateiübertragung" auf „Anzeigen". Beachten Sie, dass sich die Anzeige geändert hat, da die Datei übertragen wurde.

In einem Finder-Fernster wird der Ordner „Downloads" angezeigt und die Datei „My Document.rtf" ist ausgewählt.

12 Melden Sie sich auf beiden Computern ab.

Lektion 9.1 Verwalten von Peripheriegeräten

Übung 9.1.3
Verwenden der Apple Remote-Fernbedienung (optional)

Übungsziel
- Verwenden der Apple Remote-Fernbedienung und Verwalten der Sicherheitseinstellungen

Zusammenfassung

Mit der Apple Remote-Fernbedienung können Sie bestimmte Funktionen (wie z. B. Front Row) Ihres Computers über eine kurze Distanz via Infrarotsignal steuern. Zahlreiche Mac-Computer besitzen einen Infrarotempfänger, der diese Steuerungsmöglichkeit unterstützt. Praktischerweise reagiert ein Mac standardmäßig auf jede Apple Remote-Fernbedienung. Wenn zwei Computer dicht beieinander stehen und Sie die Apple Remote-Fernbedienung aktivieren, kann es vorkommen, dass beide Computer beispielsweise Front Row öffnen. Im Folgenden lernen Sie die Apple Remote-Fernbedienung kennen und werden eine logische Verbindung zu Ihrem Computer herstellen, sodass nur Ihr Computer auf die Fernbedienung reagiert. Sind in Ihrem Seminarraum keine Apple Remote-Fernbedienungen vorhanden oder besitzen die Computer keine Infrarotsensoren, kann der Kursleiter diese Übung demonstrieren oder Sie überspringen diese Übung.

Verwenden einer Apple Remote-Fernbedienung

Die Apple Remote-Fernbedienung ist für zahlreiche Macintosh-Modelle optional erhältlich. Sie können die Apple Remote-Fernbedienung verwenden, um den Ruhezustand des Computers zu aktivieren oder zu beenden, die Lautstärke zu steuern und Inhalte wie Filme, Musik und Bilder mithilfe von Front Row anzuzeigen und wiederzugeben. Sie können außerdem durch Listen und Menüs navigieren, die Wiedergabe starten und stoppen sowie Keynote-Präsentationen steuern. Wenn zwischen Fernbedienung und Empfänger keine Hindernisse vorhanden sind, beträgt die Reichweite bis zu ca. 9 m.

1. Melden Sie sich als „Chris Johnson" an.
2. Drücken Sie die Taste „Menu" auf der Apple Remote-Fernbedienung.

   Front Row wird gestartet und nach wenigen Sekunden geöffnet.

3. Klicken Sie auf die Navigationstasten der Fernbedienung, um zwischen den verschiedenen Optionen im Front Row-Menü zu wechseln.

   Die Taste „Start/Pause" ist von weiteren Tasten umgeben, mit deren Hilfe Sie im Menü navigieren können. Verwenden Sie für die Navigation nach oben die Taste „+", nach unten die Taste „–", nach rechts die Taste „Vor" und nach links die Taste „Zurück".

   Wenn eine Internetverbindung besteht, können Sie sich im Bereich „Filme" Filmtrailer anschauen.

4. Drücken Sie die Taste „Menu", bis Sie Front Row wieder verlassen haben.

   Möglicherweise müssen Sie die Taste „Menu" wiederholt drücken, bis Sie wieder zum Hauptmenü gelangen. Drücken Sie diese Taste dann noch ein Mal.

   Sie können mit der Fernbedienung iLife-Inhalte wiedergeben, die Lautstärke einstellen, den Ruhezustand des Macs aktivieren und beenden und mehr.

5. Um die Lautstärke auf Ihrem Mac zu erhöhen, drücken Sie die Taste „+" auf der Apple Remote-Fernbedienung. Zum Leiserstellen drücken Sie „–".

   Mit der Fernbedienung können Sie ein anderes Startvolume für Ihren Mac auswählen.

6. Starten Sie Ihren Mac neu und halten Sie während des Startvorgangs die Taste „Menu" auf der Apple Remote-Fernbedienung gedrückt.

7. Lassen Sie die Taste „Menu" los, wenn der Startmanager angezeigt wird.

Lektion 9.1 Verwalten von Peripheriegeräten

8 Verwenden Sie die Apple Remote-Fernbedienung zum Auswählen des Startvolumes, sofern vorhanden.

Wäre der Target HD-Computer immer noch über den Festplattenmodus verbunden, wäre auch er als eine der Startoptionen verfügbar.

9 Wählen Sie „Macintosh HD" aus und klicken Sie auf die Taste „Start", um von der internen Festplatte zu starten.

10 Melden Sie sich als „Chris Johnson" an, nachdem der Macintosh gestartet ist.

11 Wenn der Schreibtisch angezeigt wird, drücken Sie die Taste „Start/Pause" auf der Fernbedienung und halten die Taste so lange gedrückt, bis das Symbol für den Ruhezustand angezeigt wird.

12 Sobald sich der Computer im Ruhezustand befindet, drücken Sie eine beliebige Taste auf der Apple Remote-Fernbedienung, um den Ruhezustand des Computers zu beenden.

13 Melden Sie sich ab.

Sicheres Verwenden der Apple Remote-Fernbedienung

Da jede beliebige Apple Remote-Fernbedienung mit Ihrem Computer verwendet werden kann, empfiehlt es sich, Ihren Macintosh ausschließlich an Ihre Fernbedienung zu koppeln, sodass andere Fernbedienungen Ihren Computer nicht steuern können.

1 Melden Sie sich als „Client Administrator" an.

2 Öffnen Sie den Bereich „Sicherheit" in den Systemeinstellungen.

Kapitel 9 Peripheriegeräte und Drucken

3   Klicken Sie auf „Allgemein".

Hier können Sie die logische Verbindung für die Fernbedienung herstellen oder den Infrarotempfänger deaktivieren.

4   Klicken Sie auf das Schlosssymbol, um sich ggf. als „Client Administrator" zu authentifizieren.

5   Klicken Sie auf „Koppeln".

Daraufhin wird ein weiteres Dialogfenster mit Anleitungen zum Herstellen der logischen Verbindung zwischen Ihrem Computer und Ihrer Fernbedienung eingeblendet.

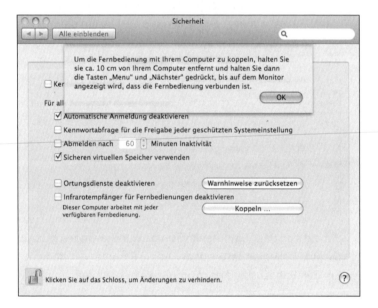

6   Drücken Sie die Tasten „Menu" und „Vor" gleichzeitig und halten Sie sie gedrückt, bis das unten gezeigte Bild der verbundenen Fernbedienung auf dem Bildschirm angezeigt wird.

7 Lassen Sie die Tasten erst los, wenn das Kettensymbol angezeigt wird.

8 Versuchen Sie, Ihren Computer mit der Apple Remote-Fernbedienung eines anderen Benutzers zu steuern.

Diese Fernbedienung wird mit Ihrem Computer nicht funktionieren.

9 Wählen Sie „Den Infrarotempfänger für die Fernbedienung deaktivieren".

10 Versuchen Sie nun, Ihren Computer mit Ihrer Apple Remote-Fernbedienung zu steuern.

Sie funktioniert nicht mehr, da der Empfänger deaktiviert wurde.

11 Entfernen Sie die Markierung der Option „Den Infrarotempfänger für die Fernbedienung deaktivieren".

12 Klicken Sie auf „Trennen", um die logische Verbindung zwischen Ihrem Computer und Ihrer Apple Remote-Fernbedienung zu trennen.

13 Beenden Sie die Systemeinstellungen.

14 Melden Sie sich ab.

Fehlerbeseitigung bei der Apple Remote-Fernbedienung

In dieser optionalen Übung werden Sie feststellen, ob die Infrarotverbindung der Apple Remote-Fernbedienung funktioniert. Eine Digitalkamera oder DV-Kamera mit einem LCD-Display kann verwendet werden um festzustellen, ob Ihre Apple Remote-Fernbedienung ein Signal sendet. Sie können die integrierte iSight-Kamera an Ihrem MacBook oder iMac verwenden. Infrarotstrahlen sind mit dem menschlichem Auge nicht zu erkennen, aber die meisten Digital- und Videokameras verwenden Charge-Coupled-Device-Chips (CCD-Chips) oder Bildsensoren, die empfindlich auf Infrarotlicht reagieren.

In dieser Übung wird die integrierte iSight-Kamera verwendet, um das Infrarotsignal der Apple Remote-Fernbedienung zu testen. Falls Sie keinen Mac mit integrierter iSight-Kamera haben, können

Sie stattdessen eine Digitalkamera verwenden oder Ihr Kursleiter führt die Übung für alle vor.

1 Melden Sie sich als „Chris Johnson" an.

2 Öffnen Sie Photo Booth. Das Programm befindet sich im Ordner „Programme" und wahrscheinlich auch in Ihrem Dock.

Photo Booth schaltet die integrierte iSight-Kamera ein und blendet ein Fenster ein, in dem Sie das von der Kamera erfasste Bild sehen.

3 Richten Sie die Apple Remote-Fernbedienung auf die integrierte iSight-Kamera und drücken Sie die Taste „Vorwärts".

Ein blinkendes Lichtsignal zeigt an, dass die Fernbedienung ein Signal sendet. Sollte kein Lichtsignal zu erkennen sein, müssten Sie weitere Schritte zur Fehlerbeseitigung anwenden. Anleitungen zum Auswechseln der Batterie der Fernbedienung finden Sie im Knowledge Base Artikel Nr. HT1306 „Batterie der Apple Fernbedienung auswechseln".

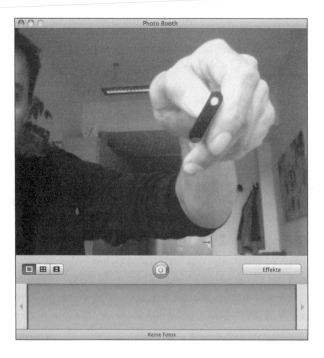

4 Melden Sie sich ab.

Lektion 9.2 Verwalten von Druckern und Faxgeräten

Verwalten von Druckern und Faxgeräten 9.2

Drucken ist für die meisten Benutzer eine eher einfache Aufgabe. Dies täuscht jedoch über die Komplexität hinweg, die für die Unterstützung der zahlreichen Druck- und Faxoptionen erforderlich ist, die in Mac OS X verfügbar sind. Mit jeder neuen Version von Mac OS X bietet Apple mehr Druckfunktionalität und Verbesserungen der zugrundeliegenden CUPS-Architektur. In dieser Übung lernen Sie die Druckarchitektur aus der administrativen Perspektive und der Perspektive bei der Fehlerbeseitigung kennen.

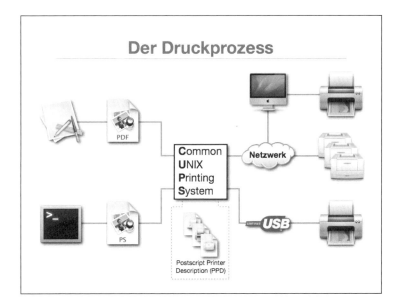

Ausführliche Anleitungen finden Sie unter „Konfigurieren von Druckern und Faxgeräten" in Lektion 9 von *Apple Training Series: Mac OS X Support Essentials v10.6*.

Kapitel 9 Peripheriegeräte und Drucken

Ausführliche Anleitungen finden Sie unter „Konfigurieren von Druckern und Faxgeräten" in Lektion 9 von *Apple Training Series: Mac OS X Support Essentials v10.6*.

Ausführliche Anleitungen finden Sie unter „Konfigurieren von Druckern und Faxgeräten" in Lektion 9 von *Apple Training Series: Mac OS X Support Essentials v10.6*.

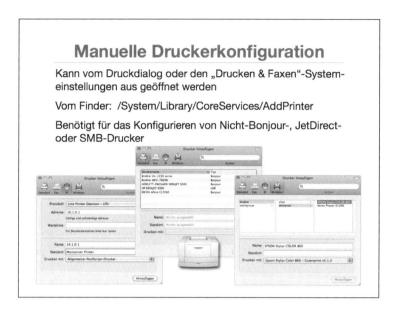

Ausführliche Anleitungen finden Sie unter „Konfigurieren von Druckern und Faxgeräten" in Lektion 9 von *Apple Training Series: Mac OS X Support Essentials v10.6*.

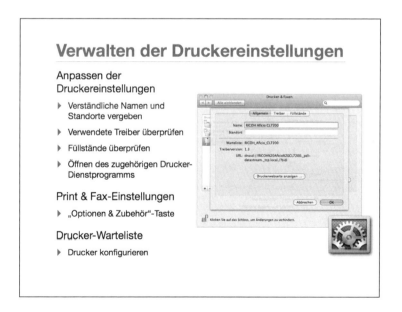

Ausführliche Anleitungen finden Sie unter „Konfigurieren von Druckern und Faxgeräten" in Lektion 9 von *Apple Training Series: Mac OS X Support Essentials v10.6*.

Einfacher Druckdialog

Auswahl der konfigurierten Drucker, Administratoren können auch neue hinzufügen

Auswahl der Voreinstellungen, die über den erweiterten Dialog konfiguriert wurden

Blaues Schließdreieck drücken, um den erweiterten Dialog zu verwenden

Ausführliche Anleitungen finden Sie unter „Verwalten von Druckaufträgen" in Lektion 9 von *Apple Training Series: Mac OS X Support Essentials v10.6*.

Erweiterter Druckdialog

Programme speichern die zuletzt verwendete Ansicht

Änderung der Druckoptionen über das Einblendmenü

Möglichkeit der Speicherung von Drucker-Voreinstellungen

Ausführliche Anleitungen finden Sie unter „Verwalten von Druckaufträgen" in Lektion 9 von *Apple Training Series: Mac OS X Support Essentials v10.6*.

Lektion 9.2 Verwalten von Druckern und Faxgeräten

Ausführliche Anleitungen finden Sie unter „Verwalten von Druckaufträgen" in Lektion 9 von *Apple Training Series: Mac OS X Support Essentials v10.6*.

Ausführliche Anleitungen finden Sie unter „Verwalten von Druckaufträgen" in Lektion 9 von *Apple Training Series: Mac OS X Support Essentials v10.6*.

Kapitel 9 Peripheriegeräte und Drucken

Ausführliche Anleitungen finden Sie im Abschnitt „Verwenden von PDF-Optionen" in Lektion 9 von *Apple Training Series: Mac OS X Support Essentials v10.6*.

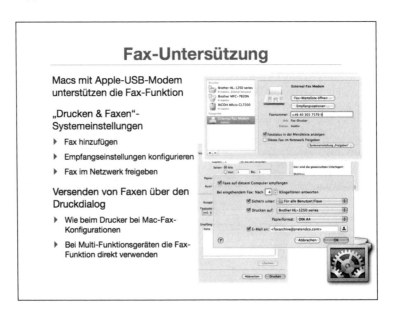

Ausführliche Anleitungen finden Sie unter „Konfigurieren der Faxdienste" in Lektion 9 von *Apple Training Series: Mac OS X Support Essentials v10.6*.

Lektion 9.2 Verwalten von Druckern und Faxgeräten

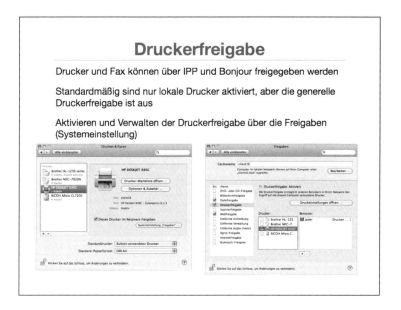

Ausführliche Anleitungen finden Sie unter „Freigeben von Druckern und Faxgeräten" in Lektion 9 von *Apple Training Series: Mac OS X Support Essentials v10.6*.

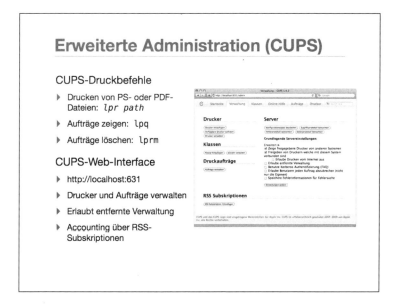

Ausführliche Anleitungen finden Sie unter „Weitergehende Optionen beim Druckmanagement" in Lektion 9 von *Apple Training Series: Mac OS X Support Essentials v10.6*.

Fehlerbehebung beim Drucken

Fehlerbehebung bei Druckaufträgen

- Drucker-Warteliste überprüfen
- Einstellung im Druckdialog prüfen
- PDF-Vorschau zum Isolieren des Problems verwenden
- Von einem anderen Programm drucken
- Zu einem anderen Drucker drucken

Fehlerbehebung bei der Druckerkonfiguration

- Drucker entfernen und wieder hinzufügen
- Verbindung überprüfen (lokal oder Netzwerk)
- AppleTalk-Drucker werden nicht mehr unterstützt
- Treiberupdate oder Treiber neu installieren
- Protokolldateien ansehen
- Zurücksetzen des Drucksystems in den „Drucken & Faxen"-Systemeinstellungen
- Administratoren von Netzwerkdruckern fragen
- Hersteller anrufen

Ausführliche Anleitungen finden Sie unter „Fehlerbeseitigung beim Drucksystem" in Lektion 9 von *Apple Training Series: Mac OS X Support Essentials v10.6*.

Lektion 9.2 Verwalten von Druckern und Faxgeräten

Übung 9.2.1
Verwalten von Druckern

Übungsziel
- Konfigurieren eines Netzwerkdruckers

Zusammenfassung
In dieser Übung erhalten Sie eine Einführung in die Druckerkonfiguration und den Druckprozess. Sie werden einen Netzwerkdrucker konfigurieren und von TextEdit aus auf diesem Drucker drucken.

Konfigurieren eines PostScript-Netzwerkdruckers
In dieser Übung fügen Sie einen Drucker hinzu, der auf dem Server des Kursleiters bereitgestellt wird.

1 Melden Sie sich als „Chris Johnson" an.

2 Öffnen Sie die Systemeinstellungen und klicken Sie auf „Drucken & Faxen".

3 Klicken Sie auf das Schlosssymbol und authentifizieren Sie sich als „Client Administrator".

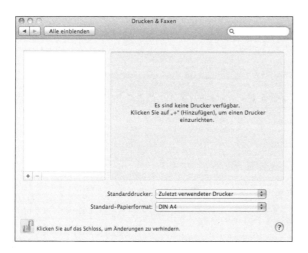

Kapitel 9 Peripheriegeräte und Drucken

4 Klicken Sie auf die Taste „Hinzufügen" (+), um einen Drucker hinzuzufügen.

Das Dialogfenster zum Hinzufügen eines Druckers wird geöffnet.

5 Klicken Sie auf die Taste „Standard" in der Symbolleiste des Fensters.

6 Klicken Sie in der Liste mit den Druckernamen auf „NewQueue".

Der Computer sucht nach einem Treiber für den Drucker und verwendet standardmäßig „Allgemeiner PostScript-Drucker". Beachten Sie die Meldung, dass Sie mit diesem Treiber möglicherweise nicht alle Funktionen des Druckers verwenden können.

Lektion 9.2 Verwalten von Druckern und Faxgeräten

7   Klicken Sie auf „Hinzufügen".

In einem eingeblendeten Dialogfenster wird nach installierbaren Optionen für den Drucker gefragt.

8   Klicken Sie auf „Fortfahren".

„NewQueue" wird nun als Standarddrucker in Ihrer Druckerliste angezeigt.

9   Klicken Sie bei ausgewähltem Drucker „NewQueue" auf die Taste „Drucker-Warteliste öffnen".

Sie haben die Möglichkeit, beschreibendere Namen für Drucker festzulegen, indem Sie auf die Taste „Drucker konfigurieren" im entsprechenden Wartelistenfenster klicken. Bei unterstützten Druckern haben Sie in diesem Fenster auch Zugriff auf Informationen über Zubehör, Füllstände und Drucker-Dienstprogramme. Ferner können Sie hier einzelne Druckaufträge löschen, anhalten und neu starten oder die komplette Warteliste anhalten und neu starten.

10 Zum Ändern des Druckernamens klicken Sie in der Symbolleiste auf „Drucker konfigurieren".

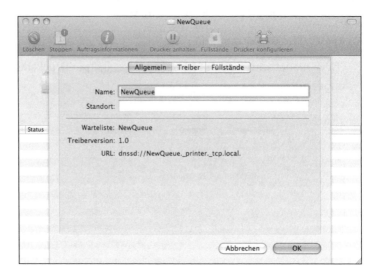

11 Geben Sie in das Feld „Name" Folgendes ein: Pretendco Network Printer.

12 Geben Sie im Feld „Standort" Folgendes ein: Instructor Server.

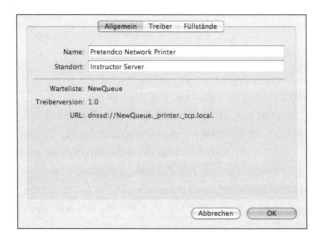

13 Klicken Sie auf „OK".

Der Drucker „Pretendco Network Printer" erscheint nun in der Liste in der Systemeinstellung „Drucken & Faxen".

Lektion 9.2 Verwalten von Druckern und Faxgeräten

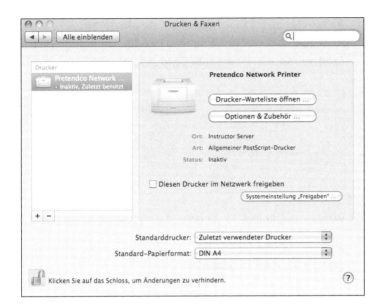

14 Schließen Sie die Systemeinstellungen.

Beachten Sie, dass das Wartelistenfenster geöffnet bleibt.

15 Schließen Sie „Pretendco Network Printer".

Drucken mit einem Netzwerkdrucker

In dieser Übung drucken Sie mit dem soeben von Ihnen konfigurierten Netzwerkdrucker. Da es sich hierbei um eine Warteliste auf dem Server und keinen physischen Drucker handelt, erfolgt keine Ausgabe. Ihr Kursleiter wird den Status der Warteliste anzeigen, sodass Sie das Dokument mit Ihrer Teilnehmernummer in der Warteliste sehen können.

1 Navigieren Sie zu Chris' Ordner „Dokumente" und öffnen Sie die Datei „My Document.rtf". Verwenden Sie TextEdit zum Erstellen dieses Dokuments, falls noch nicht geschehen.

2 Wählen Sie „Ablage" > „Sichern unter".

3   Ändern Sie im Feld „Sichern unter" den Namen in
    My Document-n, wobei Sie *n* durch Ihre Teilnehmernummer
    ersetzen. Klicken Sie anschließend auf „Sichern".

4   Wählen Sie „Ablage" > „Drucken".

    „Pretendco Network Printer" wird im Druckfenster als
    Standarddrucker angezeigt.

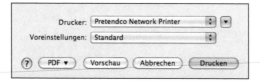

5   Klicken Sie auf „Drucken" und warten Sie, bis Ihr Druckauftrag
    auf dem Server des Kursleiters angezeigt wird.

6   Melden Sie sich ab.

Lektion 9.2 Verwalten von Druckern und Faxgeräten

Übung 9.2.2
Fehlerbeseitigung beim Drucksystem

Übungsziele
- Überprüfen des CUPS-Protokolls in „Konsole"
- Konfigurieren eines CUPS RSS-Feed
- Zurücksetzen des Drucksystems

Zusammenfassung
Für die Fehlerbeseitigung beim Drucken ist es wichtig, dass Sie wissen, welche Vorgänge beim Drucken ablaufen. In dieser Übung werden Sie die über das Drucksystem verfügbaren Protokolle überprüfen und das Drucksystem für die Bereitstellung von RSS-Feeds konfigurieren, anhand derer Sie das System überwachen können.

Überprüfen der CUPS-Protokolldateien
Mac OS X erfasst viele verschiedene Vorgänge, wie z. B. auch das Drucken, in Protokolldateien. Diese Protokolle können Sie im Programm „Konsole" für System- und Benutzervorgänge einsehen. In dieser Übung verwenden Sie „Konsole" und werfen einen Blick auf die verfügbaren CUPS-Protokolle.

1. Melden Sie sich als „Chris Johnson" an.

Kapitel 9 Peripheriegeräte und Drucken

2   Wählen Sie im Finder „Gehe zu" > „Dienstprogramme" und öffnen Sie das Programm „Konsole". Klicken Sie, falls erforderlich, in der Symbolleiste auf „Protokollliste einblenden", um eine Liste der Speicherorte der Protokolle anzuzeigen.

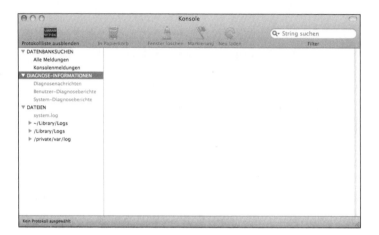

3   Klicken Sie auf das Dreiecksymbol neben „/private/var/log", um die Liste der Protokolle anzuzeigen, und dann auf das Dreiecksymbol neben „cups".

Da sich das CUPS-Protokoll im Ordner „/private/var/log" im Mac OS X-Dateisystem befindet, ist es im Fenster unter „/private/var/log" aufgelistet.

4   Klicken Sie in der Liste auf „access_log".

Wenn Sie wie in der vorherigen Übung bereits gedruckt haben, werden im Zugriffsprotokoll (access_log) Einträge angezeigt. Im Seitenprotokoll (page_log) werden für jeden Druckauftrag ebenfalls Einträge angezeigt. Im Zugriffsprotokoll werden die Interaktionen mit dem CUPS-Dienst und im Seitenprotokoll die eigentlichen Druckaufträge aufgeführt. Die an CUPS gesendeten Befehle finden Sie auch hier, wenn auch nicht exakt so, wie Sie sie über die Befehlszeile eingegeben haben.

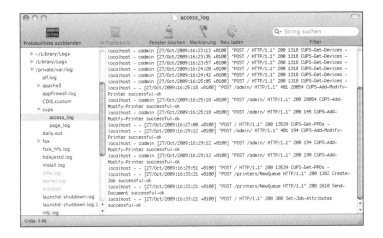

5   Zeigen Sie das Protokoll „page_log" an.

    Frage 6 Können Sie anhand der Einträge in der Protokolldatei sagen, welcher Benutzer die Druckaufträge gestartet hat?

6   Ist ein Protokoll „error_log" vorhanden, sehen Sie es sich an.

7   Beenden Sie das Programm „Konsole".

Konfigurieren eines RSS-Feed von CUPS

CUPS verwendet HTTP als Transportprotokoll und stellt eine webbasierte Schnittstelle für die Verwaltung bereit. Während die meisten Funktionen von CUPS über die grafische Oberfläche verfügbar sind, müssen einige nützliche Funktionen über die Webschnittstelle konfiguriert werden. Im Folgenden werden Sie eine dieser nützlichen Funktionen kennenlernen.

1   Öffnen Sie Safari.

2   Laden Sie http://localhost:631, indem Sie dies in der Adresszeile eingeben.

Hierdurch wird die CUPS-Webschnittstelle geöffnet. „Localhost" ist ein anderer Name für den Computer, vor dem Sie sitzen. Der Name sollte stets auf diesen Computer verweisen. 631 ist der Port, den CUPS verwendet.

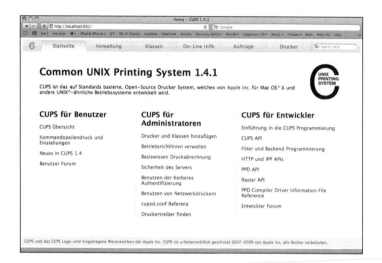

3   Klicken Sie oben auf den Titel auf „Verwaltung".

In diesem Bereich können Sie Drucker, Klassen (Drucker-Pools), Aufträge und verschiedene Serverkonfigurationen verwalten.

4   Klicken Sie auf „RSS Subskription hinzufügen".

Eine neue Seite wird geöffnet. Hier können Sie die Konfiguration eines RSS-Feed (Really Simple Syndication) bearbeiten.

5   Konfigurieren Sie den RSS-Feed wie folgt:

- Name: `Jobs-Client`n (wobei n Ihre Teilnehmernummer ist)
- Warteschlange: Alle Warteschlangen
- Ereignisse: Auftrag erstellt, Auftrag abgeschlossen, Auftrag gestoppt, Auftragsparameter geändert
- Maximale Ereignisse in Durchführung: 20

Lektion 9.2 Verwalten von Druckern und Faxgeräten

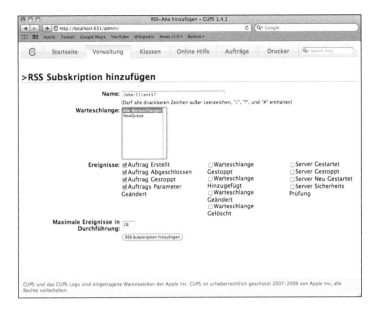

6   Klicken Sie auf „RSS Subskription hinzufügen".

Sie werden aufgefordert, sich anzumelden.

7   Melden Sie sich als „Client Administrator" an und wählen Sie „Kennwort im Schlüsselbund sichern".

Daraufhin wird kurz eine Seite eingeblendet, auf der Sie informiert werden, dass das Feed erfolgreich hinzugefügt wurde. Der Browser lädt die Seite „Verwaltung" erneut. Der Jobs-Client*n*-RSS-Feed ist nun unten auf der Seite verfügbar.

8   Klicken Sie auf den Link des RSS-Feed.

Safari zeigt den (leeren) RSS-Feed an.

9 Wechseln Sie zu TextEdit, öffnen Sie „~/Dokumente/My Document-*n*.rtf" und drucken Sie das Dokument.

10 Wechseln Sie wieder zu Safari und klicken Sie auf die Taste „Seite neu laden" oder wählen Sie „Darstellung" > „Seite neu laden".

Im RSS-Feed wurden neue Einträge hinzugefügt, die den Status Ihres Druckauftrag wiederspiegeln.

11 Beenden Sie Safari.

Zurücksetzen des Drucksystems

Wenn Sie auf Ihrem Drucker nicht drucken können und schon andere Lösungen zum Beheben des Problems ausprobiert haben, können Sie die Werkseinstellungen des Drucksystems wiederherstellen, indem Sie das System zurücksetzen. Bei diesem Prozess werden alle Drucker aus Ihrer Druckerliste, alle Informationen zu abgeschlossenen Druckaufträgen und alle Druckervoreinstellungen gelöscht. Da durch diesen Vorgang sämtliche Informationen zurückgesetzt werden, sollten Sie diese Methode immer als letzte Möglichkeit zur Fehlerbeseitigung einsetzen.

Lektion 9.2 Verwalten von Druckern und Faxgeräten

1. Wählen Sie im Menü „Apple" die Option „Systemeinstellungen" aus und klicken Sie dann auf „Drucken & Faxen".
2. Klicken Sie bei gedrückter ctrl-Taste auf die Liste „Drucker".
3. Klicken Sie im angezeigten Menü auf „Drucksystem zurücksetzen".

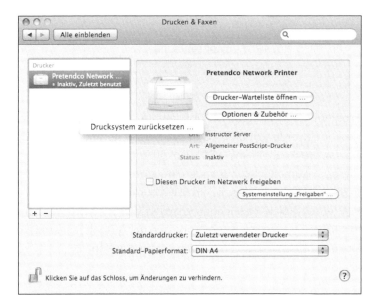

4. Klicken Sie zur Bestätigung auf „OK" und authentifizieren Sie sich als „Client Administrator".

Wenn Sie möchten, können Sie anschließend Ihre Drucker erneut hinzufügen. Dies ist jedoch für die verbleibenden Übungen nicht erforderlich.

5. Beenden Sie die Systemeinstellungen.
6. Bewegen Sie das Dokument „My Document-*n*.rtf" in den Papierkorb.
7. Melden Sie sich ab.

Übung 9.2.3
Erstellen eines PDF-Drucker-Plug-Ins (optional)

Übungsziel
- Erstellen eines PDF-Arbeitsablaufs

Zusammenfassung
Programme generieren PDF-Dokumente, die an das Drucksystem gesendet werden, um für das Ausgabegerät gerendert zu werden. Da das Drucken mit einem PDF-Dokument beginnt, ist es einfach, dieses Dokument auch für andere nützliche Dinge zu verwenden. In dieser Übung werden Sie ein PDF-Drucker-Plug-In (auch als PDF-Arbeitsablauf bezeichnet) erstellen, dieses im Drucksystem installieren und es dann zum Anpassen der Ausgabe eines PDF-Dokuments von einem Programm aus verwenden.

Erstellen eines Drucker-Plug-Ins
Mit PDF-Arbeitsabläufen in Produktionsumgebung können mehrere Aktionen auf eine Datei angewendet werden. In diesem Beispiel wenden Sie einen Graustufenfilter auf eine Datei mithilfe eines PDF-Arbeitsablaufs an, den Sie zum Druckdialogfenster hinzufügen.

1 Melden Sie sich als Chris Johnson an und öffnen Sie das Programm „Automator" im Ordner „Programme".

   Die Option „Arbeitsablauf" ist standardmäßig ausgewählt.

2 Klicken Sie zuerst auf „Plug-In für Drucken" und dann auf „Auswählen".

3   Geben Sie im Suchfeld quartz ein.

Wie Sie vielleicht gesehen haben, filtert dieses Feld alle Aktionen nach dem eingegebenen Schlagwort. So können Sie sich schnell die gewünschten Aktionen für Ihren Arbeitsablauf anzeigen lassen.

4   Bewegen Sie die Aktion „Quartz-Filter auf PDF-Dokumente anwenden" in den Arbeitsablauf rechts im Fenster.

5   Im nun angezeigten Dialog klicken Sie auf „Anwenden", damit der Arbeitsablauf Kopien Ihrer Dateien beim Ausführen des Arbeitsablauf erstellt, anstatt die Originaldateien zu verändern.

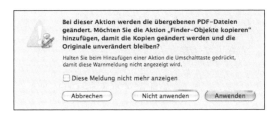

Kapitel 9 Peripheriegeräte und Drucken

6 Wählen Sie innerhalb der Aktion „Finder-Objekte kopieren" aus dem Einblendmenü „Nach" den Eintrag „Andere" aus.

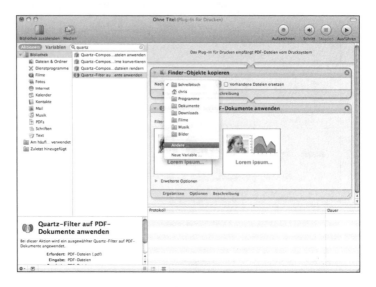

7 Klicken Sie im angezeigten Dialogfenster in der Seitenleiste unter „Orte" auf „Schreibtisch".

8 Klicken Sie auf „Neuer Ordner" und benennen Sie den Ordner Grayscale Quartz. Klicken Sie dann auf „Erstellen".

9 Nachdem der Ordner erstellt wurde, vergewissern Sie sich, dass er ausgewählt ist. Klicken Sie dann auf „Auswählen".

Damit ist der neue Ordner als Speicherort für die Dateien festgelegt, auf die der Quartz-Filter angewendet wurde.

Lektion 9.2 Verwalten von Druckern und Faxgeräten

10 Öffnen Sie in der Aktion „Quartz-Filter auf PDF-Dokumente anwenden" das Einblendmenü neben „Filter" und wählen Sie „Gray Tone".

Es wird eine Vorschau des Filters rechts im Fenster angezeigt.

11 Wählen Sie „Ablage" > „Sichern unter".

12 Benennen Sie das Plug-In Gray Filter und klicken Sie auf „Sichern".

Beachten Sie, dass Sie nicht gefragt werden, wo das Plug-In gesichert werden soll. Dieser bestimmte Typ von Automator-Arbeitsablauf muss an einem bestimmten Speicherort gesichert werden, damit das Drucksystem ihn finden kann.

13 Beenden Sie das Programm „Automator".

Nun drucken Sie eine farbige Bilddatei und wenden Ihren Arbeitsablauf über den Druckdialog darauf an.

14 Navigieren Sie im Finder zum Ordner „Chapter9" in den Unterrichtsmaterialien.

15 Öffnen Sie die Datei „Snow Leopard Prowl.jpg" und wählen Sie „Ablage" > „Drucken".

16 Im Druckdialogfenster klicken Sie auf die Taste „PDF" und wählen „Gray Filter" aus dem Einblendmenü aus.

17 Öffnen Sie den Ordner „Grayscale Quartz" auf Ihrem Schreibtisch und öffnen Sie hier die Datei „Snow Leopard Prowl.jpg.pdf".

Das Graustufenfilter wurde erfolgreich angewendet. Sie können das Bild auch drehen, um den Effekt besser zu sehen. (Drücken Sie die Tastenkombination „Befehl-R" oder wählen Sie „Werkzeuge" > „Rechts drehen".)

18 Beenden Sie die Vorschau.

19 Melden Sie sich ab.

10

Systemstart

10.1 Systemstart und Fehlerbeseitigung

Übung 10.1.1 Systemstartprozesse und Startobjekte
Übung 10.1.2 Verwenden des Einzelbenutzermodus
Übung 10.1.3 Entfernen eines beschädigten Startobjekts

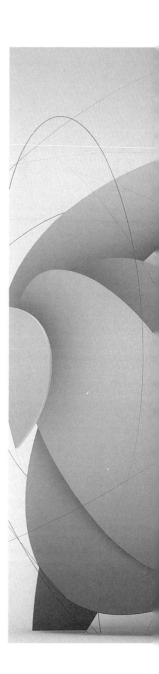

10.1 Systemstart und Fehlerbeseitigung

Es mag nicht unbedingt einleuchten, warum der Kurs mit dem Systemstart beendet wird. Dies wurde jedoch sehr bewusst so ausgewählt, da Sie die in den anderen Kapiteln erworbenen Kenntnisse benötigen, um den Mac OS X-Startvorgang wirklich zu verstehen. Zum Beispiel benötigen Sie zum Verständnis der Startsequenz Kenntnisse darüber, wie das Mac-System strukturiert ist - vgl. Kapitel 5, wie gerade ausgeführte Prozesse überwacht werden - vgl. Kapitel 6, und wie mit der Befehlszeile navigiert wird - vgl. Kapitel 3. Und wie immer ist für Sie zum Verstehen der beim Systemstart beteiligten Technologien besonders wichtig, dass Sie über die nötige Erfahrungen verfügen, Fehler die während dieses Prozesses auftreten können, effektiv zu beheben.

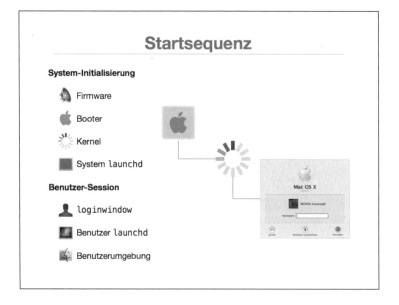

Ausführliche Anleitungen finden Sie unter „Verstehen der Startsequenz" in Lektion 10 von *Apple Training Series: Mac OS X Support Essentials v10.6*.

Lektion 10.1 Systemstart und Fehlerbeseitigung

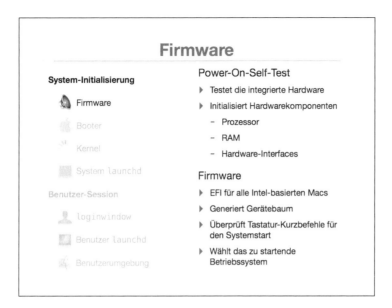

Ausführliche Anleitungen finden Sie unter „Verstehen der Startsequenz" in Lektion 10 von *Apple Training Series: Mac OS X Support Essentials v10.6*.

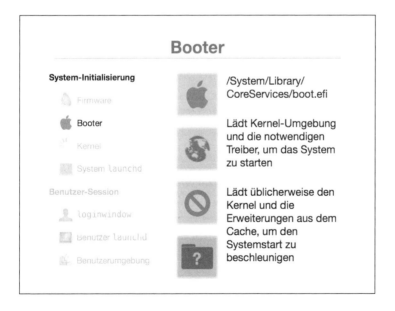

Ausführliche Anleitungen finden Sie unter „Verstehen der Startsequenz" in Lektion 10 von *Apple Training Series: Mac OS X Support Essentials v10.6*.

Kapitel 10 Systemstart

Ausführliche Anleitungen finden Sie unter „Verstehen der Startsequenz" in Lektion 10 von *Apple Training Series: Mac OS X Support Essentials v10.6*.

Ausführliche Anleitungen finden Sie unter „Verstehen der Startsequenz" in Lektion 10 von *Apple Training Series: Mac OS X Support Essentials v10.6*.

Lektion 10.1 Systemstart und Fehlerbeseitigung

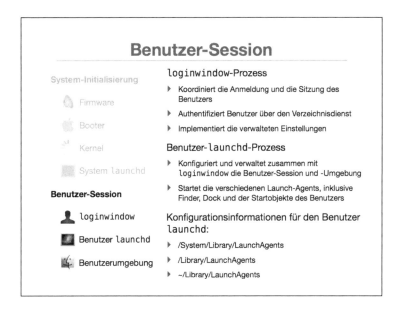

Ausführliche Anleitungen finden Sie unter „Verstehen der Startsequenz" in Lektion 10 von *Apple Training Series: Mac OS X Support Essentials v10.6*.

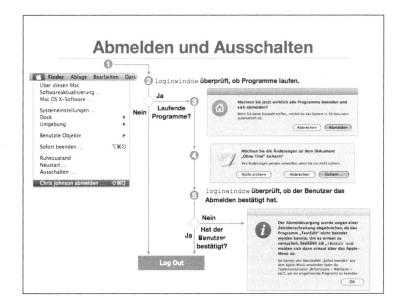

Ausführliche Anleitungen finden Sie unter „Ruhezustand, Abmelden und Ausschalten" in Lektion 10 von *Apple Training Series: Mac OS X Support Essentials v10.6*.

Systemstart – Tastatur-Kurzbefehle

c	System von einer Boot-CD/DVD starten
d	Diagnosesystem vom optischen Laufwerk oder Hardware-ROM starten
n	System vom Netzwerkserver (NetBoot) starten
t	Festplattenmodus starten
⌥	Startet in den Startup-Manager, wo ein Startvolume gewählt werden kann
⌘-⌥-p-r	Setzt NVRAM zurück
F12, ⏏ oder Maus	Entfernbare Medien, z. B. optische Medien, auswerfen
Umschalttaste (⇧)	System im Safe Boot-Modus starten
⌘-v	System im Verbose-Modus starten
⌘-s	System im Einzelbenutzermodus starten
6-4	Mac OS X mit 64-Bit-Kernel starten, wenn es die Hardware erlaubt
3-2	Mac OS X mit 32-Bit-Kernel starten

Ausführliche Anleitungen finden Sie unter „Tastaturkurzbefehle beim Starten" in Lektion 10 von *Apple Training Series: Mac OS X Support Essentials v10.6*.

Sicherer Systemstart und sicherer Modus

Sicherer Systemstart:

▸ Erzwingt eine Volume-Überprüfung
▸ Nur benötigte Kernel-Erweiterungen laden
▸ Verschiebt den Schriften-Cache in den Papierkorb

Nach einem sicheren Systemstart befindet sich Mac OS X im sicheren Modus:

▸ Nur launchd-Konfigurationen aus /System/LaunchDaemons und /System/LaunchAgents werden geladen
▸ Startobjekte (StartupItems) werden nicht geladen
▸ Automatische Anmeldung ist deaktiviert
▸ Alle Nicht-Systemschriften sind deaktiviert
▸ Benutzer-Startobjekte sind deaktiviert

Ausführliche Anleitungen finden Sie unter „Fehlerbeseitigung beim Starten" in Lektion 10 von *Apple Training Series: Mac OS X Support Essentials v10.6*.

Lektion 10.1 Systemstart und Fehlerbeseitigung

Einzelbenutzermodus

Bietet Befehlszeilenzugriff auf Dateien/Ordner, bevor Mac OS X komplett gestartet wird

Erlaubt uneingeschränkten (root-)Zugriff auf das System

Ermöglicht:

- Volume-Überprüfung
- Untersuchung des Dateisystems, inklusive Protokolldateien
- Verschieben von fehlerhaften Präferenzen an einen anderen Ort (Beispielsweise /Users/Shared):
  - /Library/Preferences/SystemConfiguration/preferences.plist
  - /Library/Preferences/com.apple.loginwindow.plist
  - /Library/Preferences/DirectoryService

Ausführliche Anleitungen finden Sie unter „Fehlerbeseitigung beim Starten" in Lektion 10 von *Apple Training Series: Mac OS X Support Essentials v10.6*.

Übung 10.1.1
Systemstartprozesse und Startobjekte

Übungsziele
- Verstehen der visuellen Hinweise auf dem Bildschirm beim Starten
- Verstehen von Prozesshierarchie und launchd

Zusammenfassung
Beim Starten von Mac OS X werden hörbare und visuelle Hinweise zum entsprechenden gerade ausgeführten Schritt im Prozess ausgegeben. Beim Fehlschlagen des Startvorgangs kann es bei der Problemdiagnose hilfreich sein, festzustellen, bei welchem Schritt das Problem auftrat. In dieser Übung lernen Sie die Schritte in der Startsequenz anhand von hörbaren und visuellen Hinweisen kennen. Dann sehen Sie sich die Prozesse an, die automatisch beim Starten des Computers aktiviert werden. Nach Abschluss dieser Übung sind Sie in der Lage, die Ereignissequenz beim Start von Mac OS X zu deuten.

Kennenlernen der Schritte beim Systemstart
In dieser Übung sehen Sie sich den Systemstart bei einem normalen Startvorgang sowie im Einzelbenutzermodus an. Sie werden feststellen, dass der Systemstart sehr schnell verläuft. Bei einigen Schritten wird sogar nur ein kurzer Hinweis auf dem Bildschirm zu sehen sein, z. B. ein blinkendes Symbol beim Laden einer Komponente. Einige Schritte werden nur dann deutlich länger angezeigt, wenn der entsprechende Prozess nicht korrekt gestartet werden kann.

1 Ist Ihr Computer eingeschaltet, schalten Sie ihn aus. Verwenden Sie zum Ausschalten die Tasten im Anmeldefenster oder das Menü „Apple".

2 Starten Sie Ihren Computer.

3 Schauen Sie beim Starten des Computers unten in die Tabelle und verfolgen Sie die wichtigsten Schritte (vom Einschalten bis zum Anzeigen der Benutzerumgebung). Denken Sie daran, dass nicht alle Schritte in diesem Beispiel auftreten müssen, da wir weder Probleme mit der Hardware noch mit dem Auffinden eines Startlaufwerks analysieren.

Schreiben Sie den Startprozess zu jedem einzelnen visuellen oder hörbaren Hinweis beim Systemstart auf. Weitere Informationen finden Sie in Lektion 10 Ihres Referenzhandbuchs oder auf den Folien zu dieser Lektion. Wenn das Anmeldefenster angezeigt wird, melden Sie sich als „Chris Johnson" an.

Visueller oder hörbarer Hinweis	Startschritt oder der beim Startschritt ausgeführte Prozess
Startton	
Grauer Bildschirm mit Apple-Logo	
Grauer Bildschirm mit Apple-Logo und rotierendem Zahnrad	
Blauer Bildschirm	
Anmeldefenster wird angezeigt	
Schreibtisch und Dock werden angezeigt	

Anzeigen der Prozesshierarchie

Der launchd-Prozess ist ein wesentlicher Bestandteil von Mac OS X 10.6. Er ist für das Starten des Computers verantwortlich und verwaltet zahlreiche Hintergrundprozesse von Mac OS X. Es ist wichtig zu wissen, dass es im Kernbetriebssystem eine Aufgabenhierarchie gibt. Der Kernel startet launchd, launchd startet eine Reihe weiterer Prozesse, diese wiederum starten andere Prozesse usw. Im Fall eines Fehlers kann es hilfreich sein, die Beziehung zwischen über-

und untergeordneten Prozessen oder die Hierarchie zu kennen, um übergeordnete Prozesse wie launchd zu erkennen, die mehrere untergeordnete Prozesse zur Ausführung bestimmter Aufgaben starten.

1 Vergewissern Sie sich, dass Sie als „Chris Johnson" angemeldet sind.

2 Öffnen Sie die Aktivitätsanzeige im Ordner „/Programme/Dienstprogramme".

3 Wählen Sie „Alle Prozesse, hierarchisch" oben aus dem Einblendmenü aus.

4 Klicken Sie auf den Spaltentitel „PID" (Prozess-ID), um die Prozesse in der Reihenfolge des Starts anzuzeigen (aufsteigend nach Prozess-ID). Das Dreieck, das die Sortierfolge angibt, sollte nach oben weisen. Ist dies nicht der Falls, klicken Sie erneut auf den Spaltentitel.

5 Klicken Sie auf das Dreiecksymbol neben dem launchd-Prozess mit der Prozess-ID 1, um die Anzeige auf kernel_task und launchd zu reduzieren.

Sie sehen in der Spalte „PID", dass kernel_task als Prozess aufgelistet ist. Dies ist die gerade ablaufende Aktivität im Kernel. Ferner sehen Sie, dass launchd Prozess 1 ist. Das bedeutet, dass dies der erste Prozess ist, der vom Kernel gestartet wird. Dieser launchd-Prozess wird erst beendet, wenn das System ausgeschaltet wird. Alle übrigen Prozesse folgen sequenziell nach diesen Core-Prozessen. Die Prozess-ID (PID) ist eine vorzeichenlose 32-Bit-Zahl mit einem Maximalwert, der sich in der Nähe von 2.147.483.647 befindet. Aber, auch wenn Sie jemals zwei Milliarden Prozesse ohne Neustart ausführen, können Sie sicher sein, dass kein Systemstillstand auftritt, wenn die Maximal-PID erreicht wird. Das System startet dann von vorne und verwendet dabei einfach derzeit nicht verwendete PIDs. Zum besseren Verständnis der Aufgabenhierarchie benötigen Sie jedoch mehr Informationen als den Prozessnamen und die ID.

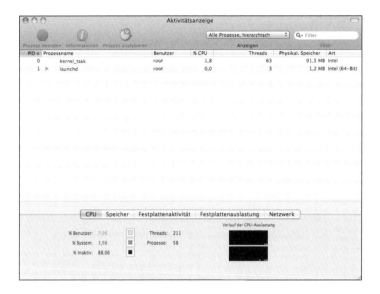

6 Wählen Sie launchd und klicken in der Symbolleiste auf „Informationen".

Beachten Sie beim Anzeigen eines Prozesses, dass der Titel des Fensters genauso lautet wie der Name des Prozesses gefolgt von der Prozess-ID in Klammern. Der übergeordnete Prozess ist von Bedeutung, wenn Sie bei der Fehlerbeseitigung Prozesse auswerten. Sie können auch verschiedene Prozessstatistiken bezüglich Leistung, Ressourcenzuordnung, Speichernutzung anzeigen und Dateien für Prozesse öffnen, deren Eigentümer Sie sind. Sie können einen Prozess beenden (beenden Sie launchd mit der Prozess-ID 1 auf keinen Fall, da hierdurch Ihr Computer ohne Vorwarnung neu gestartet wird) oder einen Prozess analysieren. Beim Analysieren können die internen Abläufe eines Prozesses beobachtet werden, was für Entwickler nützlich sein kann, wenn es zu einem Stillstand ihres Programms oder eines anderen Prozesses kommt.

Sie können auch auf den übergeordneten Prozess klicken und ein Informationsfenster für diesen Prozess öffnen. Dies ist sehr nützlich beim Arbeiten mit höher nummerierten Prozessen und Rückwärtsverfolgen der Prozesshierarchie.

> **Hinweis** Die statistischen Werte in Ihrem Fenster unterscheiden sich u. U. von den Werten in der Abbildung.

7 Schließen Sie das Informationsfenster.

8 Klicken Sie auf das Dreiecksymbol neben `launchd`. Öffnen Sie auch einige der anderen Dreiecksymbole.

Sie werden eine Liste der Prozesse sehen, die auf dem Computer ausgeführt werden. Bei Prozessen mit niedriger ID handelt es sich im Allgemeinen um Daemon-Prozesse. *Daemon* ist die Bezeichnung für einen Hintergrundprozess, der im Auftrag des Systems ausgeführt wird. *Agenten* sind Hintergrundprozesse, die im Auftrag eines Benutzers ausgeführt werden. Daemon-Prozesse werden in der Regel mit dem root-Account (Systemadministrator-Account) oder mit dem Account eines anderen Systembenutzers ausgeführt. Agenten-Prozesse werden mit dem Account des Benutzers ausgeführt, der den Auftrag dazu erteilt hat.

Über- und untergeordnete Prozesse sind durch einen Einzug und ein Dreiecksymbol erkenntlich.

Lektion 10.1 Systemstart und Fehlerbeseitigung

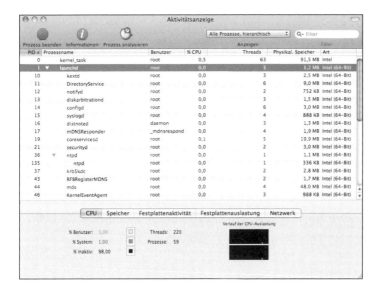

9 Suchen Sie nach einem zweiten Vorkommen von launchd und klicken Sie auf das Dreiecksymbol, um die untergeordneten Prozesse einzublenden.

Überprüfen Sie den Prozess launchd auf unerwartete Subprozesse, die die Benutzerumgebung möglicherweise beeinträchtigen. In dieser Liste sind z. B. Programme enthalten, die als Startobjekte für den aktuellen Benutzer gestartet wurden, jedoch beim Starten ausgeblendet waren. Es wird auch ein Dreiecksymbol für Prozesse mit Subprozessen angezeigt.

10 Beenden Sie die Aktivitätsanzeige und melden Sie sich ab.

Kapitel 10 Systemstart

Übung 10.1.2
Verwenden des Einzelbenutzermodus

Übungsziele
- Funktionsweise des Einzelbenutzermodus (Single User Mode)
- Durchführen der Dateisystemüberprüfung im Einzelbenutzermodus
- Informationen zu den Speicherorten der Objekte, die beim Systemstart gestartet werden

Zusammenfassung
Bei der Fehlerbeseitigung von softwarebedingten Macintosh-Startproblemen müssen Sie u. U. im Einzelbenutzermodus starten, um den Fehler zu suchen. Der Einzelbenutzermodus ist ein sehr einfacher Status des Betriebssystems. Das Betriebssystem lädt gerade nur so viele Dienste, wie Sie für seine Steuerung über die Befehlszeile benötigen. Es ist nicht einmal der Lese-/Schreibmodus des Startvolumes aktiviert. Der Einzelbenutzermodus ist ein Wartungsmodus auf niedrigem Niveau, der das Starten des Systems, Anzeigen von Protokolldateien, Bearbeiten und Ersetzen von Konfigurationsdateien etc. erlaubt. In dieser Übung starten Sie Ihren Computer im Einzelbenutzermodus, wechseln dann zur Benutzeroberfläche und identifizieren verschiedene Dateien, die während des Startvorgangs verwendet werden.

Verwenden des Einzelbenutzermodus
In dieser Übung verwenden Sie den Einzelbenutzermodus und fahren dann mit dem Startvorgang bis zum Anmeldefenster fort.

1 Schalten Sie Ihren Computer aus.

2 Sie starten Ihren Computer im Einzelbenutzermodus, indem Sie den Ein-/Ausschalter und dann die Tastenkombination „Befehl-S" drücken, bis auf dem Bildschirm Text angezeigt wird.

Wenn Ihr Computer den Startvorgang im Einzelbenutzermodus abgeschlossen hat, zeigt Mac OS X 10.6 Anleitungen zum erneuten Aktivieren des Startvolumes mit Lese-/Schreibberechtigung und zum Fortsetzen des Startvorgangs im Mehrbenutzermodus an, der normale Ausführungsmodus von Mac OS X oder jedem anderen UNIX-System.

```
Singleuser boot -- fsck not done
Root device is mounted read-only


If you want to make modifications to files:
    /sbin/fsck -fy
    /sbin/mount -uw /


If you wish to boot the system:
    exit


:/ root#
```

Beachten Sie, dass der Benutzername in der Anzeige „root" lautet und die Anzeige mit einem #-Zeichen statt wie normalerweise mit einem $-Zeichen endet. Hierdurch erkennen Sie, dass Sie als Superuser (root oder Systemadministrator) angemeldet sind. Sie haben uneingeschränkten Zugriff auf die Laufwerke und das übrige System.

3 Veranlassen Sie eine Überprüfung der Integrität des Dateisystems.

```
:/ root# /sbin/fsck -fy
```

Der Computer führt eine so genannte Konsistenzprüfung des Dateisystems durch, korrigiert eventuell gefundene Fehler und repariert diese. Bei den heutigen großen Festplatten kann dies einige Zeit dauern, besonders dann, wenn im Dateisystem sehr viele Dateien und Ordner vorhanden sind. Dies ist einer der Vorteile des Dateisystem-Journaling. Meist muss der Befehl fsck nicht vollständig ausgeführt werden, sodass der Startvorgang schneller verläuft.

Nachdem der Prozess abgeschlossen ist, müssen Sie den Lese-/Schreibmodus der Festplatte erneut aktivieren.

4 Verwenden Sie den Befehl mount, um das Startvolume erneut zu aktivieren.

:/ root# `/sbin/mount -uw /`

Wenige Sekunden später wird eine neue Eingabeaufforderung angezeigt. Dieser Befehl ermöglicht es Ihnen, Änderungen am Volume vorzunehmen. Wenn alles korrekt abläuft, sollte dieser Befehl keinerlei Ausgabe generieren. Wird eine Fehlermeldung generiert, überprüfen Sie Ihre Eingabe. Der häufigste Fehler bei diesem Befehl ist das Weglassen des abschließenden Schrägstrichs /.

5 Versuchen Sie, eine Ping-Anfrage an „mainserver.pretendco.com" zu senden:

:/ root# `ping mainserver.pretendco.com`

`ping: cannot resolve mainserver.pretendco.com: Unknown host`

Das Netzwerk wurde noch nicht gestartet, sodass Sie keine Auflösung des Namens erhalten.

6 Versuchen Sie, eine Ping-Anfrage an 10.1.0.1 zu senden:

:/ root# `ping -c 2 10.1.0.1`

`PING 10.1.0.1 (10.1.0.1): 56 data bytes`

`ping: sendto: No route to host`

`ping: sendto: No route to host`

`Request timeout for icmp_seq 0`

`--- 10.1.0.1 ping statistics ---`

`2 packets transmitted, 0 packets received, 100.0% packet loss`

Die Option c gibt an, wie oft versucht werden soll, die Ping-Anfrage zu senden. Nicht einmal die IP-Adressen funktionieren bei der Netzwerkkommunikation. Auf Ihrem Computer ist keine Netzwerksoftware aktiviert, er somit vollständig isoliert.

Lektion 10.1 Systemstart und Fehlerbeseitigung

> **Hinweis** Wenn Sie die Option c für den Ping-Befehl nicht angegeben haben, können Sie die Ausführung des Ping-Befehls durch Drücken der Tastenkombination „ctrl-C" stoppen.

7   Fordern Sie eine Prozessliste an.

   `:/ root# ps ax`

   Sie sehen jetzt eine wesentlich kürzere Liste, als mit der Aktivitätsanzeige. Bei Prozess-ID 1 sehen Sie launchd. Prozess-ID 2 ist launchctl, den launchd in diesem Fall zum Steuern des Startprozesses verwendet. Prozess-ID 3 ist die Befehls-Shell, mit der Sie interagieren. Der letzte Prozess ist Ihr ps-Befehl. Das Betriebssystem (OS) befindet sich in einem sehr einfachen Modus.

8   Setzen Sie den Startprozess fort, indem Sie die Shell verlassen.

   `:/root# exit`

   Der Computer verlässt Ihre Shell und setzt das Starten des Betriebssystems fort, initialisiert die Benutzeroberfläche und zeigt das Anmeldefenster an, sodass Sie sich wie gewohnt anmelden können.

9   Melden Sie sich im Anmeldefenster als „Client Administrator" an.

Informationen zu den Speicherorten der Objekte, die beim Startvorgang gestartet werden

In dieser Übung sehen Sie verschiedene Speicherorte, an denen Ihr Computer Objekte sichert, die beim normalen Systemstart ausgeführt werden sollen, sowie Objekte, die beim sicheren Systemstart berücksichtigt werden. Wenn Sie Probleme beim Systemstart beheben müssen, ist es wichtig zu wissen, dass der sichere Systemstart eine einfache Möglichkeit zum Deaktivieren verschiedener Dienste und Treiber ist und das System mit eingeschränktem Funktionsspektrum zu starten. Wenn der Computer korrekt im sicheren Systemstart startet, sollten Sie wissen, wo diese Objekte gesichert sind, damit Sie zur Lösung des Problems eine schrittweise Suche vornehmen können (und die Anzahl der Objekte reduzieren können, die möglicherweise problematisch sind).

1   Navigieren Sie im Finder zu „/System/Library/LaunchDaemons".

    Dies sind Einstellungsdateien für die Prozesse, die beim Systemstart durch launchd gestartet werden. Hierbei ist von Bedeutung, dass „LaunchDaemons"-Prozesse eigene Einstellungsdateien haben, da sie auch beim sicheren Systemstart gestartet werden.

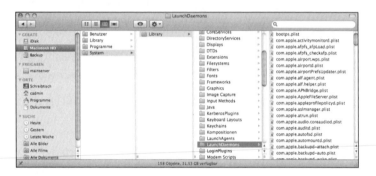

2   Verwenden Sie die Übersicht, um com.apple.backupd-auto.plist anzuzeigen.

    Dies ist die Konfigurationsdatei, die launchd anweist, Time Machine jede Stunde auszuführen. Sie besteht aus zahlreichen Schlüsselwertpaaren, die launchd mitteilen, wie die Konfiguration (Label) benannt werden soll, was ausgeführt werden soll (ProgramArguments), wann es ausgeführt werden soll (RunAtLoad und StartInterval) etc. Es gibt noch einige andere launchd-Konfigurationsdateien für Time Machine.

    Zusammenfassend lässt sich sagen, dass die Objekte im Ordner „/System/Library/LaunchDaemons" die Kern-Daemon-Prozesse des Systems darstellen. Wenn launchd zum ersten Mal startet, prüft es die Dateien in diesem Ordner und findet alle aktivierten Dateien. Aus diesen Dateien stellt es diejenigen zusammen, die beim Startprozess gestartet werden sollen (im Gegensatz zu anderen Bedingungen, wie z. B. der Existenz einer Datei oder dem Eintreffen einer Verbindungsanfrage) und startet diese anschließend.

launchd bietet „ein vollständig asynchrones Bootstrap-Programm". *Boot* ist die Abkürzung für *bootstrap*. Das System startet mithilfe seiner Bootstrap-Programme nur mit der in der Firmware enthaltenen Logik das komplette Betriebsystem. Aufgrund der Asynchronität des Startprozesses ist es schwierig, die Reihenfolge festzustellen, in der diese Objekte gestartet werden.

Sehen Sie sich ruhig auch andere dieser Dateien mit der Übersicht an und verwenden Sie das Handbuch (launchd.plist), um weitere Konfigurationsoptionen kennenzulernen.

3   Sehen Sie sich von Finder aus den Inhalt von „/System/Library/LaunchAgents" an.

Wie bereits erwähnt, werden Agenten im Gegensatz zum System vom Benutzer initiiert. Einige oder alle Objekte in diesem Ordner werden zum Starten von verschiedenen Hintergrundprozessen verwendet, wenn sich der Benutzer anmeldet. Sehen Sie sich einige dieser Objekte mit der Übersicht an.

4   Navigieren Sie im Ordner „/System/Library" zum Ordner „StartupItems".

5   Wählen Sie den Ordner „StartupItems" aus, um dessen Inhalt anzuzeigen. Der Ordner ist leer, da noch keine Programme mit Startprozessen installiert wurden. Der Ordner „StartupItems" und der SystemStarter-Prozess, der die Objekte in diesem Ordner ausführt, sind seit Mac OS X 10.4 veraltet, funktionieren jedoch noch. Verschiedene Programme von Drittanbietern und Hintergrunddienste (wie Datenbanken) verwenden diese Objekte weiterhin, vor allem in älteren Programmversionen.

Während eines normalen Startvorgangs startet launchd den Prozess SystemStarter. SystemStarter liest die Objekte im Ordner „StartupItems" (ein weiterer Ordner befindet sich unter „/Library/StartupItems") und legt ihre korrekte Reihenfolge zur Ausführung fest. Anschließend werden die Objekte in dieser Reihenfolge gestartet. Einige Startobjekte lösen Hintergrundprozesse aus, andere suchen nach bestimmten Hardwarekomponenten und wieder andere führen Konfigurationsschritte aus und beenden sich dann.

Während des sicheren Systemstarts werden keine Startobjekte gestartet. Beim Beheben von Startproblemen sollten Sie im Hinterkopf behalten, dass Ihr Computer an mehreren Orten nach der Startkonfiguration sucht.

6   Navigieren Sie im Finder zu „/Library/LaunchDaemons".

Dieser Ordner ist leer. Hier sollten die Objekte von Drittanbietern ihre launchd-Konfigurationsdateien für Daemons installieren. Die Objekte in diesem Ordner werden beim sicheren Systemstart nicht geladen.

7   Navigieren Sie im Finder zu „/Library/LaunchAgents".

In diesem Ordner findet launchd die Konfigurationsdateien der Startagenten von Drittanbietern. Da keine solchen Dateien auf Ihrem Computer installiert wurden, ist der Ordner leer.

8   Navigieren Sie nun zu „/Library/StartupItems".

Hier sollten die Startobjekten von Drittanbieter abgelegt werden. Leider platzieren einige Drittanbieter ihre Startobjekte im Ordner „/System/Library/StartupItems". Achten Sie also besonders auf Objekte von anderen Herstellern als Apple, die im Ordner „/System/Library" erscheinen. Dies kann zwar auch mit `launchd`-Konfigurationsdateien passieren, ist jedoch weniger häufig.

Der Ordner ist leer, da Sie keine Drittanbieter-Programme installiert haben. Beim Beheben von Startproblemen sollten Sie aber auf jeden Fall auch hier nach der Fehlerquelle suchen. Die unter „/Library/StartupItems/" gesicherten Dateien sind ebenfalls während des sicheren Systemstarts deaktiviert.

9   Melden Sie sich ab.

Übung 10.1.3
Entfernen eines beschädigten Startobjekts

Übungsziele
- Überprüfen, wie Mac OS X offenbar beschädigte Starteinstellungen handhabt
- Bestimmen der Ursache für die Startprobleme basierend auf den beim Starten angezeigten Informationen
- Lösen von Startproblemen mit dem Einzelbenutzermodus

Zusammenfassung
Beim Beheben von Macintosh-Startproblemen haben Sie es möglicherweise mit einem Problem mit einem beschädigten Startobjekt zu tun. Wenn Sie mit Drittanbieter-Dienstprogrammen arbeiten, insbesondere in Netzwerkumgebungen, in denen die Endbenutzer Startobjekte u. U. laden und installieren, ist es hilfreich, Probleme mit Startobjekten erkennen und lösen zu können. In dieser Übung installieren Sie ein beschädigtes Startobjekt und lernen, wie Sie Probleme lösen können, die durch ein beschädigtes Startobjekt verursacht werden.

Installieren eines beschädigten Startobjekts
In dieser Übung werden Sie einige fehlerhafte Software installieren, die Probleme für Ihre Benutzer verursachen. Sie grenzen dann das Problem ein und beheben es.

1 Melden Sie sich als „Client Administrator" an.

2 Navigieren Sie zum Ordner „Chapter10" im Ordner mit den Übungsmaterialien.

3 Öffnen Sie das Installationsprogramm „Pretendco" durch Doppelklicken.

4 Klicken Sie im Startfenster des Installationsprogramms auf „Fortfahren".

5   Klicken Sie im Fenster für die Standardinstallation auf der Macintosh HD auf „Installieren".

6   Authentifizieren Sie sich als „Client Administrator".

7   Klicken Sie auf „Installation fortsetzen", wenn angezeigt wird, dass die Installation einen Neustart erfordert.

8   Klicken Sie auf „Neustart", wenn die Installation abgeschlossen ist.

Erkennen und Lösen eines Problems mit einem Startobjekt

In der nächsten Übung machen Sie sich Ihre Kenntnisse über den Systemstart aus der letzten Übung zunutze und suchen nach der korrekten Lösung des Problems. Sie melden sich an Ihrem Computer an, lösen das Problem und starten den Computer neu um sicherzustellen, dass das Problem beseitigt wurde.

1   Verfolgen Sie den Systemstart aufmerksam um festzustellen, wo das Problem auftritt.

Visueller oder hörbarer Hinweis	Startschritt oder der beim Startschritt ausgeführte Prozess
Schwarzer Bildschirm	
Startton	
Grauer Bildschirm mit Apple-Logo	
Grauer Bildschirm mit Apple-Logo und rotierendem Zahnrad	
Blauer Bildschirm	
Anmeldefenster wird angezeigt	
Schreibtisch und Dock werden angezeigt	

Starten Sie den Computer neu und beobachten Sie ihn. Verläuft der Startvorgang wie zuvor? Wiederholen Sie diesen Schritt ruhig einige Male, um ein Gefühl für den Vorgang zu bekommen.

Welche Startaufgabe wurde zum Zeitpunkt des fehlgeschlagenen Systemstarts ausgeführt? Wurde diese durch einen Benutzer initiiert? Wurde der Fehler durch einen Hintergrundprozess verursacht?

In diesem Fall wissen Sie, was Sie auf dem Computer ausgeführt haben (nämlich ein Paket installiert), aber genaue Kenntnis vom Startprozess und der einzelnen Abläufe, ist bei der Fehlerbeseitigung generell sehr nützlich.

2   Starten Sie den Computer mit der Funktion „Sicherer Systemstart" neu (drücken Sie direkt nach dem Startton die Umschalttaste, bis auf dem Bildschirm ein Statusbalken angezeigt wird).

Besteht das Problem weiterhin? Warten Sie noch einige Zeit.

Der Computer scheint das Problem nicht mehr zu haben. In diesem Fall wissen Sie, dass das Problem durch ein Objekt verursacht wird, das das System beim sicheren Systemstart nicht lädt.

3   Melden Sie sich als „Client Administrator" an.

4   Öffnen die erneut das Installationspaket „Pretendco" im Ordner „Chapter10" in den Übungsmaterialien. *Installieren Sie das Paket nicht.*

5   Wählen Sie „Ablage" > „Dateien einblenden".

6   Klicken Sie auf die beiden Dreiecksymbole, um die Dateien anzuzeigen, die von den beiden Komponenten im Paket installiert werden.

Sie sehen zwei Dateien, die installiert wurden. Eine Datei sieht nach ihrem Namen zu urteilen so aus, als könnte es eine launchd-Konfigurationsdatei sein. Leider zeigt das Installationsprogramm nicht an, wo es die Dateien installiert hat.

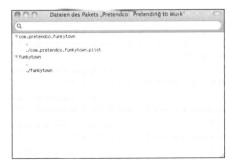

7   Klicken Sie auf das Menü „Spotlight" und geben Sie `com.pretendco.funkytown.plist` (den Namen einer der Dateien) ein.

    Da Sie sich im sicheren Modus befinden, funktioniert das Menü „Spotlight" nicht. Die Dienste für die Spotlight-Suche gehören zu den Objekten, die beim sicheren Systemstart nicht gestartet werden.

8   Öffnen Sie das Programm „Terminal".

9   Verwenden Sie das Befehlszeilenprogramm find, um die installierte Datei zu finden.

    `client17:~ cadmin$ sudo find -x / -name com.pretendco.funkytown.plist`

10 Geben Sie Ihr Kennwort ein, wenn Sie dazu aufgefordert werden.

    find durchsucht nun das Dateisystem, um die Datei zu finden. Möglicherweise werden einige Fehlermeldungen angezeigt. Sie können diese ignorieren.

    Nach kurzer Zeit wird das Ergebnis angezeigt:

    `/Library/LaunchDaemons/com.pretendco.funkytown.plist`

    Es sieht so aus, als wäre dies die Datei und es macht Sinn, dass das Problem, sollte es von dieser Konfigurationsdatei verursacht werden, im Modus „Sicherer Systemstart" behoben werden kann, da in diesem Modus launchd Dateien unter „/Library/LaunchDaemons" nicht startet.

11 Drücken Sie die Taste „ctrl-C", um die Suche zu stoppen.

12 Ändern Sie Ihr Arbeitsverzeichnis in „/Library/LaunchDaemons".

13 Verwenden Sie less zum Anzeigen von com.pretendco.funkytown.plist.

14 Deaktivieren Sie launchd mithilfe von launchctl, dem Verwaltungswerkzeug von launchd.

    `client17:LaunchDaemons cadmin$ sudo launchctl unload -w ./com.pretendco.funkytown.plist`

    Sie erhalten eine Fehlermeldung während des Vorgangs. Da Sie sich im sicheren Modus befinden, wurde der launchd-Prozess eigentlich nicht gestartet. Die Option -w veranlasst launchctl jedoch zum Deaktivieren des Objekts, sodass es beim Neutstart nicht geladen wird.

15 Starten Sie den Computer neu. Achten Sie darauf, ob sich das vorherige Verhalten wiederholt.

Das Problem scheint behoben zu sein. Es empfiehlt sich, die fehlerhafte Software zu entfernen, sodass sie nicht erneut aktiviert werden kann.

16 Navigieren Sie im Finder zu „/Library/LaunchDaemons".

17 Verwenden Sie die Übersicht zum Anzeigen von com.pretendco.funkytown.plist.

18 Notieren Sie sich den Pfad zum Programm „funkytown". Er ist im Bereich „ProgramArguments" der Konfigurationsdatei angegeben.

19 Bewegen Sie die Datei „com.pretendco.funkytown.plist" in den Papierkorb. Wenn Sie aufgefordert werden, sich zu authentifizieren, geben Sie Name und Kennwort des Client Administrators ein.

20 Verwenden Sie den Finder oder Terminal, um die Datei „funkytown", die in der Konfigurationsdatei von launchd aufgeführt wird, in den Papierkorb zu bewegen oder zu löschen.

Überprüfen, wie Mac OS X offenbar beschädigte Starteinstellungen handhabt

1 Bewegen Sie die Datei „com.pretendco.demo.plist" vom Finder aus dem Ordner „Chapter10" in den Übungsmaterialien in den Ordner „/Library/LaunchDaemons".

2 Authentifizieren Sie sich bei Aufforderung als „Client Administrator".

3 Öffnen Sie das Programm „Terminal".

4 Verwenden Sie als Arbeitsverzeichnis „/Library/LaunchDaemons".

5 Zeigen Sie den erweiterten Ordnerinhalt von „/Library/LaunchDaemons" an.

In der Verzeichnisliste sehen Sie, dass „cadmin" der Eigentümer der Einstellungsdatei für „demo" ist.

6   Weisen Sie `launchctl` an, com.pretendco.demo.plist in `launchd` zu laden. Geben Sie falls erforderlich Ihr Kennwort ein.

    client17:LaunchDaemons cadmin$ sudo launchctl load -w com.pretendco.demo.plist

    launchctl: Dubious ownership on file (skipping): com.pretendco.demo.plist

    nothing found to load

    Der Auftrag wird nicht ausgeführt, da launchd/launchctl den Eigentümer der Datei nicht akzeptiert. Es wäre eine große Sicherheitslücke, wenn jeder Benutzer einen Daemon-Prozess in launchd laden könnte.

7   Ändern Sie den Eigentümer der Konfigurationsdatei.

    client17:LaunchDaemons cadmin$ sudo chown root:wheel com.pretendco.demo.plist

    Hierdurch werden der Eigentümer und die Gruppe für die Datei geändert.

8   Geben Sie Folgendes ein:

    client17:LaunchDaemons cadmin$ ls -l

    Beachten Sie, dass sich der Eigentümer geändert hat.

9   Führen Sie den Befehl `launchctl` erneut aus. Dies funktioniert durch Drücken der Aufwärtspfeil-Taste, bis der Befehl sudo launchctl load -w com.pretendco.demo.plist angezeigt wird. Alternativ können Sie den Befehl auch einfach erneut eingeben.

    Dieses Mal wird die Datei geladen.

Musterantworten

Kapitel 1

Frage 1 Wie lautet der Prozessortyp und welche RAM-Größe liegt im obigen Beispiel vor?

Im obigen Beispiel hat der Computer 4 GB RAM und einen Intel Core 2 Duo Prozessor mit 2,4 GHz.

Frage 2 Erfüllt dieser Computer die Voraussetzungen für Mac OS X Version 10.6?

Ja.

Frage 3 Welche BootROM-Version ist auf diesem Computer installiert?

MBP51.0074.B01

Frage 4 Welche SMC-Version ist auf diesem Computer installiert?

1.33f8

Frage 5 Wie viel Festplattenspeicher ist mindestens für die Installation von Mac OS X erforderlich?

5 GB

Frage 6 Wie viel Arbeitsspeicher ist mindestens für Mac OS X erforderlich?

1 GB

Kapitel 2

Frage 1 Mit welchem Kennwort lässt sich der Schlüsselbund nun freigeben? Begründung?

Das richtige Kennwort lautet chris. Als Chris Johnson sein Kennwort zurückgesetzt hat, waren die Kennwörter für den Schlüsselbund „Anmeldung" und den Account identisch. Somit wurde mit der Änderung in den Systemeinstellungen beides gleichzeitig geändert.

Kapitel 3

Frage 1 Warum findet grep keine Ergebnisse?

Im Allgemeinen wird in der Befehlszeileneingabe zwischen Groß- und Kleinschreibung unterschieden. Das Muster „mac" kommt in „AppleHardwareInfo.txt" nicht vor, das Muster „Mac" hingegen schon.

Frage 2 Wie hat sort die Liste sortiert?

Es wurden die Zeilen, die mit Großbuchstaben beginnen, vor denen mit Kleinbuchstaben sortiert.

Kapitel 4

Frage 1 Inwieweit unterscheiden sich die Antworten von den in der grafischen Benutzeroberfläche gesammelten Informationen?

Sie erhalten dieselben Informationen in der grafischen Umgebung wie in der Befehlszeileneingabe. Lediglich die Einheiten für die Größenangaben unterscheiden sich möglicherweise.

Frage 2 Welche Zugriffsrechte haben andere Benutzer als der Eigentümer für den Ordner „Schreibtisch"?

Der Eigentümer hat Lese- und Schreibrechte, die übrigen Benutzer haben keine Rechte. Sie können den Schreibtischordner zwar sehen, aber weder dessen Inhalte anzeigen noch ändern.

Frage 3 Können Sie den Inhalt des Ordners sehen? Können Sie die Datei „Secret Bonus List" öffnen?

Dateien und Ordner, die von Benutzern in ihrem Benutzerordner erstellt wurden, können von anderen nur gelesen werden.

Frage 4 Können Sie die Datei öffnen? Können Sie Änderungen an der Datei sichern? Begründung?

Der Benutzerordner kann von anderen Benutzern standardmäßig nur gelesen werden. Benutzer sollten sich bewusst sein, dass die Dateien, die sie in ihrem Benutzerordner erstellen oder dort ablegen, von anderen gelesen werden können. Die Dateien können von anderen zwar gelesen werden, der Eigentümer ist jedoch als einziger berechtigt, Dateien dort auch zu sichern.

Frage 5 Können Sie den Ordner öffnen?

Robin Banks hat einen FileVault-geschützten Benutzerordner. Sie können zwar Dateien für andere Benutzer im entsprechenden Ordner „~/Öffentlich/Briefkasten" ablegen, jedoch können Sie nicht auf den Benutzerordner „Öffentlich" eines FileVault-Benutzers zugreifen, wenn dieser nicht angemeldet ist.

Frage 6 Hat sich etwas geändert? Falls ja, was und warum?

Eigentümer der Datei ist nun „Client Administrator" (cadmin). TextEdit hat die Datei im „Safe-Save-Verfahren" gesichert. Das geänderte Dokument wurde in eine neue Datei geschrieben, die alte Datei wurde gelöscht und die neue Datei hat den alten Dateinamen erhalten. Da es sich um eine neue Datei handelt, die von „cadmin" erstellt wurde, ist „cadmin" auch der Eigentümer.

Frage 7 Können Sie diese Datei kopieren?

Nein. Da die Zugriffsrechte für den Ordner „Öffentlich" geändert wurden, ist der Ordner „Briefkasten" nicht verfügbar.

Frage 8 Sind die Zugriffsrechte für diesen Ordner wie erwartet? Welche Werkzeuge können Sie zur Beantwortung der Frage verwenden?

Normalerweise sind für den Ordner „Öffentlich" im Benutzerordner Leserechten festgelegt, sodass andere Benutzer auf die darin gesicherten Dateien und den Ordner „Briefkasten" zugreifen können. Im vorliegenden Fall ist ersichtlich, dass die Zugriffsrechte in „Keine Rechte" geändert wurden, da das Symbol des Ordners „Öffentlich" nun mit einem roten Minuszeichen gekennzeichnet ist. Dies lässt sich auch im Bereich „Freigabe & Zugriffsrechte" über den Befehl „Informationen" überprüfen. Alternativ können Sie auch „Terminal" öffnen, zu Chris' Benutzerordner navigieren und den Befehl ls -l verwenden, um die Zugriffsrechte über die Befehlszeile zu überprüfen.

Frage 9 Konnten Sie die Zugriffsrechte ändern?

Der Befehl funktionierte, da Sie dem Befehl chmod den Befehl sudo vorangestellt haben.

Frage 10 Konnten Sie die Datei kopieren?
Mayta kann eine Datei in Chris' Briefkasten kopieren, da die Zugriffsrechte für den Ordner „Öffentlich" in „Nur Lesen" geändert wurden.

Kapitel 5

Frage 1 Was glauben Sie, wofür diese Dateien verwendet werden?
Dies sind die Hilfedateien für die deutsche Lokalisierung. Im Allgemeinen sind das dieselben Informationen wie bei der englischen Lokalisierung, jedoch ins Deutsche übersetzt.

Frage 2 Was bewirkt dieser Befehl?
Dieser Befehl erzeugt eine Datei mit dem Namen „Prefs.txt" auf dem Schreibtisch, in der alle Objekte des angegebenen Ordners aufgelistet sind.

Frage 3 Was geschieht, wenn Sie auf die Taste „Alle ändern" klicken?
Dadurch wird „SubEthaEdit" als Standardprogramm für .txt-Dateien festgelegt. Alle .txt-Dateien werden dann standardmäßig in „SubEthaEdit" geöffnet. Diese Information wird vom System in den Launch Services gespeichert.

Frage 4 In welchem Programm wird sie geöffnet?
Sie wird jetzt in „SubEthaEdit" geöffnet.

Frage 5 Inwiefern unterscheiden sich die beiden Ordnerlisten?
Die Datei „com.apple.LaunchServices.QuarantineEvents" verwaltet die Informationen zu geladenen Dateien. Eine geladene Datei wird mit Metadaten gekennzeichnet, die auf diese Datenbank verweisen. Sie wurde erzeugt, als Sie „SubEthaEdit" von der Website „Pretendco.com" geladen haben. Die Datei „com.apple.LaunchServices.plist" verwaltet die Einstellungen für die Launch Services. Sie wurde erstellt, als Sie in Schritt 20 auf „Alle ändern" geklickt haben. Möglicherweise sehen Sie auch Einstellungsdateien für Safari, WebKit (den Renderdienst von Safari) und SubEthaEdit.

*Frage 6 Was hat sich an der Datei „com.apple.LaunchServices.plist"
verändert?*

Der Eintrag für Textdateien (public.plain-text) hat sich geändert, sodass nun das Programm „Konsole" (com.apple.console) als Standardprogramm verwendet wird.

Frage 7 Was passiert?

Das Archiv wird dekomprimiert (der Ordner „Logs" wird auf dem Schreibtisch angezeigt) und das Archiv wird vom Schreibtisch in den Papierkorb bewegt.

Kapitel 6

Keine

Kapitel 7

Frage 1 Was geschieht mit dem DNS-Dienst, wenn die Dienstpriorität geändert wird?

DNS wird von dem Dienst mit der höchsten Priorität gesteuert.

Frage 2 Welche Unterschiede gibt es?

Der Router und die Teilnetzmaske unterscheiden sich.

Frage 3 Warum können die Websites nicht geladen werden?

Dies kann noch nicht eindeutig beantwortet werden, da Safari jedoch Fehlermeldungen zu den Proxyeinstellungen ausgibt, liegt die Wahrscheinlichkeit nahe, den Fehler hier zu finden.

Kapitel 8

Frage 1 Welche Meldung wird bei diesem Versuch angezeigt?

Der Vorgang kann nicht abgeschlossen werden. Sie haben nicht die erforderliche Berechtigung.

Frage 2 Die Netzwerkordner „Öffentlich" welcher Benutzer wurden nicht angezeigt?

Robin Banks als FileVault-Benutzer und Mayta Mishtuk, deren Benutzerordner wir aus einer Image-Datei kopiert hatten.

Frage 3 Warum ist es sinnvoll, eine Firewall auf dem Computer zu aktivieren, auch wenn bereits eine Netzwerk-Firewall eingerichtet ist?

Eine Firewall auf Ihrem Computer kann diesen vor Gefahren schützen, die innerhalb Ihres lokalen Netzwerks entstehen. Die meisten Netzwerk-Firewalls schützen die äußeren Grenzen des Netzwerks, leisten aber wenig zur Überwachung des Verkehrs innerhalb des Netzwerks.

Frage 4 Warum haben Sie keine Tickets?

Es werden keine Tickets angezeigt, da Chris Johnson ein lokaler Benutzer ist und der Kerberos-Server für seine Authentifizierung nicht verwendet wurde.

Kapitel 9

Frage 1 Was wäre, wenn die Maus (oder ein anderes Gerät) nicht in der Liste angezeigt würde?

Wenn das Gerät nicht im System-Profiler angezeigt wird, hat der Computer nicht erkannt, dass das Gerät angeschlossen ist. Im Rahmen der Fehlerbeseitigung müssen Sie die Stromzufuhr, die Kabelverbindungen oder andere Hardwareverbindungen überprüfen. Wenn im Betriebssystem Treiber für das Gerät vorhanden sind, tritt der Fehler nicht in dieser Form auf.

Frage 2 Nennen Sie die CD-Medienformate, die Ihr Computer brennen kann.

Wenn „Medium brennen" ausgewählt ist, können Sie die Medientypen neben „Beschreibbare CD" und „Beschreibbare DVD" sehen.

Frage 3 Kann Ihr Computer DVDs brennen? Single oder Dual Layer?

Bei Medientypen mit RW kann das optische Laufwerk diese Art von Medien brennen. DL heißt „Dual Layer".

Frage 4 Können Sie sie auf Ihren Schreibtisch bewegen?

Da die üblichen Zugriffsrechte „Nur schreiben" für Maytas Briefkasten umgangen wurden, können Sie die Datei kopieren. Der FireWire-Festplattenmodus stellt somit ein hilfreiches Werkzeug zur Datenwiederherstellung und gleichzeitig ein Sicherheitsrisiko dar.

Frage 5 Können Sie jetzt sehen, welche Objekte sich im Briefkasten von Chris befinden? Begründung?

Die Zugriffsrechte für das Volume sind wieder in Kraft. Nein, Sie können den Inhalt nicht sehen. Sie müssen erneut aus dem Ordner und wieder zurück navigieren, da der Finder bestimmte Informationen über die Ordner/Volumes zwischenspeichert. Dies kann zu einer möglicherweise nicht sofortigen Anzeige der tatsächlichen Zugriffsrechte führen, obwohl sie aber vom Finder letzlich berücksichtigt werden.

Frage 6 Können Sie anhand der Einträge in der Protokolldatei sagen, welcher Benutzer die Druckaufträge gestartet hat?

Ja, der Kurzname des Benutzers wird im dritten Feld des Zugriffs- und des Seitenprotokolls angezeigt.

Kapitel 10

Keine

Eigene Notizen

Eigene Notizen

Eigene Notizen

Eigene Notizen

Eigene Notizen

Eigene Notizen

Eigene Notizen

Eigene Notizen